高等职业教育国际商务专业系列教材

国际商务管理

主　编　张晓青

副主编　吉文丽　多英学　杨　靖

科学出版社

北　京

内 容 简 介

本书的主要内容包括企业设立及管理、国际商务环境及国际经济组织与贸易政策、企业国际化发展历程与经营形式、国际企业经营战略管理、国际市场营销管理、国际人力资源管理、国际财务管理、创新管理 8 个项目，让学生在任务指引下学习相关理论知识。

各项目中列出了知识目标、能力目标，加入了与任务对应的国内外知名企业案例，加强学生对理论知识的掌握和管理技能的运用；同时，设计了知识测试、任务实施模块，强化学生的实践应用能力。

本书既可以作为高职高专国际商务及管理类专业教材，也可以作为企业工作人员的培训用书，还可以作为自学考试人员的辅导用书。

图书在版编目（CIP）数据

国际商务管理/张晓青主编. —北京：科学出版社，2024.1
（高等职业教育国际商务专业系列教材）
ISBN 978-7-03-069822-3

Ⅰ.①国⋯ Ⅱ.①张⋯ Ⅲ. ①国际商务–商业管理–高等职业教育–教材 Ⅳ. ①F740.4

中国版本图书馆 CIP 数据核字（2021）第 189810 号

责任编辑：任锋娟　王　琳／责任校对：赵丽杰
责任印制：吕春珉／封面设计：东方人华平面设计部

科 学 出 版 社 出版
北京东黄城根北街 16 号
邮政编码：100717
http://www.sciencep.com
廊坊市都印印刷有限公司 印刷
科学出版社发行　　各地新华书店经销

*

2024 年 1 月第 一 版　　开本：787×1092　1/16
2024 年 1 月第一次印刷　　印张：18 3/4
字数：444 000
定价：55.00 元
（如有印装质量问题，我社负责调换〈都印〉）
销售部电话 010-62136230　编辑部电话 010-62135397-2015

前　言

现代社会中，管理无处不在、无时不有。人们无论从事何种工作，都在参与管理活动，管理与人们的工作和生活密切相关。管理是各行各业必不可缺的职能。

经济全球化的发展使世界经济形成一个统一的体系，各国经济相互依存、相互融合，国际经济合作与交往日益密切。开放的中国正以积极的姿态，全面参与国际经济合作，企业国际化已经势在必行。掌握国际商务管理的知识与技能，提高企业国际商务管理水平，使企业更规范、更有竞争力地参与全球竞争，已经成为众多企业的战略目标。

第二次世界大战之后，随着科学、技术和国际分工的发展，世界贸易组织、国际货币基金组织、世界银行等国际经济组织的建立，以及以欧洲联盟为代表的各种区域经济一体化组织的建立，国际商务活动变得日益频繁和重要。

当今的中国已经全面融入世界经济体系，一方面，使中国市场成为全球市场的一个重要组成部分；另一方面，为中国企业走向世界市场，开展国际商务活动奠定了基础。

时至今日，国际商务已渗透到世界的每个角落。世界经济一体化的洪流正不可遏止地滚滚向前，而国际商务就是它的载体。我们在世界各地都可以看见"made in China（中国制造）"的物品，对诸如波音飞机、可口可乐、麦当劳、肯德基等早已不再陌生。国际商务和国际贸易已成为国际交流的主要方式。

国际商务管理作为对各种类型的跨国经营活动进行的经营管理，也随着国际商务活动的不断深入得以发展。各行各业急需通晓国际商务管理知识的人才。只停留在一个区域、一个国度的商务管理已经不能满足当代高职学生的就业需要。尤其是涉外型的专业，如国际会计、国际商务、商务英语、商务俄语等专业更是把掌握国际商务管理作为专业核心技能。但是目前出版的大多数有关国际商务管理教材主要针对本科及以上学历的学生，理论层次太深，技能性项目较少，无法适应以掌握技能为主、理论知识够用为度的高职学生的学习需要。因此，编者结合多年潜心学习、研究的管理知识和高职国际商务专业课程的教学经验，在充分征求各类跨国性企业 HR（human resource，人力资源顾问）意见的基础上，基于国际化的商务背景和商务企业的业务管理岗位需要，介绍商务管理的知识与技能，编写了本书。本书有完整的教学资源（https://www.xueyinonline.com/detail/227248681），读者可进入课程平台，选择对应章节资源进行教学或学习。

本书适应当代职业教育的最新要求，以适应高职学生的学习能力、满足涉外商务业务的需要为前提，以管理岗位的具体工作项目为引领，结合企业专家对管理和国际商务活动的职业需求的意见，体现了以下几个方面的特色。

1）教材设计思路以能力为目标、以学生为主体，以项目为载体、以教师为主导，围绕项目和任务设计教学内容。

2）教材内容设计突出实用性与系统性。从实现高职人才培养目标出发，从专业人才所需要的综合知识、能力、素质考虑；依据课程改革要求和职业岗位需求，对相关知识点、能力点加以融合与优化，以具体项目加以展现，使教学内容与工作过程紧密相关。

3）教材表现形式形象化。针对高职学生吸纳知识的习惯，本书在形式和文字等方面符合高职教和学的需要，表现形式上力求直观和新颖，采用案例引领、任务驱动，做到图文并茂；语言文字力求形象化、具体化，以激发学生的学习兴趣。

4）教学内容选取突出岗位需求。本书针对毕业生就业岗位主要在中小型涉外企业的业务岗位的特点，主要选取了业务岗位必需的战略管理、营销管理、人力资源管理、财务管理等知识，而没有选取与业务岗位关系较小的生产管理、质量管理等知识。教材的内容选取和项目顺序安排，充分考虑学生的学习特点，注重理论与实践结合，淡化了枯燥的理论知识学习，提高了项目任务演练过程的趣味性，力求使学生掌握并运用基本的国际商务管理技能。

5）教材的案例资源中运用了大量企业案例和财经新闻、时事信息，可以提高学生的学习兴趣。

6）设计课前任务目标和课后任务实施，可以充分发挥学生的个人能动性和小组的团队探讨性，强化了"以学生为中心"的教学理念。

7）教材内容难度适中，减少理论深度，尽量将理论与实例结合，适应了高职生的学习特点。

本书由新疆农业职业技术学院张晓青担任主编，由新疆农业职业技术学院吉文丽、多英学、杨靖担任副主编，参编人员有广东中山职业技术学院韩汝萍、四川华新现代职业学院钟敏敏、新疆农业职业技术学院朱博、新疆三宝实业集团段新兰、新疆东方环宇投资（集团）有限公司杜芯莉。具体编写分工如下：张晓青编写项目一和项目七，多英学编写项目二，杨靖编写项目三，吉文丽编写项目四，韩汝萍编写项目五，钟敏敏编写项目六，朱博编写项目八，段新兰审核项目一至项目五，杜芯莉审核项目六至项目八。

由于编者水平有限，书中不足之处在所难免，敬请广大读者批评指正。

目　录

项目一

企业设立及管理

▌知识目标

1. 了解各类企业设立条件。
2. 了解企业设立登记程序及材料要求。
3. 了解管理的发展和企业管理职能。
4. 了解企业组织机构的形式及特点。

▌能力目标

1. 办理企业设立登记手续。
2. 填报企业设立登记材料。
3. 正确运用各项管理职能。
4. 区分不同企业组织机构的职能。

商务管理是指围绕企业的一切商务活动做部署、筹备、落实、执行的一系列活动。企业要在激烈的市场中求生存、谋发展，并获得竞争优势，就必须加强商务管理，提高商务管理水平。

任务一　企业设立登记

设立企业是开展一切经营活动的前提,企业设立后不仅能够实现设立人的经营目标,还能够拉动社会经济的发展和解决就业问题。但是要设立一个什么样的企业,既保证经营需要,又为社会造福呢?

本任务将以企业设立登记为引领,从办理企业设立登记过程中所需要的材料和登记程序出发,引导学生掌握不同企业的法律形式及其所需要的不同设立条件。

■ 任务目标

选择企业法律形式,办理企业设立登记事项。

■ 导入案例

案例 1

参照以下的企业信息,为该企业选择合适的法律形式并办理企业的设立登记事项。企业设立登记申请书见图 1-1。

住所			邮政编码	
法定代表人姓名			职务	
注册资本		万元	公司类型	
实收资本		万元	出资方式	
经营范围				
营业期限	自　年　月　日到　年　月　日			
备案事项				
本公司依据　　　　　　　　　　　　　　　　等相关法律设立,提交材料真实有效。谨对真实性承担责任。				
法定代表人签字:　　　　　　　　　　指定委托代理人签字:				
年　月　日　　　　　　　　　　　年　月　日				

图 1-1　企业设立登记申请书

昌吉市红星公司地处新疆昌吉市健康西路 12 号,企业最低注册资金约为 100 万元。目前企业的经营范围是食用植物油加工、销售(取得卫生许可证和产品合格证后销售);饲料添加剂制造(取得产品合格证后销售)、饲料加工;批发零售农副产品（粮食、棉花除外）、饲料、包装物、货物装卸服务。

案例2

2016 年 5 月，甲、乙拟共同投资设立四川鼎润饮品有限责任公司，并就公司的基本问题达成一致意见，遂签订出资协议。协议的主要内容：甲投资 35 万元，乙投资 45 万元；出资各方按投资比例分享利润，分担风险；公司筹备具体事宜及办理注册登记由甲负责。随后，乙将投资款 45 万元交付给甲，甲即开始办理公司设立登记的有关事宜，并产生了部分费用。但乙在同年 7 月，以饮品市场利润率低为由通知甲暂缓公司的注册登记。同年 8 月，乙要求甲退回投资 45 万元。甲认为，双方签订了协议，缴纳了出资，制定了章程，并产生了部分费用，即使未办理登记手续，只是形式方面有欠缺，但事实上已经具备了公司成立的基本条件。

（资料来源：根据公开资料改编。）

分析：

1）成立企业可以选择哪些企业法律形式？企业的法律形式与其经营特点之间有什么关系？举例说明。

2）设立企业有哪些程序？如何确定企业已经合法成立？四川鼎润饮品有限责任公司是否已经合法成立？

一、企业设立登记程序（以有限责任公司为例）

企业只有成功办理登记手续后，才能在市场上正常开展经营活动，因此，企业设立登记是企业运行的首要任务。

（一）核准名称

核准名称的流程见图 1-2。

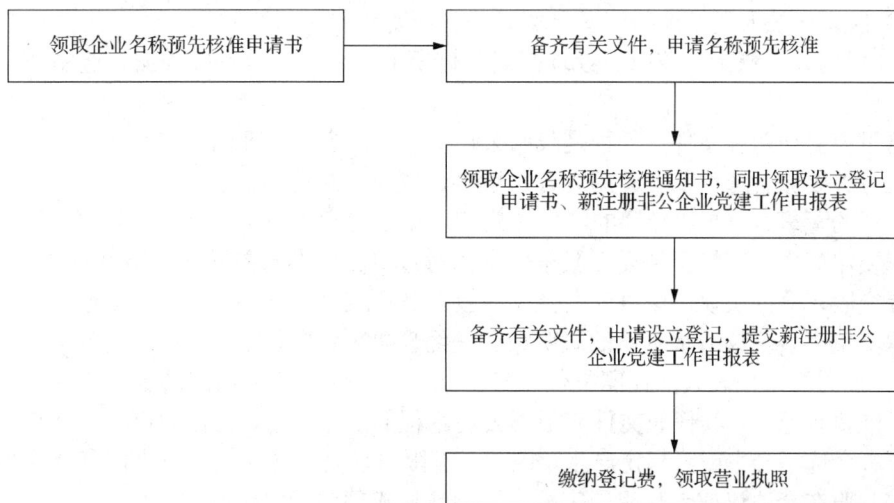

图 1-2　核准名称的流程

（二）企业设立登记需要递交的材料（以有限责任公司为例）

有限责任公司设立登记，应向公司登记主管机关提交下列文件。

1）公司法定代表人签署的设立登记申请书。

2）全体股东指定代表或者共同委托代理人的证明。

3）公司章程。

4）具有法定资格的验资机构出具的验资报告（图 1-3）。

广州德公会计师事务所有限公司

验 资 报 告

验字（2018）第　　　号

清镇市 _____

　　我们接受委托，审验了贵单位截至 _____ 申请设立登记的注册资本实收情况。按照法律法规及协议、章程的要求出资，提供真实、合法、完整的验资资料，保护资产的安全、完整是全体股东及贵单位的责任。我们的责任是对贵单位注册资本的实收情况发表审验意见。我们的审验是依据《中国注册会计师审计准则第 1602 号——验资》进行的。在审验过程中，我们结合贵单位的实际情况，实施了检查等必要的审验程序。

　　根据协议、章程的规定，贵单位申请登记的注册资本为人民币 ____ 万元整，由出资人于 ____ 年 __ 月 __ 日之前一次缴足。经我们审验，截至 ____ 年 __ 月 __ 日止，贵单位已收到出资人缴纳的注册资本（实收资本），合计人民币 ____ 万元整（大写），全部为货币资金。

　　本验资报告供贵单位申请办理设立登记及据以向出资人签发出资证明时使用，不应被视为是对贵单位验资报告日后资本保全、偿债能力和持续经营能力等的保证。因使用不当造成的后果，与执行本验资业务的注册会计师及会计师事务所无关。

图 1-3　验资报告

5）股东首次出资是非货币财产的，应当在公司设立登记时提交已办理其财产权转移手续的证明文件。

6）股东的法人资格证明或者自然人身份证明。

7）载明公司董事、监事、经理姓名、住所的文件，以及有关委派、选举或者聘用的证明。

这里应提交两种文件：一种是载明公司董事、监事、经理的姓名、住所的文件；另一种是有关委派、选举或者聘用为公司董事、监事、经理的证明文件。

公司的董事、监事、经理的产生方式应根据公司章程而定。公司的董事、监事如果由股东委派产生，应提交经委派股东盖章的对董事、监事的委派书；如果由选举产生，则应提交股东会的决议，该决议由会议的股东盖章或签署姓名。经理由董事会聘任，因此应提交董事会决议或董事长的载明其聘任经理事项的聘任书。

8）公司法定代表人的任职文件和身份证明。有限责任公司的法定代表人为公司的董事长或执行董事，其任职文件应根据公司章程的规定而定。其任职可以由股东委派产生、董事会选举产生或者指定产生。因此，有限责任公司的法定代表人的任职文件应是委任书、股东会决议或者载明国家投资部门或授权部门指定任职的文件。

公司法定代表人的身份证明为居民身份证复印件或其他合法的身份证明。

9）企业名称预先核准通知书。设立公司时，应当向公司登记机关申请公司名称的预先核准。申请公司名称预先核准时应当提交下列文件：设立有限责任公司，应当由全体股东指定代表或者共同委托代理人向公司登记机关申请名称预先核准，对于符合规定准予使用的名称，公司登记机关发给公司企业名称预先核准通知书。预先核准的名称保留期为6个月，在保留期内，该名称不得被用于经营活动，也不得被转让。

10）公司住所证明。公司住所是租赁用房的，需提交房主的房屋产权登记证明的复印件或有关房产权的证明文件及租赁协议。

公司的住所是股东作为出资投入使用的，则提交股东的房屋产权登记证明或有关房产权证明的文件及该股东出具的证明文件。

除上述文件外，法律、行政法规规定设立有限责任公司必须报经审批的，还应当提交有关部门的批准文件。例如，设立国有独资公司的，需提交国家授权投资的机构或者国家授权的部门的证明文件及对设立公司的批准文件；设立期货经纪公司的，应提交中国证券监督管理委员会的批准文件。

（三）企业设立流程

企业设立流程见图1-4。

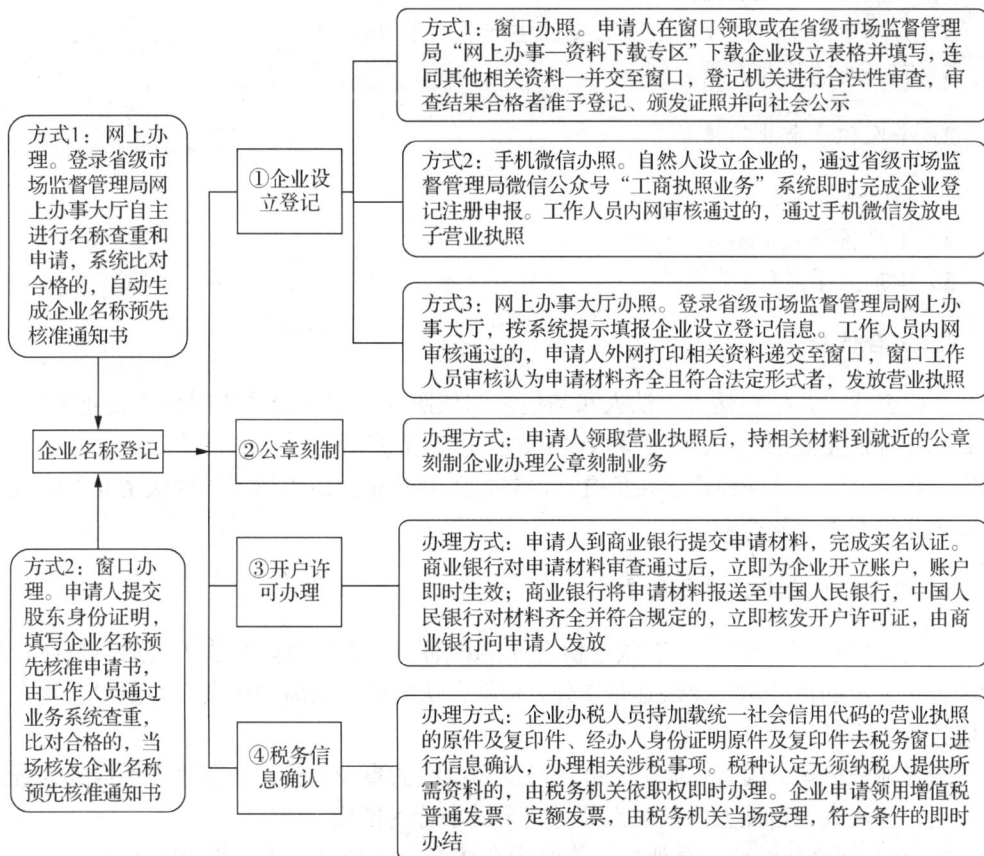

图 1-4　企业设立流程

二、企业设立的法律形式

企业设立的法律形式是指企业存在的形态和类型，主要有个人独资企业、合伙企业和公司制企业三种形式，外商投资企业也采取了这三种中的合伙企业或公司制企业形式。其中，公司制企业主要包括有限责任公司和股份有限公司两种形式。

（一）个人独资企业

个人独资企业，是指依法在中国境内设立，由一个自然人投资，财产为投资人个人所有，投资人以其个人财产对企业债务承担无限责任的经营实体。个人独资企业主要盛行于零售业、手工业、农业、林业、渔业、服务业等。

1. 设立个人独资企业应具备的条件

1）投资人为一个自然人，且只能是中国公民。
2）有合法的企业名称。
3）有投资人申报的出资。
4）有固定的生产经营场所和必要的生产经营条件。
5）有必要的从业人员。

2. 个人独资企业的特点

1）资金来源有限。
2）不具备法人资格。
3）承担无限责任。

（二）合伙企业

合伙企业，是指自然人、法人和其他组织依照《中华人民共和国合伙企业法》（以下简称《合伙企业法》）在中国境内设立的，由两个或两个以上的自然人通过订立合伙协议，共同出资，共同经营，共负盈亏、共担风险的企业组织形式。合伙企业分为普通合伙企业和有限合伙企业。

1. 设立合伙企业应具备的条件

1）有二个以上合伙人。有限合伙企业由普通合伙人和有限合伙人组成，普通合伙人对合伙企业的债务承担无限连带责任，有限合伙人以其认缴的出资额为限对合伙企业的债务承担责任。

国有独资公司、国有企业、上市公司及公益性的事业单位、社会团体不得成为普通合伙人。合伙人为自然人的，应当具有完全民事行为能力。

2）有书面合伙协议。合伙协议依法由全体合伙人协商一致、以书面形式订立，对所有合伙人均有法律效力。

3）有合伙人认缴或者实际缴付的出资。合伙人既可以用货币、实物、知识产权、土地使用权或者其他财产权利出资，也可以用劳务出资（有限合伙人除外）。

合伙人以实物、知识产权、土地使用权或者其他财产权利出资，需要评估作价的，既可以由全体合伙人协商确定，也可以由全体合伙人委托法定评估机构评估。

合伙人以劳务出资的，其评估办法由全体合伙人协商确定，并在合伙协议中载明。

合伙人应当按照合伙协议约定的出资方式、数额和缴付期限，履行出资义务。

以非货币财产出资的，依照法律、行政法规的规定，需要办理财产权转移手续的，应当依法办理。

4）有合伙企业的名称和生产经营场所。

5）法律、行政法规规定的其他条件。

2. 合伙企业的特点

1）不具有法人资格。

2）普通合伙人（至少一人）承担无限连带责任。

3）至少一人是业务代理人。

4）分为有限合伙企业和普通合伙企业。

普通合伙企业由 2 人以上（没有上限规定）的普通合伙人组成，合伙人对合伙企业的债务承担无限连带责任。

有限合伙企业由 2 人以上 50 人以下的普通合伙人和有限合伙人组成，其中，普通合伙人和有限合伙人都至少有 1 人。当有限合伙企业只剩下普通合伙人时，应当转为普通合伙企业，如果只剩下有限合伙人时，应当解散。普通合伙人对合伙企业的债务承担无限连带责任，有限合伙人以其认缴的出资额为限对合伙企业的债务承担责任。

（三）公司制企业

1. 有限责任公司

中国的有限责任公司是指根据《中华人民共和国公司法》（以下简称《公司法》）的规定登记注册，由 50 个以下的股东出资设立，每个股东以其所认缴的出资额为限对公司承担有限责任，公司法人以其全部资产对公司债务承担全部责任的经济组织。

（1）设立有限责任公司应具备的条件

1）股东符合法定人数。有限责任公司的股东人数为 50 人以下。

2）有符合公司章程规定的全体股东认缴的出资额。法律、行政法规及国务院决定对有限责任公司注册资本实缴、注册资本最低限额另有规定的，从其规定。

3）股东共同制定公司章程。

①有限责任公司章程应当载明下列事项：公司名称和住所；公司经营范围；公司注册资本；股东的姓名或者名称；股东的出资方式、出资额和出资时间；公司的机构及其产生办法、职权、议事规则；公司法定代表人；股东会会议认为需要规定的其他事项。

②股东应当在公司章程上签名、盖章。

4）有公司名称，建立符合有限责任公司要求的组织机构。有限责任公司的名称中，必须如实标记"有限责任公司"或"有限公司"字样。公司名称受法律保护，任何人不得擅自使用他人的公司名称。

5）有公司住所。

有限责任公司应当设立以下组织机构。

① 股东会。

a．有限责任公司股东会由全体股东组成，股东会是公司的权力机构，依照《公司法》行使职权。

b．股东会行使下列职权：决定公司的经营方针和投资计划；选举和更换非由职工代表担任的董事、监事，决定有关董事、监事的报酬事项；审议批准董事会的报告；审议批准监事会或者监事的报告；审议批准公司的年度财务预算方案、决算方案；审议批准公司的利润分配方案和弥补亏损方案；对公司增加或者减少注册资本作出决议；对发行公司债券作出决议；对公司合并、分立、解散、清算或者变更公司形式作出决议；修改公司章程；公司章程规定的其他职权。

c．对 b 所列事项，股东以书面形式一致表示同意的，可以不召开股东会会议，直接作出决定，并由全体股东在决定文件上签名、盖章。

d．首次股东会会议由出资最多的股东召集和主持，依照《公司法》规定行使职权。

e．股东会会议分为定期会议和临时会议。定期会议应当依照公司章程的规定按时召开。代表 1/10 以上表决权的股东，1/3 以上的董事，监事会或者不设监事会的公司的监事提议召开临时会议的，应当召开临时会议。

f．有限责任公司设立董事会的，股东会会议由董事会召集，董事长主持；董事长不能履行职务或者不履行职务的，由副董事长主持；副董事长不能履行职务或者不履行职务的，由半数以上董事共同推举一名董事主持。

g．有限责任公司不设董事会的，股东会会议由执行董事召集和主持。

h．董事会或者执行董事不能履行或者不履行召集股东会会议职责的，由监事会或者不设监事会的公司的监事召集和主持；监事会或者监事不召集和主持的，代表 1/10 以上表决权的股东可以自行召集和主持。

i．召开股东会会议，应当于会议召开 15 日前通知全体股东；但是，公司章程另有规定或者全体股东另有约定的除外。

② 董事会。

a．有限责任公司设董事会，其成员为 3～13 人，法律另有规定的除外。

b．两个以上的国有企业或者两个以上的其他国有投资主体投资设立的有限责任公司，其董事会成员中应当有公司职工代表；其他有限责任公司董事会成员可以有公司职工代表。董事会中的职工代表由公司职工通过职工代表大会、职工大会或者其他形式民主选举产生。

c．董事会设董事长一人，可以设副董事长。董事长、副董事长的产生办法由公司章程规定。

d．董事会对股东会负责，行使下列职权：召集股东会会议，并向股东会报告工作；执行股东会的决议；决定公司的经营计划和投资方案；制订公司的年度财务预算方案、决算方案；制订公司的利润分配方案和弥补亏损方案；制订公司增加或者减少注册资本及发行公司债券的方案；制订公司合并、分立、解散或者变更公司形式的方案；决定公司内部管理机构的设置；决定聘任或者解聘公司经理及其报酬事项，并根据经理的提名决定聘任或者解聘公司副经理、财务负责人及其报酬事项；制定公司的基本管理制度；公司章程规定的其他职权。

e. 董事会会议由董事长召集和主持；董事长不能履行职务或者不履行职务的，由副董事长召集和主持；副董事长不能履行职务或者不履行职务的，由半数以上董事共同推举一名董事召集和主持。董事会的议事方式和表决程序，除《公司法》有规定的外，由公司章程规定。

③ 经理。

有限责任公司可以设经理，由董事会决定聘任或者解聘。经理对董事会负责，行使下列职权：主持公司的生产经营管理工作，组织实施董事会决议；组织实施公司年度经营计划和投资方案；拟订公司内部管理机构设置方案；拟订公司的基本管理制度；制定公司的具体规章；提请聘任或者解聘公司副经理、财务负责人；决定聘任或者解聘除应由董事会决定聘任或者解聘以外的负责管理人员；董事会授予的其他职权。公司章程对经理职权另有规定的从其规定。经理列席董事会会议。

④ 监事会。

a. 有限责任公司设监事会，其成员不得少于 3 人。股东人数较少或者规模较小的有限责任公司，可以设 1~2 名监事，不设监事会。

b. 监事会应当包括股东代表和适当比例的公司职工代表，其中，职工代表的比例不得低于 1/3，具体比例由公司章程规定。监事会中的职工代表由公司职工通过职工代表大会、职工大会或者其他形式民主选举产生。

c. 监事会设主席一人，由全体监事过半数选举产生。监事会主席召集和主持监事会会议；监事会主席不能履行职务或者不履行职务的，由半数以上监事共同推举一名监事召集和主持监事会会议。

d. 董事、高级管理人员不得兼任监事。

e. 监事的任期每届为 3 年。监事任期届满，连选可以连任。

f. 监事会、不设监事会的公司的监事行使下列职权：检查公司财务；对董事、高级管理人员执行公司职务的行为进行监督，对违反法律、行政法规、公司章程或者股东会决议的董事、高级管理人员提出罢免的建议；当董事、高级管理人员的行为损害公司的利益时，要求董事、高级管理人员予以纠正；提议召开临时股东会会议，在董事会不履行《公司法》规定的召集和主持股东会会议职责时召集和主持股东会会议；向股东会会议提出提案；依照《公司法》第一百五十一条的规定，对董事、高级管理人员提起诉讼；公司章程规定的其他职权。

g. 监事可以列席董事会会议，并对董事会决议事项提出质询或者建议。

h. 监事会每年度至少召开一次会议，监事可以提议召开临时监事会会议。

5）有公司住所。

（2）有限责任公司的特点

有限责任公司是我国企业实行公司制最重要的一种组织形式。优点是设立程序比较简单，不必发布公告，也不必公布账目，尤其是公司的资产负债表一般不予公开，公司内部机构设置灵活。缺点是由于不能公开发行股票，筹集资金范围和规模一般比较小，难以适应大规模生产经营活动的需要。因此，有限责任公司这种形式一般适用于中小型非股份制公司。

2. 股份有限公司

股份有限公司是指以公司资本为股份所组成的公司，股东以其认购的股份为限对公司承担责任的企业法人。

（1）设立股份有限公司应具备的条件

1）发起人符合法定人数。设立股份有限公司，应当有 2 人以上 200 人以下为发起人，其中须有半数以上的发起人在中国境内有住所，发起人承担公司筹办事务。

2）有符合公司章程规定的全体发起人认购的股本总额或者募集的实收股本总额。

①股份有限公司采取发起设立方式设立的，注册资本为在公司登记机关登记的全体发起人认购的股本总额。在发起人认购的股份缴足前，不得向他人募集股份。

②股份有限公司采取募集方式设立的，注册资本为在公司登记机关登记的实收股本总额。

③法律、行政法规及国务院决定对股份有限公司注册资本实缴、注册资本最低限额另有规定的，从其规定。

3）股份发行、筹办事项符合法律规定。

①以发起设立方式设立股份有限公司的，发起人应当书面认足公司章程规定其认购的股份，并按照公司章程规定缴纳出资。以非货币财产出资的，应当依法办理其财产权的转移手续。

②发起人不依照①规定缴纳出资的，应当按照发起人协议承担违约责任。

③发起人认足公司章程规定的出资后，应当选举董事会和监事会，由董事会向公司登记机关报送公司章程及法律、行政法规规定的其他文件，申请设立登记。

④以募集设立方式设立股份有限公司的，发起人认购的股份不得少于公司股份总数的 35%；但是，法律、行政法规另有规定的，从其规定。

⑤发起人向社会公开募集股份，必须公告招股说明书，并制作认股书。认股书应当载明《公司法》第八十六条所列事项，由认股人填写认购股数、金额、住所，并签名、盖章。认股人按照所认购股数缴纳股款。

4）发起人制订公司章程，采用募集方式设立的经创立大会通过。

股份有限公司章程应当载明下列事项：公司名称和住所；公司经营范围；公司设立方式；公司股份总数、每股金额和注册资本；发起人的姓名或者名称、认购的股份数、出资方式和出资时间；董事会的组成、职权和议事规则；公司法定代表人；监事会的组成、职权和议事规则；公司利润分配办法；公司的解散事由与清算办法；公司的通知和公告办法；股东大会会议认为需要规定的其他事项。

5）有公司名称，建立符合股份有限公司要求的组织机构。

①公司名称必须符合企业名称登记管理的有关规定，股份有限公司的名称还应标明

"股份有限公司"或者"股份公司"字样。

②股份有限公司必须有一定的组织机构，对公司实行内部管理和对外代表公司。股份有限公司的组织机构是股东大会、董事会、监事会和经理。股东大会做出决议；董事会是执行公司股东大会决议的执行机构；监事会是公司的监督机构，依法对董事、经理和公司的活动实行监督；经理由董事会聘任，主持公司的日常生产经营管理工作，组织实施董事会决议。

6）有公司住所。

（2）股份有限公司的特点

1）独立的法人。

2）股东人数有下限无上限。

3）股东对公司债务承担有限责任。

4）全部资本等额划分成股份。

5）股份可转让不能退股。

6）公司账目公开、透明。

7）设立和解散有程序。

8）可以公开募股集资。

（四）外商投资企业

外商投资企业，是指全部或者部分由外国投资者投资，依照中国法律在中国境内经登记注册设立的企业。

1. 设立外商投资企业应符合的条件

1）外商投资准入负面清单规定禁止投资的领域，外国投资者不得投资。

2）外商投资需要办理投资项目核准、备案的，按照国家有关规定执行。

3）外国投资者在依法需要取得许可的行业、领域进行投资的，应当依法办理相关许可手续。

4）外商投资企业的组织形式、组织机构及其活动准则，适用《公司法》《合伙企业法》等法律的规定。

5）外商投资企业开展生产经营活动，应当遵守法律、行政法规有关劳动保护、社会保险的规定，依照法律、行政法规和国家有关规定办理税收、会计、外汇等事宜，并接受相关主管部门依法实施的监督检查。

6）外国投资者并购中国境内企业或者以其他方式参与经营者集中的，应当依照《中华人民共和国反垄断法》的规定接受经营者集中审查。

7）国家建立外商投资信息报告制度。外国投资者或者外商投资企业应当通过企业登记系统以及企业信用信息公示系统向商务主管部门报送投资信息。

8）国家建立外商投资安全审查制度，对影响或者可能影响国家安全的外商投资进行安全审查。

2. 外商投资活动的表现形式

1）外国投资者单独或者与其他投资者共同在中国境内设立外商投资企业。

2）外国投资者取得中国境内企业的股份、股权、财产份额或者其他类似权益。

3）外国投资者单独或者与其他投资者共同在中国境内投资新建项目。

4）法律、行政法规或者国务院规定的其他方式的投资。

知识拓展

有关企业设立知识

1. 按照《中华人民共和国个人独资企业法》的相关规定，个人独资企业申请设立提交的文件如下。

1）设立申请书。

2）投资人身份证明。

3）生产经营场所使用证明。

4）国家市场监督管理总局规定提交的其他文件。

从事法律、行政法规规定须报经有关部门审批的业务的，应当提交有关部门的批准文件。

委托代理人申请设立登记的，应当出具投资人的委托书和代理人的合法证明。

2. 按照《中华人民共和国合伙企业法》规定，合伙企业申请设立提交的文件如下。

1）全体合伙人签署的设立登记申请书。

2）全体合伙人的身份证明。

3）全体合伙人指定代表或者共同委托代理人的委托书。

4）合伙协议。

5）全体合伙人对各合伙人认缴或者实际缴付出资的确认书。

6）主要经营场所证明。

7）国务院工商行政管理部门规定提交的其他文件。法律、行政法规或者国务院规定设立合伙企业须经批准的，还应当提交有关批准文件。

3.《中华人民共和国外商投资法》（以下简称《外商投资法》）与"三资企业法"的关联如下。

《外商投资法》第四十二条规定："本法自 2020 年 1 月 1 日起施行。《中华人民共和国中外合资经营企业法》《中华人民共和国外资企业法》《中华人民共和国中外合作经营企业法》同时废止。

本法施行前依照《中华人民共和国中外合资经营企业法》《中华人民共和国外资企业法》《中华人民共和国中外合作经营企业法》设立的外商投资企业，在本法施行后 5 年内可以继续保留原企业组织形式等。具体实施办法由国务院规定。"

知 识 测 试

项目一任务一参考答案

一、单选题

1. 《公司法》规定，有限责任公司的最低出资额为（　　）。

　　A. 50 万元　　　　　　　　　　B. 10 万元

　　C. 符合章程规定的出资额　　　　D. 500 万元

2. 有限责任公司的监事会至少每（　　）年召开一次会议。

　　A. 3　　　　　　B. 半　　　　　　C. 2　　　　　　D. 1

3. （　　）不具有法人资格。

　　A. 个人独资企业　　B. 股份公司　　C. 有限责任公司　　D. 国有企业

4. （　　）中至少有一人承担无限责任。

　　A. 有限责任公司　　B. 股份有限公司　　C. 合伙企业　　D. 个人独资企业

5. 股份有限公司的最低发起人数为（　　）人。

　　A. 50　　　　　　B. 200　　　　　　C. 5　　　　　　D. 2

二、多选题

1. 企业的法律形式包括（　　）。

　　A. 个人独资企业　　B. 合伙企业　　C. 有限责任公司　　D. 股份有限公司

　　E. 集团分公司

2. 有限责任公司的组织机构主要是指（　　）。

　　A. 股东会　　　　B. 监事会　　　　C. 经理　　　　D. 采购部经理

三、简答题

1. 什么是合伙企业？它的设立需要具备哪些条件？

2. 什么是有限责任公司？它的设立需要具备哪些条件？

任 务 实 施

1. 从网络平台找到一家相关企业（有限责任公司或合伙企业）的企业简介，然后结合企业的有关数据资料，为该企业办理设立登记，并按照办理程序将相关资料以 PPT 形式在课堂上进行展示。

2. 描述你所实习的企业的法律形式（包括企业性质、所有者和经营者身份、注册资金等）及其设立登记的程序。

3. 以 7～9 人一组完成如下作业：每个组按照自己熟悉的产品范围成立一家虚拟企业并办理企业的设立登记有关手续。要求：明确模拟企业的名称、注册资金和经营范围、企业性质及企业的基本特征；认真填写企业设立申请登记书，讨论并汇报办理企业登记的全部程序。

任务二　企业管理职能认知

"打天下容易，守天下难。"之所以难，就是难在没有好的经营和管理者为企业创造可持续发展的方法及资源。所以，一个好的管理者既要有魄力又要有智慧，更要有清晰的发展思路和丰富的管理经验。

本任务以案例为引领，在思考应该如何管理的基础上，通过学习不同发展阶段的管理理论，掌握当代企业管理职能和国际商务管理职能，从而科学地开展商务管理工作。

▌▌任务目标

掌握管理的发展历程和核心职能。

导入案例

不同学历层次的人对一张卷饼的思考

我和朋友在一家路边川菜馆吃饭，由于客人不多，我们就和老板聊了一会儿。谈及如今的生意，老板一下就打开了话匣，他曾经于卷饼最火的时候，在闹市区开了一家卷饼店，日进斗金，后来却被迫改行了。朋友心存疑虑地问他为什么。

"现在的人精呢！"老板说，"我当时雇了一名做卷饼的师傅，但在工资上总也谈不成。"

"开始的时候为了调动他的积极性，我们是按销售量分成的，一个卷饼给他 3 毛的提成，经过一段时间，他发现客人越多，他的收入也越多，于是他就在每个卷饼里放入超量的肉馅来吸引回头客。一个卷饼才 5 元，本来就靠薄利多销，他每个卷饼里多放肉馅我还赚什么钱呢？"

后来我就换了一种计薪方式，每月给他发固定工资，想工资高点也无所谓，这样他就不至于多加肉馅了吧？因为客多客少和他的收入没关系。但你猜怎么着？"老板有点儿激动了，"他在每个卷饼里都少放肉馅，结果客人都不来了！"

"这是为什么？"现在开始轮到我们激动了。

"肉馅少，顾客就不满意，回头客就少，生意就会清淡，他拿固定工资的人，巴不得你天天没客人才清闲呢！"

结果一个很好的项目，因为管理不善而黯然退出市场，尽管被管理者只有一个。

当我们把这个案例告诉给其他的朋友并讨论的时候，结果是大家争论半天，也没有得出最好的解决办法。

下面是三个不同学历层次的人对这个问题的激辩。

1）我们考虑将老板所用的两种方案进行折中，即底薪加提成的方法，提成根据每个卷饼的利润分配。这样既可以防止他少放肉馅，又能防止他多放肉馅。

2）后来又想到这个办法也是有条件的。问题在于每个卷饼的利润界定后怎么分配？一个卷饼能挣多少他肯定知道，如果不能让双方的利益在某个点达到平衡，一切又会恢复原样。要达到所说的平衡涉及一个复杂的函数问题，可能还要用到博弈论。

3）把卷饼店承包给师傅，老板拿了承包费后出去游山玩水。当然，提出这个方案后，又觉得这样的老板太没有上进心了，再否定。

4）然后我们谈到企业文化、正义、道德、人性，并一致认为管理学博大精深，要想成为一个优秀的管理者必须经过百般磨炼，即使再先进的管理理论也有不适用的时候。

这个小小卷饼店的故事，却反映了小企业管理中存在的种种问题。

首先就是关于师傅激励的问题。可以设计一个激励机制，即在定额约束下的销量或利润累积奖励。根据每个卷饼的顾客可接受效用，制定一个材料定额，师傅的工资还是按照销售量提成，但是前提是月度的材料消耗不得偏离定额太多，如允许波动幅度为 15%，否则只有基本工资。或者说规定每个卷饼需要添加的肉馅克数，一批肉馅的总量是固定的，卷饼的卖出量是可以计算的，多少卷饼放多少斤肉馅被限定，若多加或者少加肉馅，工资就会受影响。

其次，卷饼店的经营也是一个制造过程，必须有工作程序、定额消耗及制度规范，可以没有书面内容，但老板必须心中有数。对老板来说，最好的方式就是师傅以技术入股的方式和老板分配利润，两人双赢。两个人合伙做，费用由两个人分摊，进行规范化管理。

在工作程序上，如制订标准，包括面团的量、水的量、肉馅的量等做出明确规定，制造方法、工艺也请师傅标准化；在定额消耗上，也与上述的激励密切相连；在薪酬上，参考社会上的平均工资和本店的盈利水平，结合师傅的劳动量、劳动结果（营业额的增加或降低、顾客的反馈等）进行综合评定。

此外，将复杂的事情简单化——老板或老板娘放肉馅。关键的资源一定要掌握在关键的人手里，关键资源才是最重要的。老板掌握了店面的所有权，才可能有师傅为他打工；老板娘掌握了肉馅的分发权，才有可能防止材料的浪费和滥用。

不过，老板还应该掌握师傅这一核心的人力资源，怎么掌握还是一个难题。作为小规模店铺，老板只有熟悉每个环节，才能做好管理。如果卷饼店老板熟悉卷饼的制作方法，师傅也不敢乱来。这就是有效的经营监督。

另外，任何工作除了要有监督、控制，其余的事情都可以通过沟通来解决。和谐的人际关系也非常重要。如果老板有良好的个人魅力并善待下属，就会让师傅内心产生归属感及满足感，积极工作，努力为老板创造利润，到那时候肉馅的多少就不是麻烦了。

通过以上分析，我们认为管理应该是这样的：①底薪加提成，提高师傅积极性；②不能把全线流程的权力都下放给师傅，如加肉馅；③建立有效的制度，包括奖赏和惩罚，制度根据顾客的满意程度和利润来建立；④师傅的工资提成不能只和销量挂钩，还应该和老板的利润挂钩，如一个卷饼中老板利润的 30%是师傅的利润；⑤有效的沟通、激励，平时给予师傅精神的奖励，让师傅认为自己也是卷饼店的主人。

（资料来源：根据网络资料改编。）

分析：

1）管理的方法和内容是否需要变化？哪些因素会引起管理的变化？

2）管理的职能是什么？

一、管理的概念

管理是指一定组织中的管理者，通过实施计划、组织、领导、协调、控制等职能来协调他人的活动，使别人同自己一起实现既定目标的活动过程。

对于什么是管理，如今专家和学者仍然各抒己见，没有统一的表述。对管理主要的界定有以下几种。

1）管理是指在特定的环境条件下，以人为中心，通过计划、组织、指挥、协调、控制及创新等手段，对组织所拥有的人力、物力、财力、信息等资源进行有效的决策、计划、组织、领导、控制，以期高效地达到既定组织目标的过程。

2）管理是以计划、组织、指挥、协调及控制等职能为要素组成的活动过程。

3）"科学管理之父"弗雷德里克·泰勒认为："管理就是确切地知道你要别人干什么，并使他用最好的方法去干。"（《科学管理原理》）

4）诺贝尔奖获得者赫伯特·西蒙对管理的定义是："管理就是制定决策"。（《管理决策新科学》）

5）彼得·德鲁克认为："管理是一种工作，它有自己的技巧、工具和方法；管理是一种器官，是赋予组织以生命的、能动的、动态的器官；管理是一门科学，一种系统化的并到处适用的知识；同时，管理也是一种文化。"（《管理——任务、责任、实践》）

6）亨利·法约尔在《工业管理与一般管理》一书中给出管理的概念之后，它就产生了整整1个世纪的影响，对西方管理理论的发展具有重大的影响力。法约尔认为："管理是所有的人类组织都有的一种活动，这种活动由五项要素组成：计划、组织、指挥、协调和控制。"法约尔对管理的看法颇受后人的推崇与肯定，形成了管理过程学派。

7）斯蒂芬·罗宾斯给管理的定义是：管理是指同别人一起，或通过别人使活动完成得更有效的过程。

因此，管理是指在特定的时空条件下，通过计划、组织、指挥、协调、控制、反馈等手段，对系统所拥有的生物、非生物、资本、信息、能量等资源要素进行优化配置，并实现既定系统诉求目标的过程。

二、管理的发展

管理科学产生于19世纪末20世纪初，是随着资本主义工业的发展而逐渐形成和发展起来的。一般认为，管理科学是从美国管理学家泰勒开始出现的，至今历经古典管理理论、行为科学理论和现代管理理论三个发展阶段。当然，三个发展阶段并不是截然分开的，更不是前一阶段结束后，下一阶段才开始。事实上，各种管理理论的产生虽然有先有后，但在产生之后，却是并存发展，且相互影响，也存在着继续、借鉴关系。

（一）古典管理理论

古典管理理论是指19世纪末20世纪初，西方管理理论的总称，由泰勒的科学管理理论、法约尔的管理过程理论、马克斯·韦伯的古典行政组织理论构成。它首次将管理的重要性提到应有的地位，把管理看作任何有组织的社会必不可少的因素，是协调集体努力达到目标、取得最大成效的过程，强调管理的科学性、精密性和严格性。它在组织结构上强调上下严格的等级系统，视组织为一个封闭系统，组织职能的改善仅靠内部合理化，而较少考虑外部环境影响，忽视人的心理因素。

在百年管理思想发展流变中，相对后继的管理理论和流派，古典管理理论有以下最显著的两大特点。

1）效率主义是古典管理强劲的主旋律。管理学诞生之初，所要解决的问题相当现实，即通过寻找和运用科学的管理手段及方法，全力提高生产效率，降低企业社会必要劳动量。无论是泰勒及其追随者，还是法约尔和韦伯，尽管理论视野各有侧重，学术观点也有差异，但他们皆视科学管理为提高工作效率的方法和手段。泰勒对效率的研究主要是通过现场作业的标准化和科学化而展开的。泰勒给管理下过一个不甚严密的定义："确切了解你希望工人干些什么，然后设法使他们用最好、最节约的方法完成它。"泰勒制中无论是抽象的管理原则、理论还是具体的管理方法、技术，都是直指效率这一核心。

2）古典管理理论有浓郁的经验论、技术论的色彩。古典管理理论乃至整个管理学，就其理论源泉来说，主要有两类：一条是通过其他学科的渗透，吸取思想资源；另一条是对实践经验的总结和提升。显然，古典管理理论的形成是实践经验的结晶，其开创者属于"打江山"的一代，大多出身于厂矿企业，对管理的理解或者来源于基层亲身实践，或者来源于长期管理具体组织的经验。

（二）行为科学理论

行为科学理论是 20 世纪 30 年代开始形成的一门研究人类行为的新学科，一门综合性科学，并且发展成国外管理研究的主要学派之一，是管理学中的一个重要分支。它通过对人的心理活动的研究，掌握人们行为的规律，从中寻找对待员工的新方法和提高劳动效率的途径。

1. 主要内容

1）人性假设是行为科学理论的出发点。其中，各个时期管理者对管理对象的认识可以分为六种基本类型：工具人假设、经济人假设、社会人假设、自我实现人假设、复杂人假设、决策人假设。

2）激励理论是行为科学理论的核心内容，具体而言，从需要层次理论、行为改造理论、过程分析理论三个方面进行。

3）群体行为理论是行为科学理论的重要支柱，掌握群体心理是研究群体行为的重要组成部分。

4）领导行为理论是行为科学理论的重要组成部分，包括对领导者的素质、领导行为、领导本体类型、领导方式等方面的研究。

2. 代表理论

影响较大的行为科学理论有以下几个。

（1）人类需要层次理论

亚伯拉罕·马斯洛的人类需要层次理论把需要分成生理需要（physiological need）、安全需要（safety need）、爱和归属感（love and belonging）、尊重（esteem）和自我实现（self-actualization）五类，依次由较低层次到较高层次排列。

（2）期望理论

维克托·弗鲁姆认为，人总是渴求满足一定的需要并设法达到一定的目标。这个目标在尚未实现时，表现为一种期望，这时目标反过来对个人的动机又是一种激发力量，而这种激发力量的大小，取决于目标价值（效价）和期望概率（期望值）的乘积。

（3）成就需要理论

戴维·麦克利兰的成就需要理论把人的基本需要分为成就需要、权力需要和亲和需要三种，其中，成就需要对于个人、团体和社会的发展起着至关重要的作用。

（4）管理方格理论

布莱克-莫顿的管理方格理论（management grid theory）是研究企业的领导方式及其有效性的理论，这种理论倡导用方格图表示和研究领导方式。他们认为，在企业管理的领导工作中往往出现一些极端的方式，或者以生产为中心，或者以人为中心，或者以 X 理论为依据而强调靠监督，或者以 Y 理论为依据而强调相信人。为避免趋于极端，克服以往各种领导方式理论中的"非此即彼"的绝对化观点，他们指出：在对生产关心的领导方式和对人关心的领导方式之间，可以有使二者在不同程度上互相结合的多种领导方式。为此，他们就企业中的领导方式问题提出了管理方格理论，使用自己设计的一张纵轴和横轴各九等分的方格图，纵轴和横轴分别表示企业领导者对人和对生产的关心程度。

3. 特点

1）把人的因素作为管理的首要因素，强调以人为中心的管理，重视对职工多种需要的满足。

2）综合利用多学科的成果，用定性和定量相结合的方法探讨人的行为之间的因果关系及改进行为的办法。

3）重视组织的整体性和整体发展，把正式组织和非正式组织、管理者和被管理者作为一个整体来把握。

4）重视组织内部的信息流通和反馈，用沟通代替指挥监督，注重参与式管理和职工的自我管理。

5）重视内部管理，忽视市场需求、社会状况、科技发展、经济变化、工会组织等外部因素的影响。

6）强调人的感情和社会因素，忽视正式组织的职能及理性和经济因素在管理中的作用。

4. 对企业管理的影响

1）强调企业管理中人的因素的重要性。

2）主张从社会学、心理学的角度来研究管理。

3）重视社会环境、人们的相互关系对劳动效率的影响。

4）认为行为是人的思想、感情、欲望在行动上的表现，管理的作用就在于使人们因措施的刺激而产生一种行为动机，要从人的行为本性激发动力。

（三）现代管理理论

现代管理理论是继科学管理理论、行为科学理论之后，西方管理理论和思想发展的第三阶段，特指第二次世界大战以后出现的一系列学派。与前两个阶段相比，这一阶段最大的特点就是学派林立，新的管理理论、思想、方法不断涌现。这些理论和学派在历史渊源和内容上互相影响及联系，形成盘根错节、争相竞荣的局面，被称为"管理理论的丛林"。

美国著名管理学家哈罗德·孔茨认为当时共有 11 个学派：经验主义管理学派、人际关系学派、组织行为学派、社会系统学派、管理科学学派、权变理论学派、决策理论学派、系统管理理论学派、经验主义学派、经理角色学派、经营管理学派。

1. 形成与发展

现代管理思想和理论的形成与发展是由以下因素作用的结果。

1）20 世纪 40 年代，由于工业生产的机械化、自动化水平不断提高，以及电子计算机进入工业领域，在工业生产集中化、大型化、标准化的基础上，也出现了工业生产多样化、小型化、精密化的趋势。另外，工业生产的专业化、联合化不断发展，工业生产对连续性、均衡性的要求提高，市场竞争日趋激烈、变幻莫测，即社会化大生产要求管理改变孤立的、单因素的、片面的研究方式，而形成全过程、全因素、全方位、全员式的系统化管理。

2）第二次世界大战期间，交战双方提出了许多亟待解决的问题，如运输问题、机场和港口的调度问题、如何对大量的军火进行迅速检查的问题等，都涉及管理的方法。

3）科学技术发展迅猛，现代科学技术的新成果层出不穷。

4）资本主义生产关系出现了一些新变化，由于工人运动的发展，赤裸裸的剥削方式逐渐被新的、更隐蔽的、更巧妙的剥削方式掩盖。新的剥削方式着重从人的心理需要、感情方面等着手，形成处理人际关系和人的行为问题的管理。

5）管理理论的发展越来越借助于多学科交叉作用。经济学、数学、统计学、社会学、人类学、心理学、法学、计算机科学等各学科的研究成果越来越多地被应用于企业管理。

2. 发展趋势

20 世纪 80 年代以后，随着社会、经济、文化的迅速发展，特别是信息技术的发展与知识经济的出现，世界形势发生了极为深刻的变化。面对信息化、全球化、经济一体化等新的形势，企业之间的竞争加剧、联系增强，管理出现了深刻的变化与全新的格局。正是在这样的形势下，管理出现了一些全新的发展趋势。

（1）非理性主义倾向与企业文化

20 世纪 70 年代末 80 年代初，由于经营风险增大，竞争激烈，管理日趋复杂，西方管理理论界出现了一种非理性主义倾向和重视企业文化的思潮。

（2）战略管理理论

1）产生背景。20 世纪 70 年代前后，世界进入科技、信息、经济全面飞速发展时期，同时，竞争加剧、风险日增。为了谋求长期生存和发展，企业开始注重构建竞争优势。这样，在经历了长期规划、战略规划等阶段之后，形成较为系统的战略管理理论。

2）理论发展。1965 年，伊戈尔·安索夫的《公司战略》一书的问世，开创了战略规划的先河。1976 年，安索夫的《从战略规划到战略管理》一书出版，标志着现代战略管理理论体系的形成。

（3）企业再造理论

1）产生背景。20 世纪 70～80 年代，市场竞争日趋激烈。美国企业为挑战来自日本、欧洲的威胁而展开探索。1993 年，美国麻省理工学院教授迈克尔·哈默与詹姆斯·钱皮提出了企业再造理论。

2）理论内涵。企业再造是指"为了飞越地改善成本、质量、服务、速度等重大的现代企业的运营基准，对工作流程（business process）做根本性的重新思考与彻底翻新"。

（4）学习型组织理论

1）产生背景。20 世纪 90 年代以来，知识经济的到来，使信息与知识成为重要的战略资源，相应诞生了学习型组织理论。学习型组织理论是美国麻省理工学院教授彼得·圣吉在其著作《第五项修炼》中提出的。

2）基本思想。该理论认为："未来真正出色的企业，将是能够设法使各阶层人员全身心投入，并有能力不断学习的组织。"

三、企业管理职能

管理职能是管理系统所具有的职责和功能。最早把管理职能上升为普遍规律的是法国管理学家法约尔。他在 1916 年所写的《工业管理与一般管理》一书中，提出管理就是实行计划、组织、指挥、控制和协调。后来的管理学家逐渐完善了对管理职能的内涵描述。经过对相关管理学理论的综合分析，我们可将企业管理职能活动分为计划、组织、领导、协调和控制五大管理职能。

（一）计划职能

计划职能是对管理进行预先筹划和安排的一项活动。具体而言，计划职能就是明确管理的总体目标和各分支目标，并围绕这些目标对未来活动的具体行动任务、行动路线、行动方式、行动规则等方面进行规划、选择、筹谋的活动。由此可见，计划职能包含确定管理目标和任务、制定和选择行动方案等内容。

计划职能是一个管理过程，这一过程一般由若干相互连接的步骤有机构成，主要包括评估机会和确定目标，分析测量条件、环境和资源，制定实现目标的备选行动方案，比较分析不同的行动方案，选择方案，根据实际情况调整计划等。

计划职能是管理活动的首要职能，是管理活动的起点，是确定管理目标的首要步骤，也是实现管理目标、使管理由此岸到彼岸的桥梁。因此，计划职能对于管理活动具有至关重要的作用。计划职能具有能够确保决策目标的实现，有利于各种资源的合理配置，为实施控制提供依据等重要作用。

1. 做好企业计划要遵循的原则

1）坚持创新性与可行性相结合的原则。创新变革是组织发展的必由之路，因循守旧只会使组织止步不前。但求变绝非蛮干，未来事物中存在着许多不确定的因素，所以，计划工作需要把握客观环境的一些关键要素，特别是那些对计划执行有重要影响的限制性条件，要对其进行认真细致的可行性分析，绝不可贸然行事。

2）坚持长期计划与短期计划相结合的原则。长期计划虽然意味着更大的风险和代价，但更具有远见并能够为组织发展提供更多的机遇；短期计划更为具体化且操作性强，并减少了风险。所以在工作中应使二者有机结合，以长期计划指导短期计划，同时又用短期计划补充和丰富长期计划。

3）坚持稳定性和灵活性相结合的原则。虽然计划的稳定性是实现目标的基本条件，但未来事物的不确定性又要求计划本身具有一定的灵活性。当然，稳定性是计划贯彻的前提，灵活性是计划成功的保证，以应对客观环境可能发生的各种变化。

法约尔认为，管理意味着展望未来，预见是管理的一个基本要素，预见的目的就是制订行动计划。

2. 计划职能实施的步骤

1）估量机会。估量机会是对将来可能出现的机会的估计，并根据企业的优势和劣势，搞清楚企业所处的地位，做到心中有数、知己知彼。同时，还应该弄清楚企业面临的不确定性因素，并对可能取得的成果进行机会成本分析。

2）确定目标。在制订重大计划时，第二个步骤就是确定整个企业的目标，然后确定每个下属工作单位的目标，以及确定长期目标和短期目标。

3）分析计划实施环境。主要是对计划工作具有关键性的、有战略意义的、对执行计划最有影响的因素进行预测分析。

4）制定可供选择的方案。一个计划往往有几个可供选择的方案。选择方案时，不是查找可供选择的方案，而是减少可供选择方案的数量，以便可以对最有希望的方案进行分析。

5）评估备选方案。在找出各种可供选择的方案并明确其优缺点后，就要根据环境和目标对方案进行评估。

6）选择方案。选择方案是做决策的关键。有时会发现同时有多个可取的方案，在这种情况下，必须确定最优方案并对其进行细化和完善。

管理人员在制订计划时，要对企业经营状况有整体的了解和预测。企业各部门负责人均要对自己部门的工作进行预测，对自己部门的计划负责，根据实际情况适当做出计划调整。

（二）组织职能

组织职能是指为企业的经营提供所必要的原料、设备、资金和人员。组织分为物质组织和社会组织两大部分。管理中的组织是社会组织，只负责企业的部门设置，以及人员的安排。

1. 企业组织职能的任务

1）分配部门任务，设置新的部门、岗位。
2）确定各个层次和部门的职责，根据职责授予权限。
3）将符合要求的员工配备到相关岗位。
4）明确成员之间的分工协作关系。
5）调配所需要的其他资源。
6）根据内外环境变化适时做出调整。

2. 企业组织职能需要考虑的原则

在法约尔的组织理论中，组织结构的金字塔是职能增长的结果，职能的发展是水平方向的，因为随着组织承担的工作量的增加，职能部门的人员就要增多，而且，随着规模的扩大，需要增加管理层次来指导和协调下层的工作，纵向的等级也是逐渐增加的。因此，企业组织职能需要考虑以下几个原则。

1）目标任务原则。企业组织设计的根本目的，就是实现企业的战略任务和经营目标。

2）责权利相结合原则。责任、权力、利益三者之间是不可分割的、协调的、平衡的和统一的。权力是责任的基础，责任是权力的约束。

3）分工协作原则及精干高效原则。组织任务目标的完成，离不开组织内部的专业化分工和协作。因为现代企业的管理工作量大、专业性强，分别设置不同的专业部门，有利于提高管理工作的效率。在合理分工的基础上，各专业部门只有加强协作和配合，才能保证各项专业管理工作的顺利开展，以达到组织的整体目标。

4）管理幅度原则。管理幅度是指一个主管能够直接有效地指挥下属员工的数量。管理幅度的大小同管理层次的多少成反比的关系，因此在确定企业的管理层次时，也必须考虑有效管理幅度的制约。

5）统一指挥原则和权力制衡原则。统一指挥是指下属员工只对其上级领导负责。权力制衡是指权力运用必须受到监督，一旦发现有严重损害组织的行为，可以通过合法程序，制止其权力的运用。

6）集权与分权相结合原则。在进行组织设计或调整时，既要有必要的权力集中，又要有必要的权力分散，两者不可偏废。集权是大生产的客观要求，它有利于保证企业的统一领导和指挥，有利于人力、物力、财力的合理分配和使用；分权则是调动下级积极性、主动性的必要组织条件。合理分权既有利于基层根据实际情况迅速而准确地做出决策，也有利于上层领导摆脱日常事务，集中精力处理大问题。

（三）领导职能

当企业组织建立以后，必须让领导职能发挥作用。领导团队的协调配合，能使企业的所有人做出最好的贡献，实现企业的利益。法约尔认为，担任组织中指挥工作的领导成员（或团队）应具备以下几点条件。

1）对自己的员工要有深入的了解。

2）能够很好地协调企业与员工之间的关系。

3）领导的榜样作用。

4）对组织进行定期检查。

5）不在工作细节上耗费太多精力。

6）在员工中保持团结、积极、创新和忠诚的精神。

（四）协调职能

协调职能是指使企业的一切工作者能够和谐地配合，以便企业经营能顺利进行，并且有利于企业取得成功。

法约尔认为，协调能使各职能机构与资源之间保持一定的比例，收入与支出保持平衡，材料与消耗成一定的比例。在企业内，如果协调不好，就容易造成很多问题，导致在一个部门内部、不同部门之间存在着一堵墙，互不沟通。各自只关心自身的利益，谁也不考虑企业整体利益，使企业里没有勇于创新的精神和忘我的工作精神。这样，企业的发展就容易陷入困境，各个部位的步调不一致，企业的计划就难以执行。只有它们的步调一致，各项工作才能有条不紊、有保障地进行。

能够有效地发挥协调职能的组织一般具有如下几个特征。

1）每个部门的工作都与其他部门保持一致。企业的所有工作都能顺利进行。

2）各部门、各分部对自己的任务都很了解，并且相互之间进行协调与协作。

3）各部门及所属各分部的计划安排会随着情况变动而进行调整。

（五）控制职能

法约尔认为，控制就是要证实企业的各项工作是否已经和计划相符，其目的在于指出工作中存在的不足和错误，以便纠正并避免重犯。

控制职能实施的基本过程包括确定控制目标、衡量实施绩效、进行偏差分析、采取纠偏措施。

当某些控制工作太多、太复杂、涉及面太广，不宜由部门的一般人员来承担时，就应该让一些专业人员来做，即设立专门的检查员、监督员或专门的监督部门。控制人员应该具有敏锐的观察力，能够观察到工作中的错误，及时地加以修正；要有决断力，当有偏差时，应该决定该怎么做。

四、国际商务管理职能

国际商务管理是对跨越国界的各种商务活动进行管理的过程，它不仅包括对向另一国提供的资源与劳务等所进行的管理，还包括企业自身的管理过程。显然，国际商务活动超出一个国家的范围，对其进行管理也将与国内企业的管理有所不同。因此，需要以跨国经营的视角来研究商务活动。

我们通常把国际商务管理的职能描述为，在国际商务背景下的计划、组织、协调、领导、控制与创新。

> **知识拓展**
>
> ### 法约尔简介
>
> 法约尔（1841—1925）是法国古典管理理论学家，与韦伯、泰勒并称为西方古典管理理论的三位先驱，并被尊称为管理过程学派的开山鼻祖。
>
> 法约尔最主要的贡献有三个方面：从经营职能中独立出管理活动、提出管理活动所需的五大职能和十四条管理原则。这三个方面也是其一般管理理论的核心。他的著作很多，1916 年出版的《工业管理与一般管理》是其最重要的代表作，标志着一般管理理论的形成。
>
> 法约尔的研究与泰勒的不同在于：泰勒的研究是从工厂管理的一端——"车床前的工人"开始实施，从中归纳出科学的一般结论，重点内容是企业内部具体工作

的效率；而法约尔则是从总经理的办公桌前，以企业整体为研究对象，创立了一般管理理论。他认为，管理理论是指"有关管理的、得到普遍承认的理论，是经过普遍经验并得到论证的一套有关原则、标准、方法、程序等内容的完整体系；有关管理的理论和方法不仅适用于公私企业，还适用于军政机关和社会团体"。这正是其一般管理理论的基石。

（资料来源：根据网络资料整理。）

知 识 测 试

项目一任务二参考答案

一、单选题

1. 有"科学管理之父"之称的是（　　　）。

    A. 梅奥　　　　　B. 泰勒　　　　　C. 法约尔　　　　　D. 马斯洛

2. 企业管理的基本职能不包括（　　　）。

    A. 计划　　　　　B. 指挥　　　　　C. 配合　　　　　D. 组织

3. （　　　）提出了管理的五项基本职能是计划、组织、指挥、协调、控制。

    A. 法约尔　　　　B. 韦伯　　　　　C. 泰勒　　　　　D. 赫茨伯格

4. （　　　）的人类需要层次理论把需要分成生理需要、安全需要、爱和归属感、尊重和自我实现五类。

    A. 马斯洛　　　　B. 法约尔　　　　C. 佛隆　　　　　D. 麦克利兰

5. （　　　）职能是指为企业的经营提供所必要的原料、设备、资本和人员。

    A. 计划　　　　　B. 组织　　　　　C. 领导　　　　　D. 控制

二、多选题

1. 古典管理理论的代表理论有（　　　）。

    A. 人类需要层次理论　　　　　　　　B. 期望值理论

    C. 成就需要理论　　　　　　　　　　D. 管理方格理论

2. 管理理论按照其发展阶段，主要包括（　　　）等理论。

    A. 古典管理理论　B. 管理方格理论　C. 行为科学理论　D. 现代管理理论

三、简答题

1. 管理的方法和内容是否需要变化，为什么？现代管理有哪些特征？

2. 管理的职能有哪些？

任 务 实 施

1．以小组（每组 3~5 人）为单位，从计划、组织、领导、协调和控制五个企业管理职能方面分析你所熟悉的企业的管理职能的主要内容，并以小组形式汇报。

2．以你所实习企业的所在部门的工作职能为基础描述该部门的具体管理职能。

3．组织一个班级的大型活动需要完成哪些管理职能（按照逻辑顺序说出）？班级人员应该如何分工（考虑分工的标准有哪些）？讨论是管理重要还是完成具体工作任务重要？

任务三　企业组织结构选择

没有科学的组织结构，管理就犹如空中飘浮的云，无法找到落脚之处。企业组织结构是进行企业流程运转、部门设置及职能规划等基本的结构依据。

本任务以企业实例为引领，在分析案例企业的组织结构特点的基础上，掌握不同企业组织结构的特点，从而使学生能够科学地选择企业的组织结构。

▌▌任务目标

结合不同企业的特色，设立合适的组织结构。

导入案例

华为的组织结构演变历程

华为技术有限公司（以下简称华为）从成立到现在走过了 30 多年的历程，它的战略不断依据环境的变化而调整，其组织结构也追随着战略进行优化。

1．第一阶段（1987~1994 年）

1987 年，任正非与五位合伙人共同出资 2 万元成立了华为。在这段时间，华为主要采取跟随战略，先是代理香港公司的产品，随后逐渐演变为采取自主开发产品的集中化战略。在市场竞争战略上采取单一产品的持续开发与生产，从农村包围城市的销售策略，通过低成本的方式迅速抢占市场，增加市场占有率，也扩大了公司的规模。

华为在这一阶段聚焦于单一产品的持续开发与生产，销售上采取农村包围城市的低价策略。所以其组织结构也不用太复杂，但权力需要集中，以便能快速、统一地调配资源应对市场竞争，并快速对外部环境的变化做出反应。所以华为在这个阶段采用直线职能制的组织结构（图 1-5），这也是和公司当时的战略发展相匹配的。

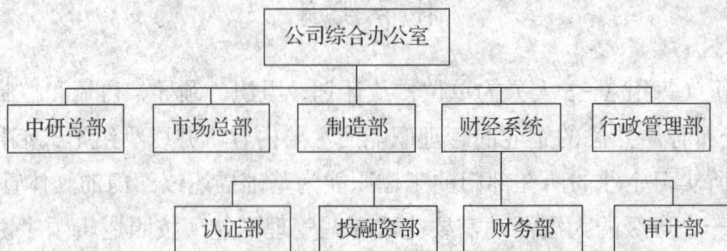

图 1-5　直线职能制的组织结构

2. 第二阶段（1995～2003 年）

1995 年，华为的销售规模达到 15 亿元，员工数量也达到 800 人，成为全国电子行业百强中排名第 26 位的民营企业。1996 年，华为开始广泛进军国际市场。2000 年，华为的销售额突破 200 亿元，之后几年，销售额基本上以 100%的速度增长。华为在这个阶段从集中化战略转向横向一体化战略，从单一研发生产销售程控交换机产品逐渐进入移动通信、传输等多类产品领域，战略也开始朝着多元化方向发展，从而成为一个能提供全面通信解决方案的公司。

随着华为的战略发生变化，华为的组织结构也随之进行调整。

这个时期，华为采用的事业部制的组织结构（图 1-6）很好地促进了华为的战略转变。由于事业部制对产品的生产和销售实行统一管理，自主经营、独立核算，极大地调动了华为内部员工的主动性和积极性，并且使子公司内部的高层领导者摆脱了日常事务，集中精力去考虑宏观战略。同时，华为通过这种组织结构形式还培养了综合管理人才。后来，华为地区公司的建立为华为开启了新的销售渠道，极大地节约了综合成本，也使华为的组织结构向矩阵式跨国集团化迈进了一大步。

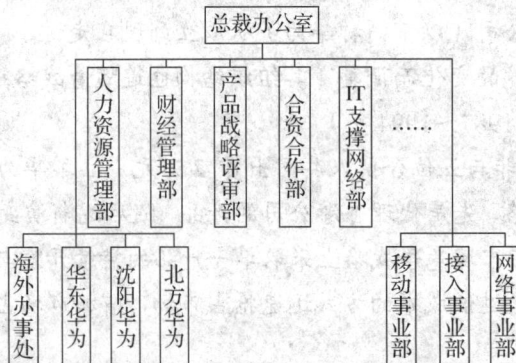

图 1-6　事业部制的组织结构

3. 第三阶段（2004~2012 年）

这个时期，华为已经是一个多元化企业，形成了运营商业务、企业业务、消费者业务三大业务体系，组织结构采用矩阵型的组织结构（图 1-7）。这个巨大的矩阵型组织结构也是动态的，是会随时跟随着战略的调整而调整的。当企业遭遇外部环境挑战时，网络就会收缩并进行叠加，即进行岗位与人员的精简；而环境向好需要扩张时，这个网络就会打开，并进行岗位与人员的扩张，但其基本的业务流程是保持相对稳定的。

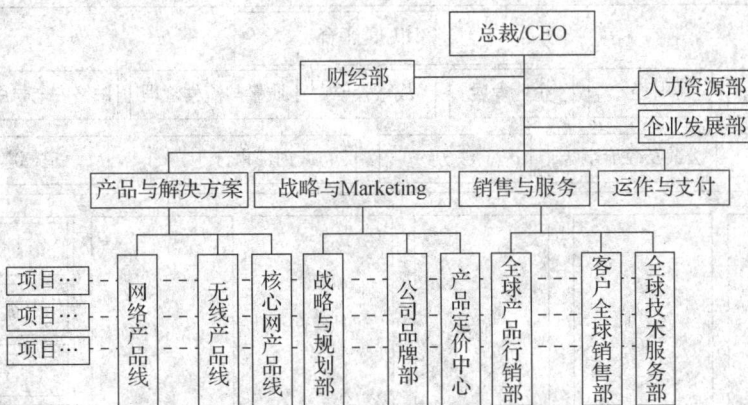

图 1-7　矩阵型的组织结构

4. 第四阶段（2013 年至今）

华为按照公司制的结构要求，设置了股东会、董事会和监事会。同时，华为设立了基于客户、产品和区域三个维度的组织架构，各组织共同为客户创造价值，对市场竞争力提升、公司的财务绩效有效增长和客户满意度负责，组织结构见图 1-8。

运营商 BG（business group，业务集团）和企业 BG 是公司分别面向运营商客户和企业（行业）客户的解决方案营销、销售和服务的管理及支撑组织，针对不同客户的业务特点和经营规律提供差异化、创新、领先的解决方案，并不断提升公司的客户满意度和行业竞争力；消费者 BG 是公司面向终端产品用户的端到端经营组织，对经营结果、市场竞争力、风险和客户满意度负责。

2017 年，华为成立了 Cloud BU（Cloud business unit，云服务业务单元）。Cloud BU 是云服务产业端到端管理的经营单元，负责构建云服务竞争力，对云服务的客户满意度和商业成功负责。

区域组织是公司的区域经营中心，负责区域的能力建设、各项资源和有效利用，并负责公司战略在所辖区域的落地。

集团职能平台是聚焦业务的支撑、监管和服务的平台，向前方提供准确、及时、有效的服务，在充分向前方授权的同时加强监管。

股东会		

独立审计师	董事会	监事会

人力资源管理会	财经委员会	战略与发展委员	审计委员会

CEO/轮值CEO

集团职能平台

人力资源	财经	企业发展	战略管理	质量与流程管理	网络安全与用户隐私保护

总干部	公共及政府事务	法务	内部审计	道德遵从

产品与解决方案	运营商BG	企业 BG	消费者BG	Cloud BU	实验室
					供应商、采购、制造
					华为大学
					华为内部服务

区域组织（地区部、代表处）

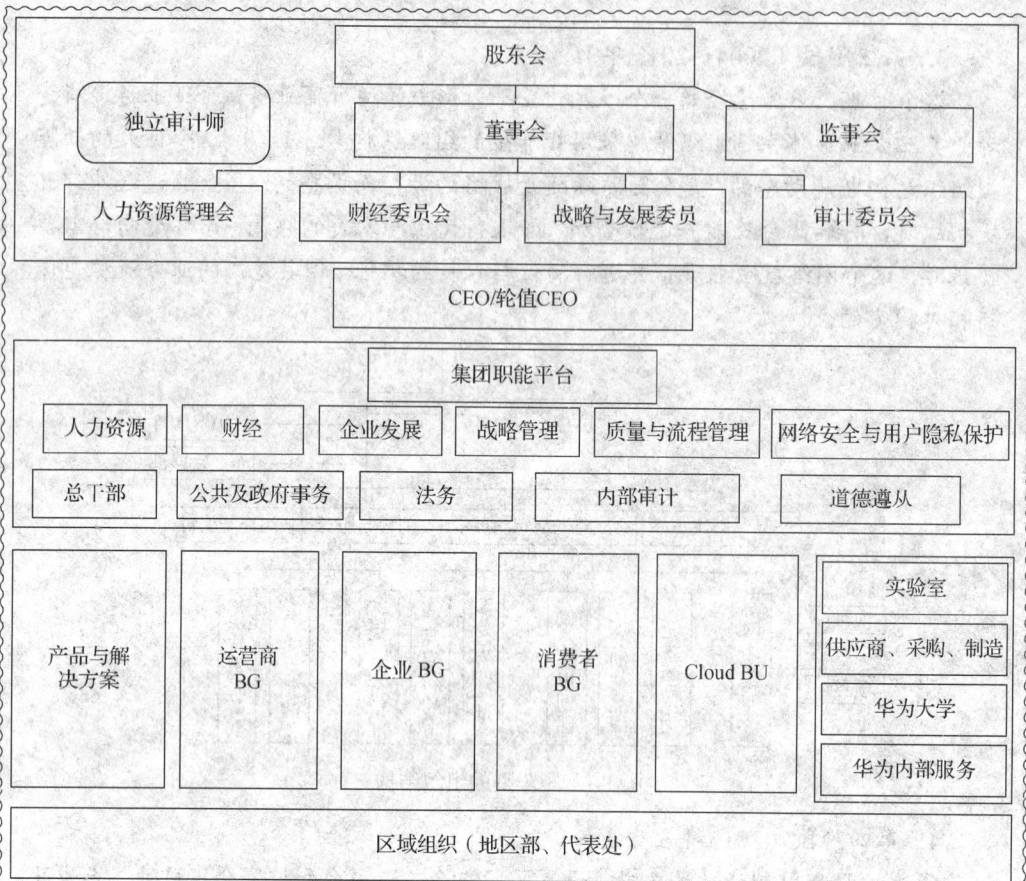

图 1-8　三维组织结构图

（资料来源：根据网络资料整理。）

分析：

1）华为运用了哪几种组织结构？

2）华为运用的这些不同的组织结构在发挥管理职能上各有何特点？

3）跨国企业与国内企业的组织结构有哪些不同？

一、企业组织结构概述

1. 企业组织结构的概念

企业组织结构的概念有狭义和广义之分。狭义的组织结构，是指为了实现组织的目标，在组织理论指导下，经过组织设计形成的组织内部各个部门、各个层次之间固定的排列方式，即组织内部的构成方式。广义的组织结构，除了包含狭义的组织结构内容，还包括组织之间的相互关系类型，如专业化协作、经济联合体、企业集团等。

2. 组建企业组织结构的意义

企业组织结构管理的意义非同一般。"三个和尚没水吃"的典故已是众所皆知，类似"三个臭皮匠，胜过诸葛亮"的故事也时有传闻，其实这就是组织结构管理的效果。决定企业是否优秀，能否长久，不是看企业的领导者多么伟大，最重要的是看企业的组织结构是否合理。为什么"整体可能大于各部分的总和"，也可能相反呢？根本的原因就在于组织结构不同，要素组合在一起的方式不同，从而造成要素间配合或协同关系的差异。

近年来，对于企业竞争优势的关注开始集中于组织内部结构和组织行为。有研究机构提出企业竞争力和竞争优势的核心，不是依赖于拥有特定的组织资源或能力（这些通常可能被其他公司模仿或购买），而是来源于组织内部运行机制，它确保企业经营的各方面得以协调。

二、企业组织结构形式

1. 直线制

直线制是一种最早也是最简单的组织形式。它的特点是企业各级行政单位从上到下实行垂直领导，下属部门只接受一个上级的指令，各级主管负责人对所属单位的一切问题负责。厂部不另设职能机构（可设职能人员协助主管人工作），一切管理职能基本上由行政主管执行，见图1-9。

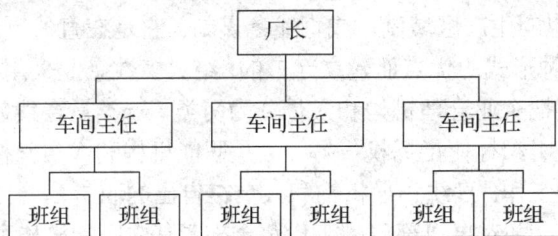

图1-9　直线制组织结构

直线制组织结构的优点是结构比较简单，责任分明，命令统一。缺点是它要求行政负责人通晓多种知识和技能，亲自处理各种业务。这在业务比较复杂、企业规模比较大的情况下，把所有管理职能都集中到最高主管一人身上，显然是难以胜任的。因此，直线制只适用于规模较小、生产技术比较简单的企业，对生产技术和经营管理比较复杂的企业并不适用。

2. 职能制

职能制组织结构亦称"U"型组织，是各级行政单位除主管负责人外，还相应地设立一些职能机构。例如，在厂长下面设立职能机构和人员，协助厂长从事职能管理工作。这种结构要求行政主管把相应的管理职责和权力交给相关的职能机构，各职能机构就有权在自己业务范围内向下级行政单位发号施令。因此，下级行政负责人除了接受上级行政主管人指挥，还必须接受上级各职能机构的领导。职能制组织结构见图1-10。

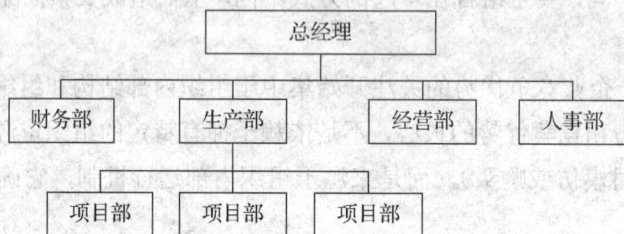

图 1-10　职能制组织结构

职能制组织结构的优点是能适应现代化工业企业生产技术比较复杂，管理工作比较精细的特点；能充分发挥职能机构的专业管理作用，减轻直线领导人员的工作负担。但缺点也很明显：它妨碍了必要的集中领导和统一指挥，形成多头领导；不利于建立和健全各级行政负责人和职能科室的责任制，在中间管理层往往会出现"有功大家抢，有过大家推"的现象；另外，在上级行政领导和职能机构的指导及命令发生矛盾时，下级就无所适从，影响工作的正常进行，容易造成纪律松弛，生产管理秩序混乱。

3. 直线－职能制

直线-职能制，也叫生产区域制，或直线参谋制。它是在直线制和职能制的基础上，取长补短，吸取这两种形式的优点而建立起来的。绝大多数企业采用这种组织结构形式。这种组织结构形式是把企业管理机构和人员分为两类，一类是直线领导机构和人员，按命令统一原则对各级组织行使指挥权；另一类是职能机构和人员，按专业化原则，从事组织的各项职能管理工作。直线领导机构和人员在自己的职责范围内有一定的决定权及对所属下级的指挥权，并对自己部门的工作负全部责任。职能机构和人员则是直线指挥人员的参谋，不能对直接部门发号施令，只能进行业务指导。直线-职能制组织结构见图 1-11。

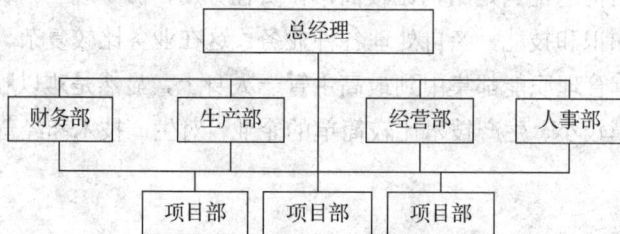

图 1-11　直线-职能制组织结构

　　直线-职能制组织结构的优点是既保证了企业管理体系的集中统一，又可以在各级行政负责人的领导下，充分发挥各专业管理机构的作用。缺点是职能部门之间的协作和配合性较差，职能部门的许多工作只有直接向上层领导报告请示才能处理，这一方面加重了上层领导的工作负担；另一方面也造成办事效率低。为了克服这些缺点，企业可以设立各种综合委员会，或建立各种会议制度，以协调各方面的工作，起到沟通作用，帮助高层领导出谋划策。

　　4．事业部制

　　事业部制最早是由美国通用汽车公司总裁艾尔弗雷德·P.斯隆于1924年提出的，故有"斯隆模型"之称，也叫"联邦分权化"，是一种高度（层）集权下的分权管理体制。它适用于规模庞大、品种繁多、技术复杂的大型企业，是国外较大的联合公司所采用的一种组织形式，近几年我国一些大型企业集团或公司也引进了这种组织结构形式。事业部制是分级管理、分级核算、自负盈亏的一种形式，即公司按地区或按产品类别分成若干个事业部，从产品的设计、原料采购、成本核算、产品制造，一直到产品销售，均由事业部及所属工厂负责，实行单独核算、独立经营，公司总部只保留人事决策、预算控制和监督大权，并通过利润等指标对事业部进行控制。也有的事业部只负责指挥和组织生产，不负责采购和销售，实行生产和供销分立，但这种事业部正在被产品事业部取代，还有的事业部则按区域来划分。事业部制组织结构见图1-12。

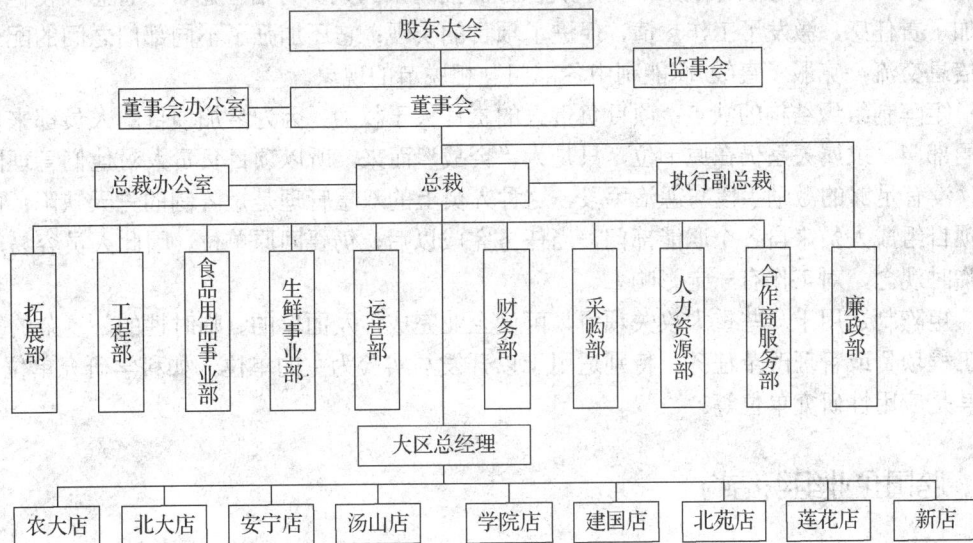

图 1-12　事业部制组织结构

　　5．矩阵制

　　在组织结构上，既有按职能划分的垂直领导系统，又有按产品（项目）划分的横向领导关系的结构，称为矩阵制组织结构。

　　矩阵制是为了改进直线-职能制横向联系差、缺乏弹性的缺点而形成的一种组织形式。它的特点表现在围绕某项专门任务成立跨职能部门的专门机构上。例如，组成一个专门的产品（项目）小组从事新产品开发工作，在研究、设计、试验、制造各个不同阶段，由有关部门派人参加，力图做到条块结合，以协调有关部门的活动，保证任务的完成。这种组织结构形式是固定的，人员却是变动的，需要谁，谁就来，任务完成后就可以离开。项目小组和负责人也是临时组织和委任的，任务完成后就解散，有关人员回原单位工作。因此，这种组织结构适用于横向协作和攻关项目。矩阵制组织结构见图 1-13。

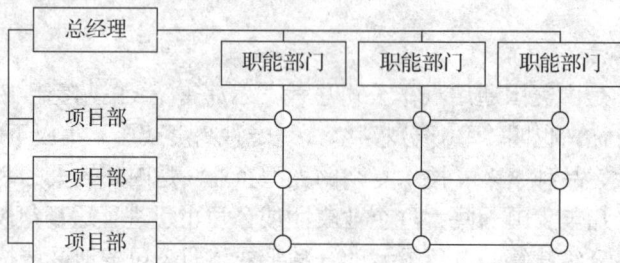

图 1-13　矩阵制组织结构

矩阵制组织结构的优点：机动、灵活，可随项目的开发与结束进行组织或解散；由于这种结构是根据项目组织的，任务清楚、目的明确，各方面有专长的人都是有备而来。因此，在新的工作小组里，能沟通、融合，能把自己的工作同整体工作联系在一起，为攻克难关、解决问题献计献策，由于从各方面抽调来的人员有信任感、荣誉感，使他们增加了责任感，激发了工作热情，促进了项目的实现；它还加强了不同部门之间的配合和信息交流，克服了直线-职能制中各部门互相脱节的现象。

矩阵制组织结构的缺点：项目负责人的责任大于权力，因为参加项目的人员都来自不同部门，隶属关系仍在原单位，只是为"会战"而来，所以项目负责人对他们管理困难，没有足够的激励手段与惩治手段，这种人员上的双重管理是矩阵制的先天缺陷；由于项目组成人员来自各个职能部门，当任务完成以后，仍要回原单位，因此人员容易产生临时观念，对工作有一定影响。

矩阵制适用于一些重大攻关项目，可使企业完成涉及面广的、临时性的、复杂的重大工程项目或管理改革任务，特别适用于以开发与实验为主的单位，如科学研究单位，尤其是应用性研究单位等。

三、跨国企业组织结构

跨国企业组织结构是指为实现跨国经营目标而确定的一种内部权力、责任、控制和协调关系的形式。总体来看，跨国企业组织结构主要有以下几种形式。

1. 出口部结构

早期的跨国公司在国外活动的规模比较小，又以商品输出为主，通常采取在总公司下设立一个出口部的组织形式，以全面负责管理国外业务。国外业务在整个企业的经营活动中占的比例不大。出口部结构见图1-14。

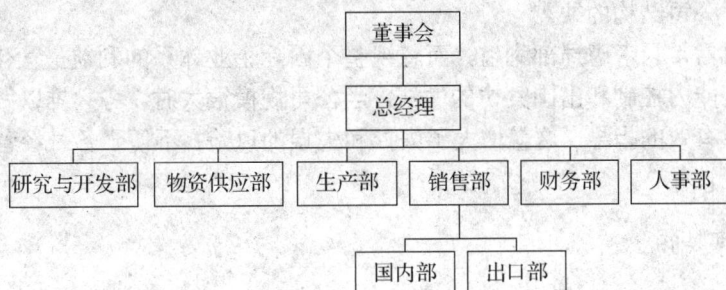

图1-14　出口部结构

（1）出口部结构的优点

通过与海外消费者接触，能够及时得到国际市场的信息和消费者的反馈，有利于提高出口产品的竞争力。

（2）出口部结构的缺点

随着国际化经验的积累，企业必然会向许可、直接投资等方向拓展，单一的出口部难以适应综合性的国际业务管理的需要。

2. 母子公司结构

母子公司结构是指在海外设立自主权很高的子公司，国内母公司的组织结构不变，两者间保持松散联系的一种组织结构，即国外子公司既对母公司保持经营上的相对独立性，又保持直接接受母公司经理指令并向上报告的关系。

母子公司结构是欧洲跨国公司早期发展时期普遍采用的组织形式，而且一直到20世纪50～60年代，欧洲一些著名的跨国公司仍然采用这种结构。20世纪20年代前后，美国一些跨国公司（如福特汽车公司等）也采用母子公司结构这种组织设计战略，在欧洲许多国家设立分厂。在今天，这种母子公司结构对于那些进行国际直接投资，而规模较小的制造业公司来说，仍然是一种有用的形式。母子公司结构见图1-15。

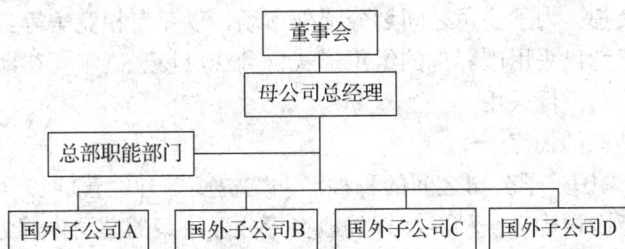

图1-15　母子公司结构

（1）母子公司结构的优点

子公司经营活动的自由度大，能对东道国的市场变化做出迅速而灵活的反应；子公司具有东道国的法人地位，有利于吸引当地投资和当地人才；有利于加强子公司领导者的领导权威和反应能力，使子公司的管理具有较好的稳定性和较高的工作效率；总公司高级决策人员便于直接获取子公司的准确情报和参与子公司的决策。

（2）母子公司结构的缺点

各子公司常常只考虑局部利益，而忽视整个国际企业体系的利益最大化；母公司总经理依靠个人能力控制和出国察访的做法，当公司规模很大时，势必难以做到对所有国外子公司进行有效的指导，这就增大了失控和失误的风险；不便于各种经营资源在公司内部进行合理转移。

3．国际部结构

国际部结构是跨国公司初步发展阶段的一种组织形式。在国内，母公司设立专门的国际部来负责一切海外经营业务的结构。国际部与国内各分部门在行政层级上平等，通常由一名副总经理主管，并直接向总经理汇报。国际部有自己的职能机构，负责国际经营的政策、业务规划、出口业务、技术授权、海外投资业务，并监督海外子公司的建立和发展。国外子公司和总公司的联系都经由国际部进行，形成母子公司之间经常化、规范化的联系渠道。国际部结构见图1-16。

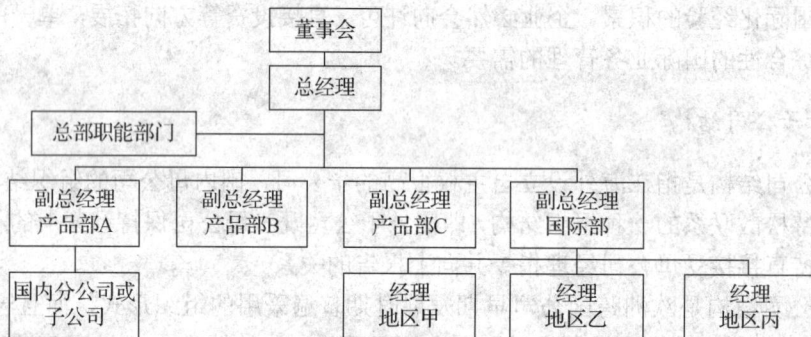

图1-16 国际部结构

国际部结构主要为跨国公司筹划国外业务的政策和战略设计；为子公司从国际市场取得低息贷款；为子公司间沟通情报提供更好的合作与协调；通过转移定价策略减轻或避免公司的纳税负担；为子公司之间划分国外市场，以免自相竞争等。第二次世界大战前，通用汽车公司就已采用国际部的组织形式，到20世纪60年代初期，这种组织形式已被美国的跨国公司广泛采用。

（1）国际部结构的优点

1）有利于协调国外子公司之间的种种活动，提高国外经营的综合效益。国际部结构有利于在国际范围内确立一种能够有效地实行分散决策的公司内部划拨价格，以协调零部件、半成品、成品或者劳务的生产、转移和销售。不过，这要以下列两个条件为前提：①国际部所管辖的子公司的产品系列的生产技术处于成熟状况，已经定型和标准化，这些因素有利于国际范围的公司内部协调；②这一产品系列与国内子公司生产的产品系列没有依存关系。

2）有利于跨国公司抓住机遇，拓展国际业务，增强竞争能力。国际部本身能集中实施公司的国际经营战略和组织战略，从而为公司整体创造条件，使跨国公司有更大的可能抓住机会，拓展国际业务，增强竞争能力。在国内公司（这时尚未发展成为跨国公司）设立出口部门（如成立出口部）进行出口贸易的情况下，许多国内公司难免存在着一种虽想极力克服，却很难克服的倾向——忽视国外顾客的不同需要。国际部则可能把国外子公司聚集在自己周围，使国外生产、销售等业务在公司整体组织中处于较高的组织层级，有较高的实际地位。这是因为，在国际部结构形式下，国际部经理人员上与母公司总部、下与各国外子公司之间都建立了正规的报告程序，而且，母子公司结构中的个人控制基本上被排除。

3）有利于对人才队伍的培养。聚集在国际部的各种跨国经营业务，有利于跨国公司培养和发展一支国际部的骨干队伍，并且有利于各国子公司在一定范围内对国际部承担起明确的权力和责任。

（2）国际部结构的缺点

1）易于产生经理人员之间在经营上的矛盾和冲突。国际部结构将公司相当一部分经理人员集中到国外业务上，这可能导致国内部门经理人员与国外部门经理人员在经营策略、经营风格和经营目标上的不一致。国内部门偏重母国国内市场，而国外部门则可能偏重国外市场。由于员工的国内业务培训与国外业务培训不同，而员工又分别属于国内部门和国际部门，这种差异和矛盾必将会进一步加重。

2）有碍于国际业务专门技能的开发与协调。在一个东道国有若干子公司，国际部往往将这几家子公司作为一个小组集中管理，从而使管理有碍于国际业务专门技能的开发与协调。诚然，公司总部经理从一国子公司轮换到另一国子公司，可能产生兼具数国管理经验的经理群体，但仍然难以形成同时管理几国子公司的经验。若缺乏这方面的经验，对于要继续扩展国际业务的跨国公司来说，无疑是一个组织结构发展的"瓶颈"。

3）易于导致公司总部的决策失误。从公司整体来看，许多国际部仍然只是总公司管辖的分部门，其他若干个国内部门在公司整体决策结构中所占比例更大，从而导致公司总部决策可能出现"一边倒"，在关键时候做出仅有利于国内部门的长期性决策。对于国内业务比例越高的公司来说，这种决策权越向国内业务倾斜，对国际经营业务的维持或拓展越不利。

4. 全球性组织结构

20世纪60年代中期以后，越来越多的跨国公司采用全球性组织来代替国际部。全球性组织结构从公司的整体利益出发，克服了国际部将国内和国外业务隔离的弊端，并大大加强了总部的集中决策的作用，适应了跨国公司一体化战略的发展需要。

全球性组织结构是指把国内一般企业的分部组织扩展到全球范围，从全球角度来协调整个企业的生产和销售，统一安排资金和分配利润。这意味着跨国公司要建立更加复杂的内部结构，既可以分别按职能、地区、产品设立总部，也可以将职能、地区、产品三者作为不同的维度建立矩阵制组织结构。全球性组织结构主要有以下几种组织形式。

（1）全球性职能结构

全球性职能结构是企业在采用全球化结构中比较常见的组织结构形式。全球性职能结构是按照企业各项职能来划分的组织结构，一般分设生产制造、市场营销、财务和研究开发等部门。在这种组织结构下，母公司总部确定全球目标和战略，由各副总经理控制的职能部门分别主持本职能部门的国内外一切事务。采用这种组织结构的大多是产品市场的地区范围较窄、产品线有限、产品需求比较稳定且属于标准化产品的企业，这种结构在欧洲企业中较为流行。全球性职能结构见图1-17。

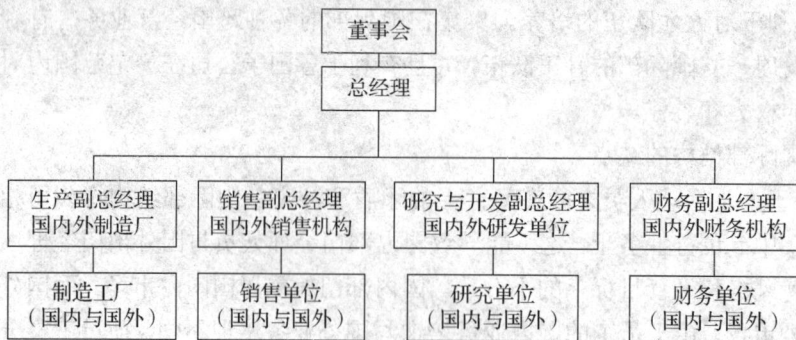

图1-17　全球性职能结构

全球性职能结构的优点是全球性职能结构由于是按不同的职能而设置的，因此对各职能部门来讲，可以清晰自己的职责，不会产生重复与相互推诿的现象。企业的管理集中在内部的职能部门上，符合专业分工的原则，能集中企业各职能的知识与经验并将其应用于各职能活动中；对公司总部来讲，可以比较容易地实现对各部门的控制与协调。缺点是各部门由于受本位主义的影响，部门之间缺乏沟通与合作，不同地区的生产与营销常常协调困难；子公司常会因为向不同部门汇报而造成工作上的困难，有时指令不一致还会造成工作停滞；总经理一人负责整个企业的经营决策，负担过重。

（2）全球性地区结构

全球性地区结构以公司在世界各地生产经营活动的区域分布为基础，设立若干区域部门，每个部门管理该区域范围内的全部经营活动和业务。每个区域部通常由一名副总经理负责，领导该区域工作，并直接向总经理报告。

在设计全球性地区结构时，有关区域的划分因公司而异，主要考虑是否适合公司的需要，考虑公司各工厂的区位、顾客的分布及原料来源等因素。与国际部结构不一样，在区域结构中，国内市场只是若干世界市场中的一部分。公司的总体计划由各个区域的计划组成，各区域经理参加总体计划的制订，这既可以防止各区域相互隔离，又有助于每个区域经理站在公司全局角度来考虑本区域的业务与发展。全球性地区结构见图1-18。

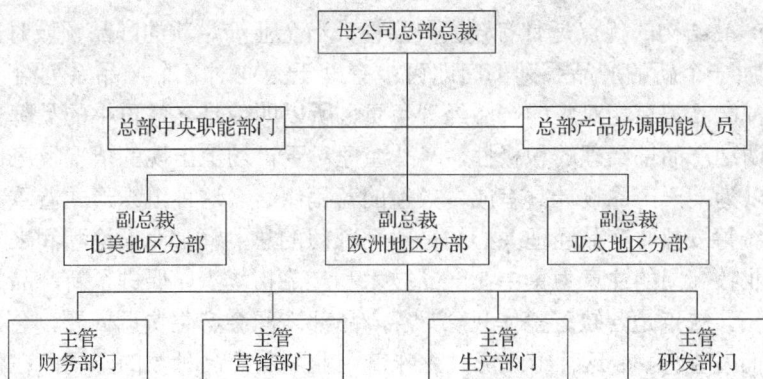

图 1-18　全球性地区结构

　　全球性地区结构的优点是能很好地协调区域内从事多产品生产和销售的各个子公司的活动，并将区域内有关企业解决特定国家特定问题的经验汇聚起来，供区域内其他单位使用；能很好地了解区域和东道国市场的具体情况，因为这种结构赋予了对区域市场最为了解的经理的权力和责任，这种明确的授权也有利于对区域市场的充分开发和区域优势的综合利用；由于区域经理统管区域内人、财、物和供、产、销等各阶段、各领域的活动，锻炼了他们的综合管理能力，从而为公司总部未来领导者提供了良好的培训场所。缺点是如果要保证该组织结构运行良好，就必须为每个区域配备具有高度综合才能的领导者，这种人才往往难求；容易导致当公司总部在评定区域经理绩效时只考查产值、利润等指标，而不考虑影响这些指标的劳工成本、市场波动和购买力等区域因素；不同区域都设置有类似机构，造成机构和人员的重复配置；区域之间难以进行沟通与协调。

　　（3）全球性产品结构

　　全球性产品结构是指以公司主要产品的种类及相关服务的特点为基础，设立若干产品部门。每个产品部都是一个利润中心，拥有一套完整的职能组织机构和员工，由公司任命一名副总裁，负责该产品或产品线在该区域范围内的生产、营销、开发和计划等全部职能活动，并直接向公司总经理报告的组织结构。如果区域范围为全球的，则该产品型组织结构为全球性产品结构。这种组织结构适合于技术含量高的产品，因为技术含量高的产品，其各产品差异很大，产品品种也太多。全球性产品结构见图 1-19。

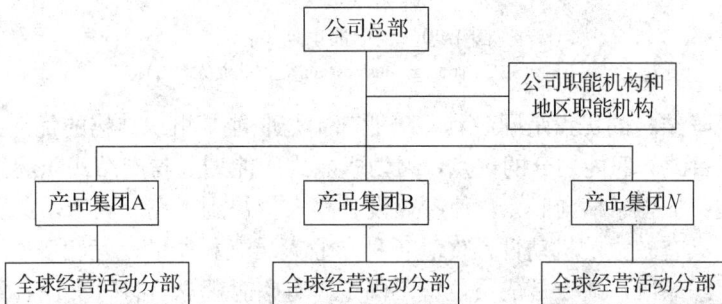

图 1-19　全球性产品结构

全球性产品结构的优点是具有较大灵活性，当企业涉足新的产品领域时，只要在组织结构上增加一个新的产品系列部门即可；有助于企业对各个产品系列给予足够的重视，因为每种产品都有相对应的产品经理负责，所以即使是名气再小的品牌也不会被忽略；有利于调动产品部经理的积极性，产品经理对于市场上出现的情况反应比专家委员会更快，可以为某一产品设计具有成本效益的营销组合。这种组织形式着重对国内和国际业务进行统筹安排，产品经理关心的是整个部门的总利润，而不论利润来自国内还是国外，使企业各部门的注意力集中在产品技术和产品市场上，促进了新产品的研发和国际市场的开拓。缺点是若缺乏整体观念，各产品部之间会产生协调问题，会为保持各自产品的利益而发生摩擦；这种组织形式意味着企业随着产品种类的不同而在任何一个特定的地区建立多个机构，导致机构设置重叠和管理人员浪费，导致产品知识分散化；产品经理需要协调和各个部门的关系，否则有碍他们有效地履行职责。

（4）全球性矩阵结构

全球性矩阵结构是在全球性混合型组织结构的基础上发展起来的组织形式，它给予职能区域、地理区域和产品组三维因素中的两维甚至三维以同等的权力，对公司的全部业务进行纵横交叉甚至立体式的控制与管理。全球性矩阵结构见图1-20。

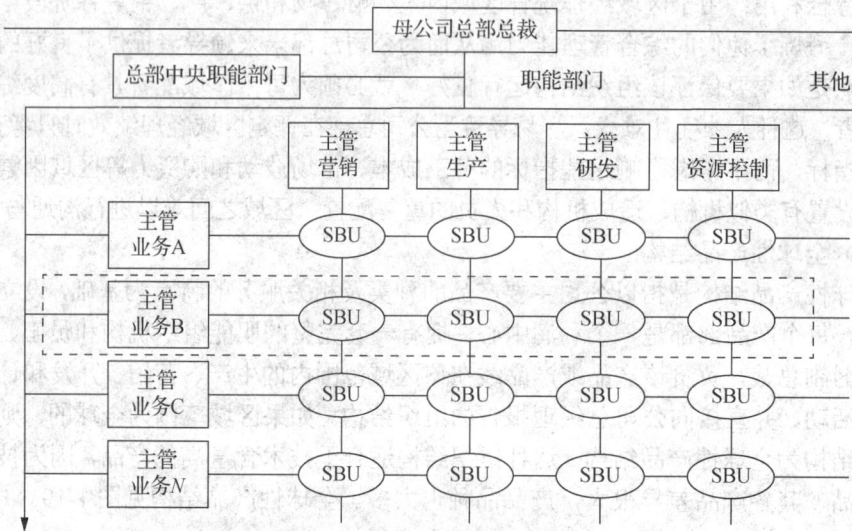

图1-20　全球性矩阵结构

注：SBU（strategic business unit，战略业务单元）。

全球性矩阵结构的优点是同时具备事业部制与职能制组织结构的优点；兼有职能式和产品式（项目式）职能划分的优点，因为职能式职能划分与产品式职能划分的优缺点正好为互补型；加强了横向联系，使专业设备和人员得到了充分利用，实现了人力资源的弹性共享；具有较大的机动性，促进各种专业人员互相帮助，互相激发，相得益彰；适用于大型组织系统。缺点是成员位置不固定，有临时观念，有时责任心不够强；人员受双重领导，有时不易分清责任，需要花费很多时间用于协调，从而降低人员的积极性。

（5）全球性混合结构

全球性混合结构是在兼顾不同职能部门、不同地理区域和不同产品类别之间的相互依存关系的基础上，将全球性职能结构、全球性地区结构和全球性产品结构中的两种或三种结合起来而形成的组织结构。该结构的灵活性强，可以根据外部环境和企业自身的变化及时调整，但协调的成本高。全球性混合结构见图1-21。

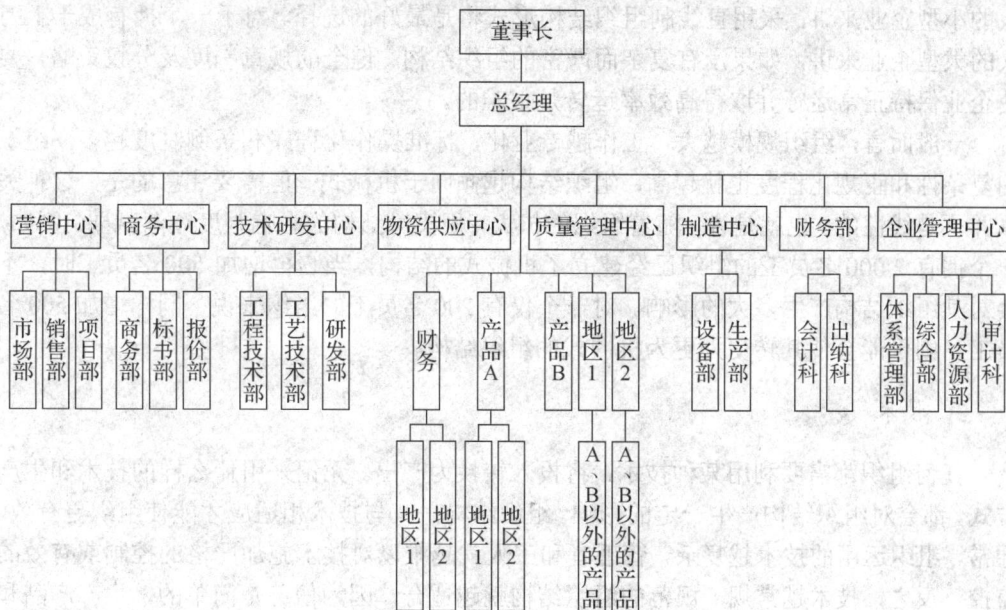

图 1-21　全球性混合结构

全球性混合结构的优点是有利于企业根据特殊需要和业务重点，选择采用不同的组织结构，灵活性强，且可以根据外部环境和业务活动的变化及时进行调整。缺点是组织结构不规范，容易造成管理上的混乱；所设各部门之间的差异很大，既不利于协调与合作，也不利于在全球树立完整的公司形象。

四、企业组织结构选择与设置

（一）影响企业组织结构选择的因素

组织设计恰当与否直接影响着组织的运行效率。设计良好的组织能更好地适应内外环境的变化，不断创新和发展。组织设计也不是一成不变的，随着主客观条件的改变，组织设计也要进行相应调整。组织内外的各种变化因素，都会对其组织内部的结构设计产生重大影响。归纳起来，影响企业组织结构选择的因素主要包括以下几个方面。

1. 组织战略

组织结构只是实现组织战略目标的手段，因此，组织结构的设计和调整必须服从组织战略。如果管理者对组织战略进行了重大的调整，就需要同时改变组织结构，以适应和支持这一变革。

2. 组织规模

组织规模对其结构具有明显的影响作用。例如，对于一个生产单一产品，只有几十人的小型企业来讲，采用直线制组织结构形式将是最好的选择。对于一个拥有成千上万人的大型企业来讲，如果没有复杂而严密的组织结构、健全的规章制度及分权策略，要使企业保持正常运行并取得高效率运转是很难的。

一般而言，组织规模越大，工作越专业化，标准操作化程序和条例制度越多，组织的复杂性和正规化程度也就越高，组织结构越倾向于机械式。但需要注意的是，这种关系并不是线性的。也就是说，随着组织的扩大，规模对结构的影响强度逐渐减弱。例如，一个拥有 2 000 名员工的组织已经建立了机械式的结构，当它再增加 500 名员工时，不会对其组织结构产生多大的影响。对一个仅有 200 名员工的组织来说，同样增加 500 名员工，则可能会使其转变为更为机械式的组织结构。

3. 技术

任何组织都需要利用某种技术，将投入转换为产出。无论采用什么样的技术和生产方式，都会对组织结构产生一定的影响。组织结构只有与技术相适应才能使组织更有效。通常，组织运用的技术越复杂，管理者和工人就越难以对技术施加严格的控制或有效的监控。反之，技术越常规，规范的组织结构就越适合，因为任务是简单的，生产产品和服务所需要的步骤可以事先被拟定。

4. 组织环境

环境也是组织结构的一个主要影响因素。在稳定的环境中运作有效的组织结构，一旦处于动态的、不确定的环境中将不能适应，从而使组织效率降低。当今社会，日趋激烈的全球竞争，日益加速的产品创新，乃至顾客对产品越来越高的要求，使组织处于不断变化的动态环境中。传统的组织结构已越来越不适应快速变化的环境。因此，越来越多的管理者开始致力于组织改组，力求使其精干、快速、灵活，更具有机动性。

5. 人力资源的特点

影响组织结构选择的最后一个重要因素是所雇用人力资源的特点。一般而言，组织的劳动力技术含量越高，组织越可能使用弹性分权制结构。具有较高技能、较强专业价值、自律性强的员工，往往渴望自由和自治，不喜欢被严密监督。例如，会计师知道诚实公正地报告公司账务的必要性，医生和护士理解尽可能给予病人最佳医治和护理的义务。弹性结构以分散化的职权和被授权的员工为特征，比较适合高技能人员的需要。这样，在设计组织结构时，管理者必须密切注意劳动力的素质及技能。

总之，组织战略、组织规模、技术、组织环境和人力资源的特点都是管理者为组织设计最优结构时要考虑的因素。在组织环境中，不确定性越大，组织战略和技术越复杂，它的劳动力素质越高、技能越高，管理者越有可能设计一种弹性结构。组织环境越稳定，组织战略或技术越简单，越容易被理解，劳动力的技能越少，管理者则越可能设计一个规范而可控的组织结构。

（二）选择合适组织结构模式的原则

1. 任务与目标原则

企业组织设计的根本目的，是为实现企业的战略任务和经营目标服务的。这是一条最基本的原则。组织结构的全部设计工作必须以此作为出发点和归宿点，即企业任务、目标同组织结构之间是目的同手段的关系；衡量组织结构设计的优劣，要以是否有利于实现企业任务、目标作为最终的标准。

2. 专业分工和协作原则

现代企业的管理工作量大，专业性强，分别设置不同的专业部门，有利于提高管理工作的质量与效率。在合理分工的基础上，各专业部门只有加强协作与配合，才能保证各项专业管理工作的顺利开展，达到组织的整体目标。

3. 有效管理幅度原则

由于受个人精力、知识、经验条件的限制，一名领导者能够有效领导的直属下级人数是有一定限度的。有效管理幅度不是一个固定值，它受职务的性质、人员的素质、职能机构健全与否等条件的影响。这一原则要求在进行组织设计时，应将领导者的管理幅度控制在一定水平，以保证管理工作的有效性。由于管理幅度的大小同管理层次的多少成反比，这一原则要求在确定企业的管理层次时，必须考虑到有效管理幅度的制约。因此，有效管理幅度也是决定企业管理层次的一个基本因素。

4. 集权与分权相结合原则

进行企业组织设计时，既要有必要的权力集中，又要有必要的权力分散，两者不可偏废。集权是大生产的客观要求，它有利于保证企业的统一领导和指挥，有利于人力、物力、财力的合理分配和使用。分权是调动下级积极性、主动性的必要组织条件。合理分权有利于基层根据实际情况迅速而正确地做出决策，也有利于上层领导摆脱日常事务，集中精力抓重大问题。因此，集权与分权是相辅相成的，是矛盾的统一，没有绝对的集权，也没有绝对的分权。企业在确定内部上下级管理权力分工时，主要应考虑的因素有企业规模的大小、企业生产技术特点、各项专业工作的性质、各单位的管理水平和人员素质的要求等。

5. 稳定性和适应性相结合原则

稳定性和适应性相结合原则要求进行组织设计时，既要保证组织在外部环境和企业任务发生变化时，能够继续有序地正常运转；同时，又要保证组织在运转过程中，能够根据变化的情况做出相应的调整，组织应具有一定的弹性和适应性。为此，需要在组织中建立明确的指挥系统、责权关系及规章制度；同时，又要求选用一些具有较好适应性的组织形式和措施，使组织在变动的环境中具有一种内在的自动调节机制。

（三）企业组织结构建立流程

1）分析组织结构的影响因素，选择最佳的组织结构模式。

2）根据所选的组织结构模式，将企业划分为不同的、相对独立的部门。

3）为各个部门选择合适的部门结构，进行组织结构设置。

4）将各个部门组合起来，形成特定的组织结构。

5）根据环境的变化不断调整组织结构。

知识拓展

企业组织结构的发展趋势

随着工业化的发展，市场机制的完善，企业规模的扩大，企业的组织结构也在不断发生着变化。现代企业组织结构的变化趋势主要有以下几个方面。

1. 扁平化

组织结构的扁平化，是指通过裁减冗余人员、减少管理层次来建立一种紧凑的扁平组织结构，使组织变得敏捷、灵活，提高组织效能。彼得·德鲁克预言：未来的企业组织将不再是一种金字塔式的等级制结构，而会逐步向扁平式结构演进。根据1988年对美国41家大型公司的调查发现，成功的公司比失败的公司平均要少四个层级。扁平化组织结构的优势主要体现在以下几个方面。

1）信息流畅通，使决策周期缩短。组织结构的扁平化，可以减少信息的失真次数，增加上下级的直接联系，使决策与信息沟通的效率得到改变。

2）创造性、灵活性加强，使员工生产效率和士气提高，员工工作积极性增强。

3）降低成本。管理层次和职工人数减少，工作效率提高，必然带来产品成本的降低，从而使公司的整体运营成本降低，市场竞争优势增强。

4）有助于增强组织的协调能力和反应能力。企业的所有部门及人员更直接地面对市场，减少了决策与行动之间的时滞，增强了对市场和竞争动态变化的反应能力，从而使组织能力变得更柔性、更灵敏。

组织结构框架从垂直式实现向扁平式转化，是众多知名大企业走出大而不强困境的有效路径之一。

2. 网络化

随着信息技术的高速发展，信息的传递不必再遵循自上而下或自下而上的等级阶层，就可实现人与人、部门与部门之间直接的信息交流。企业内部的这种无差别、无层次的信息交流方式，极大地刺激了企业中信息的载体和运用主体——组织的网络化发展。

网络组织最本质的特征在于强调通过全方位的交流与合作实现双赢和创新。全方位的交流与合作既包括企业之间超越市场交易关系的密切合作，又包括企业内部部门之间、员工之间的交流与合作关系，而且这些交流与合作是以信息技术为支撑的，并将随着信息技术的发展而不断强化。当然，网络关系不能完全取代组织中的权威的作用，否则组织就会出现混乱，所以网络组织中的层级结构始终是需要保持的，只不过在组织结构网络化的条件下，采取的是层级更少的扁平化结构。

组织结构网络化使传统的层次性组织和灵活机动的计划小组并存，使各种资源的流向更趋合理化，通过网络凝缩时间和空间，加速企业全方位运转，提高企业组织绩效。

3. 无边界化

无边界化是指企业各部门间的界限模糊化，目的在于使各种边界更易于渗透，打破部门之间的沟通障碍，利于信息的传送。

在具体模式上，比较有代表性的无边界化模式是团队组织，团队指的是员工打破原有的部门边界，绕开中间各管理层，组合起来直接面对顾客和对公司总体目标负责的以协作和群体优势赢得竞争优势的企业组织形式。这种组织成为组织结构创新的典型模式。

无边界思想是一种具有新意的企业组织结构创新思想，它完全是超国界、超制度、超阶级、超阶层的。组织作为一个整体的功能得以提高，已经远远超过各个组成部门的功能。

4. 多元化

企业不再被认为只有一种合适的组织结构，企业内部不同地域、不同部门的组织结构不再是统一的模式，而是根据具体环境及组织目标来构建不同的组织结构。管理者要学会利用每种组织工具，了解并且有能力根据某项任务的业绩要求，选择合适的组织工具，从一种组织转向另一种组织。

5. 柔性化

组织结构的柔性化是指在组织结构上，根据环境的变化，调整组织结构，建立临时的以任务为导向的团队式组织。柔性化的本质是保持稳定与变化之间的平衡，它需要管理者具有很强的管控力。

柔性化的组织结构强化了部门间的交流合作，将不同方面知识共享后形成合力，有利于知识技术的创新。

6. 虚拟化

组织结构的虚拟化是指用技术把人、资金、知识或构想网络在一个无形的组织内，以实现一定的组织目标的过程。

虚拟化的企业组织不具有常规企业所具有的各种组织或部门结构，而是通过网络技术把组织目标所需要的知识、信息、人才等要素联系在一起，组成一个动态的资源利用综合体。虚拟组织的典型应用是虚拟化的办公空间和创造虚拟化的研究机构。前者是指同一企业的员工可以置身于不同的地点，但通过信息和网络技术连接起来，如同在同一办公大厦内，同步共享和交流信息及知识；后者是指企业借助通信网络技术，建立一个跨越时空的合作联盟，把分散在世界各地的属于或不属于本企业的研究开发人员、专家或其他协作人员联系在一起，实现一定的目标。

（资料来源：根据网络资料整理。）

知 识 测 试

项目一任务三参考答案

一、单选题

1. （　　）组织结构是既有按职能划分的垂直领导系统，又有按产品（项目）划分的横向领导关系的结构。
   A. 直线-职能制　　B. 矩阵制　　　　C. 事业部制　　　D. 直线制

2. （　　）组织结构的特点是企业各级行政单位从上到下实行垂直领导，下属部门只接受一个上级的指令。
   A. 直线制　　　　B. 矩阵制　　　　C. 分子公司制　　D. 职能制

3. 跨国企业组织结构中的（　　）是指在海外设立自主权很高的子公司，国内母公司的组织结构不变，两者间保持松散联系的一种组织结构。
   A. 出口部结构　　　　　　　　　B. 母子公司结构
   C. 国际部结构　　　　　　　　　D. 全球性组织结构

二、多选题

1. 企业的组织结构包括（　　）。
   A. 直线-职能制　　B. 矩阵制　　　　C. 有限责任公司
   D. 股份有限公司　　E. 事业部制

2. 跨国企业的组织形式包括（　　）。
   A. 出口部结构　　　　　　　　　B. 母子公司结构
   C. 全球性组织结构　　　　　　　D. 国际部结构

三、简答题

1. 企业的组织结构形式有哪几种？它们各有何特点？
2. 跨国公司的组织结构演进经历了哪几个阶段？
3. 跨国公司的组织结构主要有哪几种形式？它们分别在何种情况下适用？
4. 近年来组织结构的变化有何趋势？
5. 试比较几种全球性组织结构的优缺点。
6. 影响企业组织结构选择的因素有哪些？

任 务 实 施

描述你所实习的企业的组织结构及其特点。

项 目 小 结

本项目作为"国际商务管理"课程的第一个学习内容，首先介绍了不同法律形式的企业的设立要求及设立登记程序、设立登记材料的填写要求；其次，基于不同企业的管理需要，讲解了管理的发展历程，分析了管理在不同发展阶段的理论内涵和特点，并基于管理理论，讲述了管理的计划、组织、领导、协调、控制职能的内涵；最后，依托具体的企业形式，运用管理理论讲解了国内企业和国际企业的组织结构形式。

项目二

分析国际商务环境及国际 经济组织与贸易政策

▮ 知识目标

1. 国际商务的政治环境。
2. 国际商务的法律环境。
3. 国际商务的经济环境与技术环境。
4. 国际商务的社会文化环境。
5. 国际经济组织的概念及职能。
6. 国际贸易政策的类型。

▮ 能力目标

1. 正确界定并管理政治环境给企业带来的影响。
2. 正确界定并管理法律环境给企业带来的影响。
3. 正确界定并管理经济环境与技术环境给企业带来的影响。
4. 正确界定并管理社会文化环境给企业带来的影响。
5. 熟练掌握关税壁垒和非关税壁垒的使用方式。
6. 正确区分国际三大经济组织的职能。

任何企业的经营都要受到环境的影响，环境的特点制约或者促进着企业经营活动的开展，因此，研究经营环境是成功地开展企业经营的前提。与仅在国内开展业务相比，国际经营环境研究更为重要，因为国际经营环境的内容更复杂、变化更频繁、不可控程度更高，环境的变化也更具有不确定性。

跨国企业的国际经营环境研究需要分析三个方面的内容，一是企业在母国国内的商务环境；二是普遍意义上的国际商务制度与市场环境；三是目标国的国际商务环境。企业从事国际商务活动，必须对宏观的国际市场制度与市场环境，如国际经济组织、国际贸易政策及国际金融市场等有所了解。此外，由于国际经营涉及的国家或地区不同，当地的政治法律制度、经济发展水平、社会文化环境等亦有所区别，因此，在将经营业务扩展至某个具体的国外市场之前，企业必须研究相关国家的国际商务环境，系统地收集并分析目标国家的政治环境、法律环境、经济环境、技术环境和社会文化环境。

任务一　认知国际商务环境

本任务围绕涉外中小型企业从事商务活动时所面临的政治环境、法律环境、经济环境、技术环境及社会文化环境等因素，以经典案例为引导，以分析影响现实企业的环境因素为导向，指引学生对国际商务环境的各项要素进行正确分析，提升学生的综合分析能力及国际市场敏锐性。

▌ 任务目标

分析不同商务环境对跨国企业经营的影响。

导入案例

国际广告引发的闹剧

几年前，日本某汽车公司计划在中国销售一款越野车，并为这款越野车的广告推广进行了招标。结果一家 M 国广告公司的中国子公司的广告创意经评估后中标，其创意主要包括两个设计方案。一个设计方案是一辆该款越野车经过一座具有中国古典风格的桥梁，桥两侧蹲坐的石狮为之侧目，其中一些石狮低下了头颅。另一个设计方案是执法人员在西藏可可西里地区追逐盗猎者，胜利后执法人员乘坐一辆该款越野车拖动着盗猎者使用的一辆相似中国某著名国产品牌的卡车在高原上奔驰。第一个广告设计的场景容易让人联想到日本发动侵华战争的卢沟桥，让在中国文化中无比高贵的狮子向日本汽车低头，触动了中国人的民族情感；而第二个广告设计中日本汽车拖动中国汽车的场面，也容易让人联想到日本企业对中国企业的轻视。于是，人们通过各种形式表达了对这些广告内容的抵制，在互联网上关于这些广告内容的讨论和批评尤其强烈。最后，日本某汽车公司被迫对该广告做出了停播处理。

（资料来源：根据网络资料整理。）

分析：
　　1）分析该日本汽车公司在投放广告时没有考虑到所在国的哪些宏观因素？
　　2）一个从事国际商务的企业应该考虑业务所在国的哪些商务环境因素？这些环境因素是如何影响企业商务活动的？

　　企业的商务环境包括外部环境与内部环境两部分。企业外部环境由存在于组织外部、通常短期内不为企业高层管理人员所控制的变量所构成，具体是指影响企业生存与发展的各种外部因素的总和，包括政治环境、法律环境、经济环境、技术环境、社会文化环境等。企业内部环境由存在于组织内部、通常短期内不为企业高层管理人员所控制的变量所构成，具体包括企业的组织结构、文化、资源三个部分。

　　跨国企业在经营中既要分析国内商务环境，也要分析国际商务环境。本任务从开展国际经营业务的角度分析国际商务环境和国内商务环境。

一、国际商务的政治环境

　　政治环境是指企业市场营销活动的外部政治形势、国家方针政策及其变化。一国的政治环境直接影响着企业的国际商务活动，决定了贸易与投资的难易程度和资金的安全性，以及企业的经营活动及其效果。安定团结的政治环境不仅有利于经济的发展和人们收入的增加，还影响到人们的心理状况，导致市场需求发生变化。如果政局稳定，就会给企业经营营造良好的环境。相反，政局不稳，社会矛盾尖锐，秩序混乱，就会影响经济发展和市场的稳定。所以，政治环境分析无论对于国内企业还是跨国企业都非常重要。

　　跨国企业的政治环境分析与国内的政治环境分析内容相似，但因为跨国公司的经营国范围不同，受当地各种因素影响的可能性也会变大，所以，跨国企业面对的国际政治环境较国内政治环境更加复杂。以下从跨国企业面对的政治环境的角度进行政治环境分析。

（一）国际政治环境的内容

1. 目标国政治体制

　　国家政治体制（政治制度）是指一国政府的基本结构和组织形式，是指统治阶级为实现阶级专政而采取的统治方式、方法的总和，包括国家的政治、行政和经济管理体制，政府部门结构及选举制度等。

　　不同的国家政治体制往往会导致政府政策、法规、行政效率等诸多方面的差异，以及对外资企业的经营范围和股权控制的限制或鼓励上的差别，从而构成对国际商务有利或不利的影响。

2. 目标国执政党的性质

不同国家有不同的政党体系，如一党制、两党制和多党制。在一党执政的国家，政治环境相对比较稳定。因为同一党执政，其政策的连续性程度比较高，跨国企业也对之较易认识和适应。在允许多党共存、轮流执政的国家，由于不同执政党的纲领和政治主张不同，存在着政治倾向上的差别，随着执政党的更迭，政府的政策也可能随之改变或调整。因此，跨国企业必须清楚地了解目标国执政党的性质与纲领，预测未来执政党有可能采取的政策。

3. 目标国政治稳定性

政治稳定性主要包括国内政局的稳定性及社会的安定情况。目标国的政治稳定对跨国企业来说是极其重要的，因为政治稳定直接影响企业生产经营政策的长期性，政治不稳定将使企业难以适应和预测环境变化，从而难以选择相应的生产经营战略和策略。因此，跨国企业必须认真分析有可能造成政治不稳定的各种因素，如政权更迭、首脑更替、政局变动、经济危机、罢工、暴乱与民族矛盾等，以便尽早采取应对措施，以使损失降到最低。

4. 目标国政府对外资的态度

政府对外资的态度通常反映在政府对外资的政策上，外资政策体现了目标国政府对待外资的管理方法。各个国家的外资政策大相径庭，一国的外资政策直接影响到国际投资的可能性及可持续收益等方面。目标国对外贸易的规模、产品结构、地区分布等对外贸易状况决定着该国经济的外向度和开放度，它们在很大程度上反映着一国的投资环境。因此，企业在进行国际贸易决策时，需要仔细研究相关国家或地区政府的政策及其对外资的态度，再决定是否要开启、扩大或减少该国市场投资。

5. 国际社会政治团体

社会政治团体是社会团体中的一种，是具有基本相同政治要求和利益的社会成员为实现特定的政治目标而组成的社会组织，可以分为营利和非营利两大类。前者如合作社、公司等；后者又可以根据其性质和作用分为社会政治团体、学术团体、宗教团体、体育团体、卫生团体、慈善事业团体等。

国际社会政治团体指非政府间的具有一定群众基础的世界性政治组织，由不同国家的民间团体组合而成。在这些组织中必须遵循国家主权原则，尊重成员国主权。各种世界性社会政治团体对国际社会的发展变化有着重要影响。按国际社会政治团体联系的对象和活动的内容，当代国际社会政治团体主要有国际工会组织、国际妇女组织、国际青年组织等。这些国际社会组织在承担一部分社会责任的同时，也对跨国企业经营产生一定影响，不同国家的社会政治团体给企业带来不同的文化制度规则的冲击，从而对其经营产生一定阻力。

（二）政治风险

1. 政治风险的含义与特点

尽管大多数企业认识到不同国家的政治环境差别甚大，但要走向国际市场还必须进行更细致的分析，在考虑进入新市场时，需要评估目标市场的政治风险。政治风险（political risk）是指由于各种政治因素使东道国的经营环境发生了超过某种程度的变化，对企业的国际经营带来不利影响的可能性。

政治风险有以下三个显著特点。①不可预测性。政治风险的出现往往是突发的，企业对其何时何地发生，以及其后果、损失等难以准确地测定。②非市场力。政治风险不是直接由于经济因素而激发的，而是由多种政治因素，如政权更替、政策改变、战争及暴乱等组合产生的风险。③涉及面广、影响时间长。政治风险一旦出现，会涉及政府的政策、政党的行动纲领、社会安定、政府对外资的态度等，其影响将持续相当长时期。正是由于政治风险有上述特点，政治风险的存在使企业的国际经营更具有不确定性。

2. 政治风险的类型

政治风险来自宏观和微观两个方面。宏观政治风险（macro political risk），是由那些广泛而全面地影响在一国的所有外国投资或经营的全局性政治事件或政府行为所引起的，如战争或突然的政府更迭。微观政治风险（micro political risk）则由有选择地影响某个领域投资和经营活动的行动或事件所构成，构成某些行业或企业特有的风险。例如，出于国家安全和发展的考虑，东道国要求交通通信企业国有化时，该领域的外资企业就首先受到影响，而其他企业则可能毫发无损。具体地，根据政策变化对企业国际经营的不同影响，政治风险分为以下几种类型。

（1）没收、征用和国有化

没收（confiscation）是指东道国政府根据自己的主权，采用强制措施无偿地把外资企业或外资在合资企业中的股份收归国有。征用（expropriation）是指东道国政府在将外国企业在该国的投资收归国有时以某种方式给予一定的补偿。与没收、征用相比，国有化（nationalization）则是一种更微妙的国家管制形式，它不同于带有突然性的没收与征用，而是采用渐进方式，通过控制和限制，逐步削弱外资公司所有者的控制过程。国有化的具体措施：所有权逐步民族化、提高本国的管理水平、将更多的决策权转向本国人，以及产品更多的是在当地生产而不是进口装配等。

没收、征用和国有化是企业在国际经营中可能遇到的严重的政治风险。一般来说，东道国所采取的这些极端措施也会招致投资国的报复或制裁，从长期来看，不利于东道国经济的成长。

（2）外汇管制

对于那些缺乏外汇的东道国，为促进国际收支平衡，可能会制定某种政策对境内所有企业的外汇收支加以控制。具体措施包括：一切外汇收入均须以官价结售给该国的中央银行，一切外汇支出均须得到国家外汇管制机构的批准；对外国投资者所能汇出的利润或资本数额有一定的限制。显然，东道国外汇管制对外资企业有两个方面的影响：一是利润和资本难以自由汇出或抽回；二是生产所需的机器、零件和原材料等难以按需进口，从而影响企业在东道国经营活动的开展。

（3）进口限制

东道国为保护民族工业的发展，常通过提高关税以削弱国外产品的竞争能力，或利用进口许可、配额等非关税措施来限制外资企业的零部件、原材料、设备及其他物资的进口。进口限制不仅给以出口方式从事国际经营的企业带来不利影响，还会迫使以对外直接投资形式进入东道国市场的外资企业为维持正常的生产经营，不得不采用当地零部件，满足东道国政府的当地化要求，尽管这些零部件在产品质量等各方面可能无法达到外资企业的生产要求。

（4）价格管制

各国政府在一些情况下会使用价格管制手段来改善它们的经济状况。例如，一国在特殊时期规定基本的民用必需品采用官方价格，或为抑制通货膨胀而实行价格管制。在价格管制的情况下，外国公司在当地的生产成本增加，利润减少。尤其是当某一外国公司的产品恰好被纳入价格管制清单时，就会产生价格扭曲，进而导致经济紊乱。

（三）政治风险的防范

政治风险指由于东道国政局或政府行为、政策的变化，导致投资环境变化，从而给国外投资者的投资活动造成损失的可能性。对于政治风险常用的防范可分为以下三个步骤。

1. 投资前的政治风险防范

投资前的政治风险防范有签订特许协定、办理投资保险与担保项目、与东道国政府进行谈判。

1）签订特许协定。特许协定是指跨国公司与投资所在国政府签订的有关投资的协定。典型的特许协定包括以下几个方面的内容：资金汇出的形式、转移价格的制定、向第三国出口、要求设立社会与经济管理费、付费方式、当地参股的条款、产品在所在国销售的价格管理、原料与零部件来源的限制、雇员国籍的限制等。

2）办理投资保险与担保项目。通过投资保险或担保项目，将政治风险转移给其他机构。海外投资保险承保的政治风险包括国有化风险、战争风险与转移风险三类。一般做法是，投资者向保险机构提出保险申请，保险机构经调查认可后接受申请并与之签订保险单。当风险发生并给投资者造成经济损失后，保险机构按合同支付保险赔偿金。

3）与东道国政府进行谈判。投资者在投资前要与东道国政府谈判，并达成协议，以尽量减少政治风险发生的可能。在这类协议中必须明确以下几点。

① 子公司可以自由地将股息、红利、专利权费、管理费用与贷款本金利息汇回母公司。

②确定划拨价格的定价方法，以免日后双方在划拨价格问题上产生争议。

③公司缴纳所得税与财产参照的法律和法规。

④发生争议时采用的仲裁法和仲裁地点。

2. 投资后的政治风险防范

尽管投资前，投资方可以通过与引资方的协商，避免对外投资受政治风险的影响，但投资环境却可能改变，某些环境因素不体现在协定中。这时，在境外投资的公司就必须采取与此相适应的经营战略与策略来适应不断变化的国际投资环境。

1）生产与经营战略。这种战略是投资者通过生产与经营方面的安排，使东道国政府实施征用、国有化或没收政策后，无法维持原公司的正常运转，从而避免被征用、国有化或没收的政治风险。

2）在生产上控制住三点：第一，控制原材料与零配件的供应；第二，控制专利与技术诀窍；第三，控制商标。

3）融资战略。这种战略是投资者通过对公司融资渠道的有效管理，达到降低政治风险的目的。其中，可采取的方式是积极争取在东道国金融市场上融资。尽管在东道国金融市场上融资的成本较高，并有可能受到东道国政府紧缩银根使筹资成本提高的影响，但这样做可以有效地防范政治风险。因为，如果东道国政府对该公司实行歧视性政策或经营上的限制，必然会影响东道国金融机构的利益，因而在采取征用等措施时，东道国不得不慎之又慎。

4）财务策略。常见的财务策略有以下三个方面。第一，持有较低的权益资本与较高的债务资本，在此情况下，一旦当地资产被没收，或当地货币不可兑换，在东道国的公司损失可部分地被当地债务的减少抵销。第二，子公司选择适合当地标准的资本结构。这可以满足所在国的要求，从而避免所在国的政治干预。第三，现金转移渠道。在境外投资的公司可以利用各种各样的现金转移渠道，将资金从高政治风险国家转移到低政治风险国家。

5）组织策略。在境外投资的公司，可以采取以下组织策略以降低政治风险。一是进行合资。即在境外投资的公司与所在国企业或个人创办合资企业。二是发放许可证。即由公司对所在国企业发放许可证，允许其生产与经营本公司产品。三是签订管理合约。与发放许可证相似，管理合约既可以为公司的境外投资带来利润，又不必在国外大量投资，从而可以将政治风险降至尽可能低的水平。四是雇用当地居民。雇用当地居民作为本公司职员。

3. 没收、征用或国有化后的索赔策略

尽管没收、征用或国有化后的索赔策略是一种被动的策略，但这种策略可以使跨国公司在境外投资所遭受的损失降至尽可能低的水平。一般来讲，索赔策略的实施可以分为三个步骤：第一步是运用行之有效的战术，进行合理谈判；第二步是从法律上采取补救措施；第三步是在所在国、母国及国际投资争端仲裁中心寻求法律保护。

二、国际商务的法律环境

法律环境是指国家或地方政府所颁布的各项法规、法令和条例等，它是企业营销活动的准则，企业只有依法进行各种营销活动，才能受到国家法律的有效保护。近年来，为适应经济体制改革和对外开放的需要，我国陆续制定和颁布了一系列法律法规，如《中华人民共和国产品质量法》《中华人民共和国反不正当竞争法》《中华人民共和国外商投资法》《中华人民共和国民法典》等。企业的营销管理者只有熟知有关的法律条文，才能保证企业经营的合法性，运用法律武器来保护企业与消费者的合法权益。

法律环境分析的主要因素包括以下四个方面。①法律规范，特别是和企业经营密切相关的经济法律法规，如《公司法》《中华人民共和国专利法》等。②国家司法执法机关。在我国主要有法院、检察院、公安机关及各种行政执法机关。与企业关系较为密切的行政执法机关有市场监督管理机关、税务机关、专利机关、环境保护管理机关、政府审计机关等。此外，还有一些临时性的行政执法机关，如各级政府的财政、税收、物价检查组织等。③企业的法律意识。企业的法律意识是法律观、法律感和法律思想的总称，是企业对法律制度的认识和评价。企业的法律意识最终都会物化为一定性质的法律行为，并造成一定的行为后果，从而构成每个企业不得不面对的法律环境。④国际法所规定的国际法律环境和目标国的国内法律环境。对从事国际经营活动的企业来说，不仅要遵守本国的法律制度，还要了解和遵守合作国的法律制度及有关的国际法规、惯例与准则。

（一）各国法律法规

一个国家的法律体制，特别是涉外法律体制的健全程度及立法的执行情况等都是跨国公司关注的重点。当地政府颁布的各种法规，如投资法、商标法、商检法、劳工法、环保法等，以及其与各国政府签订的贸易条约、协定和有关贸易法规等，实质上在某种程度上反映了当地政府的贸易和产业政策，将直接影响企业国际经营方式的选择和经营战略的制定，因此，跨国公司应该熟悉以下法律法规。

1. 商贸政策与法规

不同类型的法律法规可能被用来限制贸易，甚至在某种程度上对某些特定国家实行贸易制裁。例如，保护关税、进口配额等保护主义的国际贸易政策和措施；各国政府对价格采取的管制措施，尤以粮食、药品等必需品的价格为普遍，有的国家禁止商品低于成本销售；许多国家还对促销鼓励进行限制，明确规定某些促销方式不能使用。

2. 关于外贸投资的法律法规

外商投资在带来资金、促进东道国生产和经济发展的同时，也会在一定程度上影响甚至控制当地的经济，甚至会影响当地民族企业的发展。因此，各国政府对外商投资均有不同程度的法律限制，这种限制包括：对外资进入行业的限制；对资本抽回或利息与盈余汇出的限制；对在某些特定的产业部门的外资所有权的限制，如航空运输、金融服务或通信行业。

3. 环境保护限制

随着环境保护主义浪潮的日益高涨，世界各国都不同程度地加强了环境立法。例如，许多国家对产品包装做出特殊规定，鼓励可再循环包装和绿色包装；许多国家对外商投资的行业做出规定，限制或禁止外商投资进入污染密集型产业，以防止外资利用直接投资进行污染转移。这些国内立法会间接影响跨国公司的竞争力。例如，德国关于商品包装的大量立法意味着企业要满足这些环保限制就必须付出高额的成本。

4. 关于劳资关系的立法

从事国际经营的企业必须了解相关国家政府有关劳动雇佣及劳资关系的法律。这些法律包括：对本国雇员与外国雇员的比例的规定，许多发展中国家的法律有此规定，要求外资企业必须雇用一定比例的本国雇员；对妇女、有色人种就业立法保护等，许多西方国家规定企业雇用员工时，不得有性别、年龄和肤色上的歧视；对工人收入的规定，如有无最低工资的规定；对工会活动的规定，当地政府是否允许工会存在，以及对工会的活动方式和范围限制是否严格，是否允许工人罢工。此外，一些西方国家在第二次世界大战后均制定了有关职工参与企业管理的立法。职工参与管理，不仅是产业民主的体现，还有利于激发工人的积极性，提高劳动生产率。

（二）国际法规

国际法规包括国家间双边或多边的国际条约、国际组织的协定和决议及国际惯例。为调整国际经贸关系，各国之间就关税、贸易、知识产权保护等问题签订了大量的双边和多边条约，相关国际组织也订立了许多协定，目前在国际上影响较广的多边条约和协定有《联合国国际货物销售合同公约》《保护工业产权巴黎公约》《联合国海上货物运输公约》等。这些条约和协定虽然并不存在一个世界性的立法机构来组织制定和予以实施，但由于各签约国的承诺，因而具有普遍的约束力，对非签约国也有很大影响。国际惯例则是在长期的国际经济活动中逐渐形成的。例如，《国际贸易术语解释通则》《跟单信用证统一惯例》虽不具有普遍的法律约束力，但由于其在长期的国际经济交往中约定俗成，因此，一经采用，对双方当事人也有约束力。

（三）国际商务争端解决

企业的跨国经营活动必然会引发国际商务争端解决的问题。国际商务争端解决主要涉及以下两个方面的问题：一是哪国法律为适用法律，应在哪国解决争端；二是应用何种途径解决冲突，以及处理如何执行。

1. 法律适用和司法管辖权

目前，世界上并不存在一个能够解决国际商务争端的统一的国际司法机构，也没有一个适用于解决一切争端的超国家的法律制度。因此，一旦国际商务活动中产生争端要诉诸法律，就产生了法律适用和司法管辖权的问题。一般企业在对外签订经贸合同时，都会对这两个问题予以规定。否则，由于各国政治和法律制度不同，对具体案件的审理又受诸多因素的影响，同一案件在不同的管辖权下完全可能会有不同的审理结果，因此企业往往试图在对自己最有利的国家发动法律程序。例如，由于美国对人身伤害案的赔偿金额要比其他国家高，许多涉及美国公司的有关案件的原告希望能由美国法庭进行判决，以避免出现同样的伤害事故因审判地点不同而赔偿金额大不相同的法律上的"双重标准"现象。但对于这种情况，美国法律做出了"审判便利"的规定，即在对同一个案件两个或两个以上国家的法庭都有司法管辖权的情况下，应由审判最为便利的法庭受理。

2. 法律解决途径

国际商务争端解决的途径有三种：一是谈判，即双方当事人通过谈判协商，寻求解决；二是司法诉讼；三是仲裁解决。

1）谈判。通过谈判方式解决国际商务争端时，双方的实力对比是决定谈判力量的绝对因素。跨国公司与东道国或当地企业的谈判力量取决于跨国公司的商品或服务的性质、技术水平、拥有的管理专长、投入的无形资产的价值等；而东道国的谈判力量则取决于当地的市场规模与潜力、盈利前景等因素。

2）司法诉讼。司法诉讼是指当事人双方或一方在具有司法管辖权的一国法院向另一方提出诉讼，该法院按照所适用的法律独立行使审判权，判决结果对双方当事人都有强制约束力。关于判决的执行，国际礼让原则要求一国在其领土内尊重和执行外国法庭所做的判决。国际礼让要求满足三个条件：国家间给予互惠，给予被告人合适的通知，外国法庭的判决不违反本国国内立法或条约中的义务。

3）仲裁解决。由于诉讼解决手续繁多、程序严格、费用昂贵、时间又长，因此，许多冲突双方愿意通过仲裁解决争端。仲裁是双方当事人在发生争议之前或之后达成协议，自愿把他们之间的争议交给双方所同意的第三方进行裁决。一般国际经贸双方在合同中订立仲裁条款，表示同意发生争端时根据某个仲裁庭的规则和程序进行仲裁，并表示愿意服从仲裁庭的裁决。因此，仲裁结果是终局性的，对双方具有约束力。目前，大多数国家签署了《承认及执行外国仲裁裁决公约》，签约国有承认并保证法律强制执行力的义务。仲裁由于形式简便，解决问题迅速，有助于维护双方的形象和商务关系，且仲裁结果由国际商务界的专家、学者做出,比较公正,因而受到了企业的普遍欢迎。

三、国际商务的经济环境

经济环境是企业营销活动的外部社会经济条件,包括消费者的收入水平、消费者支出模式和消费结构、消费者储蓄和信贷情况、经济发展水平、经济体制、地区和行业发展状况、城市化程度等多种因素。事实上,政治环境中的许多因素是通过经济环境来直接作用于企业经营的。因此,分析、评价与预测所在国的经济环境,并针对其变化采取适当的对策,提高企业的国际竞争力,是国际商务管理的重要内容。

1. 经济制度

经济制度是指国家的统治阶级为了反映在社会中占统治地位的生产关系的发展要求,建立、维护和发展有利于其政治统治的经济秩序,而确认或创设的各种有关经济问题的规则和措施的总称。根据对经济运行的调节、控制及资源配置方式的不同,世界各国的经济制度可以分为市场经济、计划经济,以及由计划经济向市场经济转型的经济。不同的经济制度对国际商务活动有不同的影响。

市场经济(又称为自由市场经济或自由企业经济)是一种经济体系。在这种体系下,产品和服务的生产及销售完全由自由市场的自由价格机制所引导,而不是像计划经济一般由国家所引导。市场经济一经产生,便成为最具有效率和活力的经济运行载体。迄今为止,全世界绝大多数国家纷纷走上了市场经济的道路。这种经济体制的趋同,一方面表明市场经济具有极强的吸纳能力和兼容能力,另一方面也意味着市场经济模式的多样性和丰富性。这种市场经济模式的多样性和丰富性,既是各国市场经济体制的特殊内容,也是各国相关经济政策、国情和文化历史传统差异的折射。各国的市场经济发展水平不一,对于跨国企业势必会产生一定影响,总体来说,相对自由的经济政策对于跨国经营企业更有吸引力。

计划经济,或计划经济体制,是对生产、资源分配及产品消费事先进行计划的经济体制。在这种体系下,国家在生产、资源分配及产品消费各方面,都是由政府或财团事先进行计划。由于几乎所有计划经济体制都依赖指令性计划,因此计划经济也被称为指令性经济。在计划经济下,跨国企业的准入性极大降低。

现在已经很少存在纯粹的计划经济国家,原来实行计划经济的国家都在不同程度地进行与市场经济接轨的改革。

2. 经济发展水平与产业结构

经济发展水平是指一个国家经济发展的规模、速度和所达到的水准。反映一个国家经济发展水平的常用指标有国内生产总值、国民收入、人均国民收入、国内生产总值增长速度。世界各国的经济发展水平差异很大,所处的经济发展阶段也不同,其市场特征也会有较大差异,在产业结构、投资水平、生产需求、国民收入、消费需求、进口结构上不同,从而直接或间接地影响着企业的国际商务活动,给进入该国家的跨国公司带来的经营机会也是不一样的。因此，跨国公司确定目标市场的前提是确定一国所处的经济发展阶段。

产业结构是指农业、工业和服务业在一国经济结构中所占的比例。产业结构的变化一方面为某些行业带来良好的市场机会，另一方面也给其他行业带来生存的威胁。在分析一国的产业结构时，除了分析现状，还应把握产业结构随着经济的发展呈现出的动态发展的趋势。

3. 经济环境中的重要变量

尽管经济体制和经济发展水平为国际商务活动提供了背景，一些关键的经济变量对于从事国际商务活动却是至关重要的。国际商务的管理者要正确地评估目标国的经济机会与挑战，就必须考虑以下一系列经济变量，如人口数量与就业水平、收入水平、汇率变动的方向与幅度、通货膨胀及国际收支等因素。

4. 社会基础设施

社会基础设施主要包括交通运输、机场、港口、桥梁、通信、水利、供气和供电设施，以及提供无形产品或服务于科学、教育、文化、卫生等部门所需的固定资产，它是一切企业、单位和居民生产经营工作及生活的共同的物质基础，是城市主体设施正常运行的保证。社会基础设施是国际投资环境中的硬件部分，社会基础设施的水平是投资者关注的重要外部物质条件，直接决定了企业在当地的经营活动能否顺利进行，良好的社会基础设施对企业国际经营有着巨大的吸引力。

四、国际商务的技术环境

技术环境是指一国的科学技术发展水平及其应用程度，通常反映在国家整体的科技发展现状、科技结构、科技普及程度、科技人员的素质，企业准备进入领域的科技水平、工业技术基础的水平、产业结构的现代化水平，以及与企业经营相关的原材料、制造工艺、能源、技术装备等相关的科技发展动向等。

一般来说，国家科技发展水平对企业的国际商务活动产生重要的影响。一国的科技发展水平越高，当地的市场竞争越激烈，市场竞争态势不断处于动态之中，使企业处于巨大的竞争压力之下。同时，新的生产过程、生产方法和生产工艺改进的大量应用会大大提高要素投入的生产率，也会便利企业在当地按照现代化的方式组织生产经营和管理。科技发展水平的高低还在一定程度上影响着对外资的吸纳程度，影响着投资者对投资取向的选择，一国的科技发展水平越高，对外资的吸引力越大，对外资的吸纳程度越高，外资也倾向于向资本密集型产业或知识密集型产业发展；反之，东道国对外资的吸引力就小，对外资的吸纳程度低，外资一般投向劳动密集型产业。此外，当代国际商务中大量出现的网上营销和许多新的金融服务是技术进步的直接结果，这些手段又极大地促进了企业的国际商务活动在更大规模和范围内开展。

从世界各国和地区的情况来看，经济发展水平及其速度的差距，归根到底在于科技发展水平及其利用程度的差距。因此，企业必须重视对各国科技发展水平的研究和分析，掌握其发展变动趋势。

五、国际商务的社会文化环境

社会文化环境是指在一种社会形态下已形成的信念、价值观念、道德规范、审美观念，以及世代相传的风俗习惯等被社会公认的各种行为规范。国际商务中的社会文化环境主要是指企业跨国经营所涉及国家或地区居民的语言文字、教育水平、价值取向、风俗习惯及消费习俗等多方面内容的综合。这些因素在社会的长期发展中形成，具有普遍性和共性，无形中在产品销售、员工行为及企业的管理方式等各个层面上影响着企业的国际经营。

（一）社会文化环境的基本构成

1. 语言文字

语言文字是思想、文化、感情和信息交流的工具，也是一个国家或地区社会文化发展的缩影。它对国际商务活动的开展有着重要影响，因为一切贸易谈判、思想沟通、产品介绍与宣传等，都要用语言文字来表达。在国际商务活动中，经营者不可避免地要掌握东道国的语言和文化传统来沟通及交流，不同国家语言上的差异、不同的文化传统和风俗习惯造成人们不同的社会观念和思维方式。因此，投资于语言与文化传统相近的国家或地区，或者投资于具有相对开放的社会文化背景的国家或地区，更有益于投资的成功。

2. 教育水平

一个国家的教育水平与其经济发展水平密切相关。国民受教育程度，是一个国家人口素质的重要标志，也是社会文化环境的一个重要方面。

教育水平和人口素质对企业国际经营有着重要影响，教育水平的高低决定着劳动力素质的高低，决定着消费者的喜好和水平，同时也影响着人们对新事物和新技术的接受程度。一个国家的教育水平也与该国吸引直接投资的能力有关，较高的教育水平有利于吸引高水平的投资活动。

3. 价值观

价值观是一定社会共同体的成员判断某个现象或行为的好与坏、善与恶、真与假、美与丑、正确与错误等的标准和观念。作为现象和行为判断的基本依据，价值观构成人们的行为和思维规范，从而影响人们在社会生活中的行为选择、对经营和风险的态度，而这些又在一定程度上影响着一国对外资的接纳程度和经营态度，以及与外资合作的愿望等。

4. 消费习俗

消费习俗是指人们在长期经济与社会活动中所形成的一种消费方式与习惯。不同的消费习俗具有不同的商品要求。研究消费习俗，不但有利于组织消费用品的生产与销售，而且有利于正确、主动地引导健康的消费。了解目标市场消费者的禁忌、习惯、避讳等是企业布局国际市场的重要前提。

（二）社会文化环境与国际商务

文化作为一个社会历史范畴，涵盖面很广，一般是指人类在社会发展过程中所创造的物质财富和精神财富的总和，是人类创造社会历史的发展水平、程度和质量的状态。任何人都在一定的社会文化环境中生活，都是存在于特定社会文化环境中的个体，其认识事物的方式、行为准则和价值观等都会异于生活在其他社会文化环境中的人们。例如，由于价值观念不同，人们对周围事物的是非、善恶和重要性的评价不同；同一种款式的商品，甲认为是美的，乙也许认为是丑的；同一种消费行为，在这方土地上是习以为常的，在另一方土地上则可能被认为是不可思议的。因此，有意识地学习与了解不同地区、不同民族文化的特征，避免用本地区、本民族的文化去理解他地区、他民族的行为，在国际商务中具有特别重要的意义。

知识拓展

国际商务中的知识产权问题

随着科学技术的不断进步，国际商务中"知识产品"交易的迅猛增加，国际商务中的知识产权问题表现出前所未有的重要性。知识产权（intellectual property）是指法律规定人们对于自己的智力劳动成果所享有的权利，知识产权可以采取不同的形式，一般可概括为专利权、商标权和版权这3种，其中，专利权和商标权又称为工业产权。

目前，知识产权在企业国际经营中受到普遍的关注。为了保护企业的工业产权，一些国家签订了互相之间承认并保护对方工业产权的国际协议。最早也是最重要的保护工业产权的国际性条约是1883年在法国巴黎签订的《保护工业产权巴黎公约》。该公约规定，任何企业在公约任一成员国第一次申请登记专利权或商标权后，可以在一定期限（对发明和实用新型为 12 个月，对外观设计为 6 个月）内享有优先权，即可以向所有其他缔约国申请保护，而以第一次申请的日期为以后提出申请的日期。中国政府于 1980 年加入该公约。1970 年在华盛顿签订的《专利合作条约》、1973 年在维也纳订立的《商标注册条约》进一步扩大了国际注册的范围，简化了国际注册的手续，规定拥有某种商标或专利的缔约国企业只要在某一缔约国登记，其权益即可得到其他所有缔约国的保护。这些条约与协议旨在给知识产权所有人提供某种程度的保护，但需要指出的是，由于这些条约与协议的缔约国有限，而且缔约国的执行政策也是宽松的，一旦发生争端也无法可依，因此实际达到的保护作用是非常有限的。

为了解决现有专利与商标保护条约和协定的不足，在《关税与贸易总协定》的乌拉圭回合谈判中达成《与贸易有关的知识产权协定》。该协定提供了在版权、商标、工业设计及专利等领域最低限度保护的国际标准，它也包括关于如何有效执行这些知识产权的条款，以及各成员之间发生知识产权争端后如何使用多边争端解决机制予以解决的条款。该协定给予所有世界贸易组织成员过渡期安排，以使它们能够履行其中的义务，其中发达国家成员必须自 1996 年 1 月满足其中所有的条款；发展中国家和某些转型经济，一般的过渡期到 2000 年 11 月 1 日结束，针对最不发达的国家有 11 年的过渡期，到 2006 年 1 月 1 日为止。

总之，企业从事国际经营，要分析有关国家关于知识产权保护的法律规定，了解这些国家是否参加了有关知识产权保护的国际性协议，据以判断本企业的知识产权是否得到保护，以及如何才能在该国得到保护，以维护自己在国际经营中的合法权益。

（资料来源：高军，2016. 国际贸易中的知识产权及保护[J]. 科学与财富（31）：61. ）

知 识 测 试

项目二任务一参考答案

一、单选题

1. 以下不属于经济环境变量的是（　　）。
　　A. 人口数量　　　B. 就业水平　　　C. 收入水平　　　D. 幸福指数
2. 社会基础设施不包括（　　）。
　　A. 交通运输　　　B. 通信设施　　　C. 健身设施　　　D. 商业设施
3.（　　）反映了国家整体的科技发展现状、科技结构、科技普及程度等。
　　A. 经济环境　　　B. 技术环境　　　C. 政治环境　　　D. 法律环境

4．社会文化环境的基本构成不包括（　　）。

　　A．语言文字　　　　B．收入水平　　　　C．教育水平　　　　D．消费习俗

5．（　　）是社会共同成员判断好与坏、善与恶的标准。

　　A．宗教信仰　　　　B．价值观　　　　　C．教育水平　　　　D．文化水平

二、多选题

1．企业外部环境包括（　　）。

　　A．政治法律环境　　　　　　　　　　B．经济环境

　　C．技术环境　　　　　　　　　　　　D．社会文化环境

2．跨国经营的政治风险包括（　　）。

　　A．没收、征用和国有化　　　　　　　B．外汇管制

　　C．进口限制　　　　　　　　　　　　D．价格管制

3．国际经济环境中的重要变量有（　　）。

　　A．就业水平　　　　　　　　　　　　B．收入水平

　　C．汇率变动的方向与幅度　　　　　　D．通货膨胀

4．社会文化环境的基本构成有（　　）。

　　A．语言文字　　　　B．教育水平　　　　C．消费习俗

　　D．价值观　　　　　E．收入水平

5．国际政治环境的内容有（　　）。

　　A．目标国政治体制　　　　　　　　　B．目标国执政党的性质

　　C．目标国政治稳定性　　　　　　　　D．目标国政府对外资的态度

6．国际法律环境的表现因素有（　　）。

　　A．各国法律法规　　　　　　　　　　B．国际法规

　　C．国际商务争端解决　　　　　　　　D．企业制度

7．国际经济环境的表现因素有（　　）。

　　A．经济制度　　　　　　　　　　　　B．经济发展水平与产业结构

　　C．经济环境中的重要变量　　　　　　D．社会基础设施

三、简答题

1．政治风险有哪几种？如何对其进行防范？

2．国际商务的法律环境指的是什么？

3．国际商务的经济与技术环境包括哪些内容？

4．国际商务的社会文化环境包括哪些基本构成要素？

任 务 实 施

1．在网络上搜集案例，表述政治环境、法律环境、经济环境与技术环境及社会文化环境分别是如何影响企业国际经营活动的？

2．描述你所实习的企业的经营活动主要受到哪些环境因素的影响？企业采取了哪些应对措施？

任务二　了解国际经济组织与国际贸易政策

本任务介绍世界贸易组织、国际货币基金组织及世界银行的职能，掌握常用的国际贸易政策，从而使学生明确在企业开展国际经营业务的过程中，如何发挥国际经济组织的作用，如何正确地运用国际贸易政策。

▍▍任务目标

1．熟悉世界三大经济组织的职能。

2．区分关税壁垒与非关税壁垒。

导入案例

乌鲁木齐城市交通改善二期项目启动，旨在加强该市公交系统

世界银行和乌鲁木齐市政府于 2016 年 5 月 24 日正式启动乌鲁木齐城市交通改善二期项目。总投资为 5.14 亿美元的该项目完工后，将为该市新增总长为 52 公里的三条快速公交线路，也将标志着该市建成其《乌鲁木齐市城市综合交通运输体系规划（2010—2020）》中展望的总长为 128 公里的七条快速公交线路，其中已建成的四条线路现已投入运营。

项目总投资的资金来源由三部分构成：国际复兴开发银行的 1.4 亿美元贷款、中国国家开发银行的 14 亿元（约合 2.20 亿美元）贷款及市政府的 10 亿元（约合 1.57 亿美元）配套资金。该项目是世界银行与中国国内银行联合融资实施的首个交通项目。

（资料来源：根据网络资料整理。）

分析：

1）该项目选择与哪些国际经济组织进行合作？

2）为什么世界银行要参与这个项目的合作？世界银行有哪些业务？

3）每个国际经济组织的职能有什么不同？

国际经营的环境内容复杂、变化更频繁、不可控程度更高，环境的变化也更具有不确定性。国际经济组织与国际贸易政策在国际商务活动中发挥着极其重要的作用。

一、国际经济组织

国际经济组织是指两个或两个以上国家政府或民间团体为了实现共同的经济目标，通过一定的协议形式建立的具有常设组织机构和经济职能的组织。狭义的国际经济组织限于国家政府间组织，不包括非政府间组织。

随着世界经济全球化趋势的不断加强，经济活动的日益频繁和复杂化，世界经济活动的双边与多边协调越来越重要，因此，亟待国际组织与各类条约、协议日趋完善和健全，以进行协调与管理。下面介绍在国际商务活动中扮演着重要角色的三大经济组织。

（一）世界贸易组织

世界贸易组织（World Trade Organization，WTO），是当代最重要的国际经济组织之一，有"经济联合国"之称。建立 WTO 的设想是在 1944 年 7 月举行的布雷顿森林会议上提出的，当时设想在成立国际复兴开发银行和国际货币基金组织的同时，成立一个国际性贸易组织，从而使它们成为第二次世界大战后左右世界经济"货币-金融-贸易"三位一体的机构。1947 年，美国发起拟定了《关税与贸易总协定》，作为推行贸易自由化的临时契约。1986 年，《关税与贸易总协定》乌拉圭回合谈判启动后，欧洲共同体和加拿大于 1990 年分别正式提出成立 WTO 的议案。1994 年 4 月 15 日，在摩洛哥马拉喀什市举行的关贸总协定乌拉圭回合部长会议通过了《建立世界贸易组织的马拉喀什协议》（以下简称《建立世界贸易组织的协议》），决定成立更具有全球性的世界贸易组织，以取代成立于 1947 年的《关税与贸易总协定》。

WTO 是一个独立于联合国的永久性国际组织。1995 年 1 月 1 日，WTO 正式开始运作，负责管理世界经济和贸易秩序，总部设在瑞士日内瓦莱蒙湖畔。WTO 是具有法人地位的国际组织，在调解成员争端方面具有更高的权威性。与《关税与贸易总协定》相比，WTO 涵盖货物贸易、服务贸易及与贸易有关的知识产权，而《关税与贸易总协定》只适用于货物贸易。

WTO 与世界银行、国际货币基金组织一起，并称为当今世界经济体制的"三大支柱"。目前，WTO 的贸易量已占世界贸易的 95%以上。

1. WTO 的运行机制

WTO 被认为是多边贸易体制的代表，其核心是 WTO 的各项协定。这些协定是由世界上绝大多数国家和地区通过谈判达成并签署的，并经过各成员立法机构的批准。这些协定包含国际贸易通行的法律规则，一方面保证各成员的重要贸易权利；另一方面对各成员政府起到约束作用，使它们的贸易政策保持在各方一定且符合各方利益的限度之内，这样做是为了向产品制造者和服务提供者提供帮助，并便利进出口业务的开展。WTO 的首要目标是帮助开展平稳、自由、公平的贸易。实现这些目标的途径包括管理 WTO 协定、处理贸易争端、审议各国贸易政策、为发展中国家提供技术援助和培训、与其他国际组织开展合作等。

2. WTO 的宗旨与目标

1) WTO 的宗旨：在提高生活水平和保证充分就业和大幅度稳步提高实际收入和有效需求的前提下，扩大货物和服务的生产与贸易，按照可持续发展的原则实现全球资源的最佳配置；努力确保发展中国家，尤其是最不发达国家在国际贸易增长中的份额与其经济需要相称；保护和维护环境。

2) WTO 的目标：建立一个完整的、更具有活力的和持久的多边贸易体系。与《关税与贸易总协定》相比，WTO 管辖的范围除传统的和乌拉圭回合确定的货物贸易外，还包括长期游离于《关税与贸易总协定》外的知识产权、投资措施和非货物贸易（服务贸易）等领域。

3. WTO 的基本职能

WTO 的基本职能主要包括：管理和执行共同构成 WTO 的多边及诸边贸易协定；作为多边贸易谈判的场所；寻求解决贸易争端的途径；协调各成员的贸易政策，并与其他同制定全球经济政策有关的国际机构进行合作。

4. WTO 的机构和职责

（1）部长级会议

部长级会议是 WTO 的最高决策权力机构，一般两年举行一次，讨论和决定涉及 WTO 职能的所有重要问题，并采取行动。部长级会议的主要职能：任命 WTO 总干事并制定有关规则；确定总干事的权力、职责、任职条件和任期，以及秘书处工作人员的职责及任职条件；对 WTO 协定和多边贸易协定做出解释；豁免某成员对 WTO 协定和其他多边贸易协定所承担的义务；审议成员对 WTO 协定或多边贸易协定提出修改的决议；决定是否接纳申请加入 WTO 的国家或地区为 WTO 成员；决定 WTO 协定及多边贸易协定生效的日期等。下设总理事会和秘书处，负责 WTO 日常会议和工作。WTO 成员资格有创始成员和新加入成员之分，创始成员必须是《关税与贸易总协定》的缔约方或参与乌拉圭回合谈判签署，并一揽子接受乌拉圭回合所有协议，或就货物、服务贸易做出关税和非关税减让和承诺的成员。新成员必须由其决策机构——部长级会议以 2/3 多数票通过方可加入。

（2）总理事会

总理事会由 WTO 的所有成员代表组成，在部长级会议休会期间，履行部长级会议的各项职能和《建立世界贸易组织的协议》的各项职能；制定自己的程序规则，并按规定审批各委员会的程序规则；在适当时候召开会议，以履行处理争端职责；在适当时候召开会议，以执行贸易政策评审工作组根据贸易政策评审机构规定的职责。

（3）理事会

理事会包括货物贸易理事会、服务贸易理事会、与贸易有关的知识产权理事会。各专业理事会从 WTO 的所有参加方代表中产生，均在总理事会的指导下进行工作，并在必要的时候召开会议，以便执行各自相对应协定的监督职能。

（4）专门委员会

专门委员会包括贸易与发展委员会（下设最不发达国家分委员会），贸易与环境委员会，国际收支限制委员会，区域贸易协议委员会，预算、财务与行政委员会。各专门委员会的成员从所有成员的代表中产生，履行《建立世界贸易组织的协议》和其他多边贸易协定赋予的各项职能，在必要情况下可设立其他委员会作为其职能的一部分。贸易与发展委员会定期评审有关最不发达国家成员优惠的特别决议执行情况，并向总理事会提出汇报，以便采取适当行动。

（5）工作组

工作组是在若干单项贸易协议下设立的机构，履行这些协议所赋予的职能，在 WTO 机构框架的范围内进行活动，并向总理事会汇报各自的经常活动情况。

（6）秘书处

秘书处是 WTO 的常设机构，由部长级会议任命的总干事领导。秘书处职员由总干事任命。总干事和秘书处的职责具有国际性质。在履行其职责方面，总干事和秘书处职员不应当寻求和接受 WTO 之外的任何政府或其他当局的指示，他们应避免任何有损其国际官员身份的行为。WTO 的成员应当尊重总干事和秘书处职员在其职责方面的国际性质，不应对他们行使职权施加影响。

（二）国际货币基金组织

国际货币基金组织（International Monetary Fund，IMF）是根据 1944 年 7 月在布雷顿森林会议签订的《国际货币基金协定》，于 1945 年 12 月 27 日在华盛顿成立的。它与世界银行同时成立，并被列为世界两大金融机构之一，其职责是监察货币汇率和各国贸易情况，提供技术和资金协助，确保全球金融制度运作正常。国际货币基金的总部设在华盛顿。最早的国际货币制度是金本位制，金本位制下各国纸币发行要受到黄金储备数量的限制，因而缺乏弹性。20 世纪 30 年代初的世界性经济危机使一些国家相继放弃金本位制，导致原有的国际货币流通秩序遭到破坏。为重建战后的国际货币秩序，1944 年 7 月，美国、英国、中国、法国等 44 个国家的代表在美国新罕布什尔州布雷顿森林召开了联合国货币金融会议。会议的重要成果是通过了由美国提出的《国际货币基金协定》，于 1945 年 12 月正式成立了国际货币体系——布雷顿森林体系。这一体系确立了各国货币紧盯美元，而美元直接与黄金挂钩的固定汇率制，并通过国际货币基金组织来维持其正常运转。1947 年，国际货币基金组织成为联合国的专门金融机构，总部设在华盛顿。我国是创始成员国之一，于 1980 年 4 月恢复了合法代表席位。

1. 国际货币基金组织的宗旨与职能

1）国际货币基金组织的宗旨：建立一个永久性的国际金融合作机构，促进国际金融合作，以维持汇率的安定，扩展国际贸易，提高就业水平与实质国民所得，并以资金供给会员国，调节会员国国际收支的暂时性不平衡。

2）国际货币基金组织的职能：第一，向成员国提供国际货币合作与磋商的场所；第二，确立成员国的汇率政策、支付及货币兑换的准则，并予以监督；第三，向国际收支发生困难的成员国提供必要的贷款。

2. 国际货币基金组织的业务

向成员国提供资金融通是国际货币基金组织的主要业务之一。国际货币基金组织贷款的原则是贷款必须与解决国际收支困难相结合，受贷国必须制订经济稳定计划和国际收支调节计划，以及切实可行的阶段目标。在成立之初，国际货币基金组织只发放普通贷款，用以解决成员国一般收支逆差的短期资金需要。后来，随着形势发展的需要，又陆续增加了许多长期性的或临时性的专门贷款，包括出口波动补偿贷款、缓冲库存贷款、石油贷款、中期贷款、信托基金贷款、补充贷款及结构调整贷款等，以补充普通贷款的不足。

汇率监督是国际货币基金组织的又一个重要业务，基金组织在研究成员国提供的经济运行与经济政策资料的基础上，与成员国进行磋商，以监督成员国的汇率政策，了解成员国的经济发展与措施，并对各国与全球的汇率安排和外汇管制进行评价。除了贷款与汇率监督，基金组织还对成员国提供培训、咨询等服务。

（三）世界银行

世界银行（World Bank）是根据布雷顿森林会议上通过的《国际复兴开发银行协定》

于 1945 年 12 月与国际货币基金组织同时成立的两个国际金融机构之一。世界银行于 1947 年 11 月起成为联合国的一个专门机构,总部设在华盛顿。中国是其创始成员国之一,1980 年 5 月恢复了在该行及其附属机构的合法席位。

1. 世界银行的宗旨

世界银行作为一个全球性政府间的国际金融组织,它的主要任务是向成员国提供中长期贷款,促进经济的恢复和发展,协助不发达国家发展生产、开发资源。世界银行的宗旨:促进生产事业的投资以协助成员国境内的复兴与建设,鼓励不发达国家生产与能源的开发,用鼓励国际投资以发展成员国生产资源的方式,促进国际贸易长期均衡地增长,以及维持国际收支平衡等。概括地说,世界银行的就是通过提供和组织长期贷款或投资,解决成员国战后恢复和发展建设的部分资金需要,以提高其生产能力,促进其经济增长与资源开发。

2. 世界银行的业务

向成员国尤其是发展中国家提供贷款是世界银行最主要的业务。世界银行贷款从项目的确定到贷款的归还,都有一套严格的条件和程序。

(1)贷款的条件

1)世界银行只向成员国政府,或经成员国政府、中央银行担保的公私机构提供贷款。

2)贷款一般用于世界银行审定、批准的特定项目,重点是交通、公共工程、农业建设和教育建设等基础设施项目。只有在特殊情况下,世界银行才考虑发放非项目贷款(non-project loan)。

3)成员国确实不能以合理的条件从其他方面取得资金来源时,世界银行才考虑提供贷款。

4)贷款只发放给有偿还能力,且能有效地运用资金的成员国。

5)贷款必须专款专用,并接受世界银行的监督。世界银行不但在使用款项方面,而且在工程的进度、物资的保管、工程管理等方面都可以进行监督。

(2)贷款的特点

1)贷款期限较长。按借款国人均国内生产总值,将借款国分为 4 组,每组期限不同。第一组期限为 15 年;第二组期限为 17 年;第三、第四组为最贫穷的成员国,期限为 20 年。贷款宽限期为 3~5 年。

2)贷款利率参照资本市场利率而定,一般低于市场利率,现采用浮动利率计息,每 6 个月调整一次。

3）借款国要承担汇率变动的风险。

4）贷款必须如期归还，不得拖欠或改变还款日期。

5）贷款手续严密，从提出项目、选定、评定，到取得贷款，一般需要 18 个月～2 年时间。

6）贷款主要向成员国政府发放，且与特定的工程和项目相联系。

（3）贷款的程序

1）借款成员国提出项目融资设想，世界银行与借款国洽商，并进行实际考察。

2）双方选定具体贷款项目。

3）双方对贷款项目进行审查与评估。

4）双方就贷款项目进行谈判与签约。

5）执行与监督贷款项目。

6）世界银行对贷款项目进行总结评价。

（4）贷款的种类

1984 年，世界银行对贷款方式进行新的分类，它们是：①特定投资贷款；②部门贷款；③结构调整贷款；④技术援助贷款；⑤紧急复兴贷款；⑥联合贷款。其中，特定投资贷款的全部和部门贷款的一部分属于项目贷款，余者基本上属于非项目贷款。

3. 世界银行的附属机构

世界银行由国际复兴开发银行、国际金融公司、国际开发协会、多边投资担保机构和国际投资争端解决中心五个机构组成。

1）国际复兴开发银行。1945 年成立，向中等收入国家政府和信誉良好的低收入国家政府提供贷款。

2）国际金融公司。1956 年成立，它是专注于私营部门的全球最大发展机构。国际金融公司通过投融资、动员国际金融市场资金以及为企业和政府提供咨询服务，帮助发展中国家实现可持续增长。

3）国际开发协会。1960 年成立，向最贫困国家的政府提供无息贷款（也称信贷）和赠款。

4）多边投资担保机构。1988 年成立，目的是促进发展中国家的外国直接投资，以支持经济增长、减少贫困和改善人民生活。多边投资担保机构通过向投资者和贷款方提供政治风险担保履行其使命。

5）国际投资争端解决中心。1966 年成立，提供针对国际投资争端的调解和仲裁机制。

二、国际贸易政策

国际贸易政策是从世界范围考察的贸易政策。狭义的国际贸易政策是从一个国家出发的对外贸易政策，是一国政府在一定时期内为实现一定的政策目标对本国商品贸易、技术贸易和服务贸易制定并实施的政策，它从总体上规定了该国对外贸易活动的指导方针和原则。广义的国际贸易政策是指在国际贸易发展过程中所形成的，为各国认同并共同遵守的国际贸易政策，是以国际经济贸易条约、公约、协定等形式体现的，各国在发展对外经济贸易中，通过协商达成双边或多边共同认可的政策。

根据国际贸易理论，一国对对外贸易应采取不干预的态度，但现实中，各国都存在不同程度的对外贸易干预，即有各种形式的贸易干预手段和措施。既然存在政府对于对外贸易的干预，那么这些手段和措施都属于非自由贸易政策。总的来说，国际贸易政策主要包括两大类，即关税壁垒和非关税壁垒。

1. 关税壁垒

关税是一个国家或地区的行政管理机构，对于进出其关境的贸易商品所征收的一种税赋。一国政府要对对外贸易进行干预，最简单的方法就是对进出海关的货物征收关税。各国征收关税的主要目的是保护本国的相关产业，大多会选择鼓励出口、限制进口的关税政策，由此而形成关税壁垒。关税壁垒是指用征收高额进口税和各种进口附加税的办法，以限制和阻止外国商品进口的一种手段。

2. 非关税壁垒

在世界贸易不断发展的初期，各国保护本国产业的手段为使用关税这种形式，有时候关税甚至高得离谱，从而对国际贸易产生严重障碍。因此，一些国际经济组织通过多方努力，终于将各国关税平均水平降到较低水平。这样一来，通过关税壁垒保护本国产业的作用就显得非常有限。针对这种情况，各国纷纷采用了非关税的措施来保护本国产业，而且这些措施层出不穷。非关税壁垒，又称非关税贸易壁垒，是指一国政府采取除关税外的各种办法，来对本国的对外贸易活动进行调节、管理和控制的一切政策与手段的总和，其目的就是试图在一定程度上限制进口，以保护国内市场和国内产业的发展。

非关税壁垒与关税壁垒相比较具有明显的特点：非关税壁垒比关税壁垒具有更大的灵活性和针对性；非关税壁垒比关税壁垒更能起到保护作用；非关税壁垒比关税壁垒更具有隐蔽性和歧视性。正因为非关税壁垒具有以上特征，所以在保护进口国利益方面更有效，也更容易对国际贸易秩序产生不良影响，阻碍国际贸易的自由进行，是世界贸易组织反对和限制的主要目标。

非关税壁垒的分类见图2-1。

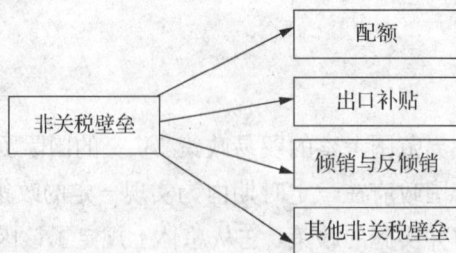

图 2-1　非关税壁垒的分类

1）配额。配额（quota）从字面意思看是分配额度的意思，这个额度指金额或者数量。配额可以是出口配额（export quota），也可以是进口配额（import quota），一般指进口配额。所以，配额是一国为保护本国产品，规定在一定时期内对进口产品的数量或金额的限制。要限制产品的进口，需要有凭证，所以，配额经常和进口许可证配合使用。

2）出口补贴。出口补贴（export subsides）是指一国政府为了鼓励出口，在出口商品时给予本国出口厂商以现金津贴或财政上的优惠，从而降低出口商品的价格，提高出口商品的国际竞争能力。鼓励出口有生产补贴和出口补贴两种方式，前者对凡是生产的产品均给予补贴，后者只给予出口的产品补贴，在国内销售的产品则不给予补贴。

3）倾销与反倾销。倾销是指一个国家或地区的出口经营者以低于国内市场正常或平均价格甚至低于成本价格向另一国市场销售其产品的行为，目的在于击败竞争对手，夺取市场，并因此给进口国相同或类似产品的生产商及产业带来损害。反倾销是指一国（进口国）针对他国对本国的倾销行为所采取的对抗措施。

4）其他非关税壁垒。除了配额、出口补贴、反倾销等主要非关税壁垒，还有为数众多的其他非关税壁垒，如烦琐的海关手续、技术壁垒等。

知识拓展

区域经济一体化

由于国际经营涉及的国家或地区不同，除了世界三大经济组织，还有一些区域性组织。区域经济一体化是指区域内各成员国相互取消贸易障碍，进行某种程度的合作与协作，以促进参与国之间的贸易与经济发展。起始于 20 世纪 50～60 年代的区域经济一体化趋势发展至今，已促使全球形成全新的经济贸易格局。

区域经济一体化依据其经济结合程度和相互依存关系，可分为自由贸易区、关税同盟、共同市场、经济联盟和完全经济一体化。

1. 自由贸易区

自由贸易区（free trade area）是指两个或两个以上的国家通过达成某种协定或条约，取消相互之间的关税和与关税具有同等效力的其他措施的国际经济一体化组织。它除了具有自由港的大部分特点，还可以吸引外资设厂，发展出口加工企业，允许和鼓励外资设立大的商业企业、金融机构等，促进区域内经济综合、全面地发展。

自由贸易区的局限在于，它会导致商品流向的扭曲和避税。如果没有其他措施作为补充，第三国很可能将货物先运进一体化组织中实行较低关税或贸易壁垒的成员国，然后将货物转运到实行高贸易壁垒的成员国。为了避免出现这种商品流向的扭曲，自由贸易区组织均制定原产地原则，规定只有自由贸易区成员国的"原产地产品"才能享受成员国之间给予的自由贸易待遇。现实中比较典型的自由贸易区是北美自由贸易区（North America Free Trade Agreement）。

2. 关税同盟

关税同盟（custom union）是指两个或两个以上国家缔结协定，建立统一的关境，在统一关境内缔约国相互间减让或取消关税，对关境以外的国家或地区的商品进口则实行共同的关税税率和外贸政策。关税同盟的主要特征：成员国之间不仅取消了贸易壁垒，实行自由贸易，还建立了共同对外关税。

3. 共同市场

共同市场（common market）的经济合作程度高于关税同盟。共同市场包括比关税同盟更为丰富的经济内容，除商品的自由流动外，还要实现各种生产要素（劳动力、资本、技术）在共同市场内成员国之间的自由流动，形成区域内关税、贸易和市场的一体化，从而各国资源可在更大的市场空间内得以合理配置。除了欧洲经济共同体，还有一些地区组建了共同体市场，如安第斯共同体和东非共同体，以及哥斯达黎加、萨尔瓦多、危地马拉、洪都拉斯和尼加拉瓜于1962年成立的中美洲共同市场。

4. 经济联盟

经济联盟（economic union）是指成员国之间在共同市场的基础上，进一步协调成员国的经济政策和社会政策，逐步消除各自政策方面的差异，取而代之在财政金融、对外贸易及其他领域里实现统一的政策，从而形成一个庞大的经济实体。这是区域经济一体化的高级形式。经济联盟最终可能推动政治一体化的形成。

5. 完全经济一体化

完全经济一体化（perfectly economic integration）是经济一体化的最后阶段，即经济一体化的最高级形式。它除具有经济联盟的特点外，各成员国在经济、金融、财政等方面实现了完全的统一，各成员国之间完全消除商品、资金、劳动力等自由流通的人为障碍。在这个一体化组织内，各成员国的税率特别是增值税税率和特别消费税税率基本协调一致；它建立统一的中央银行，使用统一的货币；取消外汇管制，实行同样的汇率管理；逐步废除跨国界的金融管制，允许相互购买和发行各种有价证券；实行价格的统一管理；等等。完全经济一体化组织一般有共同的组织管理机构，这种机构的权力以成员国的部分经济决策与管理权限的让渡为基础。此时的一体化已经从经济联盟扩展到政治联盟。

（资料来源：张海东，2015. 国际商务管理[M]. 5版. 上海：上海财经大学出版社.）

知 识 测 试

一、单选题

项目二任务二参考答案

1.（　　）是指一国政府为了鼓励出口，在出口商品时给予本国出口厂商以现金津贴或财政上的优惠。

　　A. 出口补贴　　　B. 倾销　　　　C. 反倾销　　　　D. 进口补贴

2. （　　）主要负责制定国际贸易规则、处理贸易争端、组织实施多边贸易协定及审议各成员的贸易政策等。

  A. 世界贸易组织   B. 国际货币基金组织

  C. 世界银行   D. 世界金融中心

3. （　　）主要负责向成员国提供资金融通，解决成员国的国际收支困难。

  A. 世界贸易组织   B. 国际货币基金组织

  C. 世界银行   D. 世界金融中心

二、多选题

1. 区域经济一体化的主要形式有（　　）。

  A. 自由贸易区   B. 关税同盟   C. 共同市场

  D. 经济联盟   E. 完全经济一体化

2. 国际贸易政策主要包括（　　）。

  A. 关税壁垒   B. 非关税壁垒   C. 合同法   D. 经济制度

三、简答题

1. 世界三大经济组织的名称及职能分别是什么？

2. 关税壁垒和非关税壁垒的区别有哪些？

任 务 实 施

1. 在互联网上搜集有关 WTO 解决争端的案例及世界银行投资的案例。通过案例回顾国际贸易政策的分类及世界三大经济组织的职能。

2. 在互联网上搜集国际商务关税壁垒及非关税壁垒的案例。

3. 结合你所实习的企业的经营活动，分析企业的哪些活动可以发挥国际经济组织的职能。企业的国际经营活动运用了哪些国际贸易的政策？

项 目 小 结

  本项目从企业从事跨境商务所面临的具体问题出发，以案例分析为引导，辅助学生了解国际商务环境的概念，分析政治环境、法律环境、经济环境、技术环境及社会文化环境对企业国际经营带来的影响并掌握相应的应对措施；介绍了 WTO、国际货币基金组织、世界银行等国际经济组织的宗旨、组织机构、职能及业务；并讲解了国际贸易政策的概念及分类，以满足涉外企业业务人员或相关管理人员的岗位要求。

项目三

掌握企业国际化发展历程与经营形式

▮ 知识目标

1. 国际商务的形成过程。
2. 国际商务的发展趋势。
3. 企业国际化的含义及过程。
4. 国际商务的经营形式。

▮ 能力目标

1. 正确界定企业的国际化阶段。
2. 正确选择企业的国际商务经营形式。

　　企业一旦决定走向国际市场，开展国际商务活动，首先，必须清楚当前企业所在行业正处于国际商务发展的哪个阶段；其次，考虑如何将企业自身所拥有的产品、设备、技术、管理等资源进行最优组合；最后，选择最合适的方式进入国际市场，进入后还要考虑如何巩固与扩大市场。国际商务经营的形式主要有出口、非股权安排和股权投资等形式，这些不同的经营形式一方面反映了企业国际化不同阶段的选择，另一方面反映了企业国际化发展程度的不同。企业开展国际经营，需要根据竞争优势和企业的成本效益目标，确定企业的国际商务经营形式。

任务一 国际商务的发展历程

本任务首先围绕国际商务的形成过程及发展趋势，让学生对国际商务的来龙去脉有概括性的认识；其次，讲解企业国际化的过程及国际商务的经营形式，最终让学生能够正确地分析现实企业的国际商务历程及其影响因素。

▍任务目标

1. 分析国际商务的发展趋势。
2. 掌握企业国际化进程。

▍导入案例

中国助澳大利亚羊毛产业复苏

中国人对于澳大利亚羊毛的热衷，是帮助当地不景气的羊毛产业走入复苏的重要原因之一。据《金融时报》2017 年 2 月 12 日报道，澳大利亚羊毛出口中的 75% 最终流向中国。长期以来，羊毛出口一直是澳大利亚作为出口超级大国的一个缩影。但是自 20 世纪 60 年代人造纤维开始崛起之后，羊毛产业开始遭到挑战。幸运的是，近年来随着中国经济的发展，中国消费者的喜好发生了较大的改变，有许多消费者再次从消费人造纤维转向了消费质量更高的纯羊毛制品。随着来自中国的需求增长，澳大利亚的羊毛供给也开始缓慢恢复。澳大利亚羊毛出口商委员会（Australian Council of Wool Exporters）的主席彼得·摩根告诉《金融时报》记者，澳大利亚目前的羊毛出口达到一个看上去供给平衡的阶段。因为中国消费者购买了羊毛产量的 75%。

（资料来源：根据网络资料整理。）

分析：

1）作为全球最大的羊毛出口国，澳大利亚在社会分工国际化中扮演着农业生产角色还是工业生产角色？这个时期的澳大利亚的羊毛的商务活动属于国际商务发展进程中的哪种形式？

2）澳大利亚的羊毛的国际商务活动发生了哪些变化？这些变化与什么环境因素相关？

TCL 的国际化

TCL 集团股份有限公司（以下简称 TCL）致力于成为智能产品制造和互联网服务的全球领先企业，公司创立于 1981 年，前身为中国首批 13 家合资企业之一——TTK 家庭电器（惠州）有限公司，从事录音磁带的生产制造，后来拓展到电话、电视、手机、冰箱、洗衣机、空调、小家电、液晶面板等领域，业务遍及全球 160 多个国家和地区。TCL 从建立开始就有今后发展为国际化大公司的战略目标。1999 年是 TCL 国际化道路的起始年，这一年，TCL 在越南开设了第一家境外工厂。自此以后，TCL 稳扎稳打，一步一个脚印，踏上了通往国际化的征程。2002 年 9 月，TCL 斥资 820 万欧元全资收购德国施耐德电器有限公司；2003 年，TCL 通过在美国控股公司莲花太平洋收购美国高威达公司；同年 11 月 4 日，TCL 与法国汤姆逊公司宣布携手成立一家名为 TTE 的合资公司；2004 年 10 月 9 日，TCL 与法国阿尔卡特公司合资成立 TCL 阿尔卡特移动电话有限公司。这些年来，TCL 通过收购外国著名公司、与外国公司合资等方式全面打入国际市场。2020 年 7 月，2020 年《财富》中国 500 强中，TCL 排名第 135 位。

（资料来源：根据网络资料整理。）

分析：

1）TCL 实现国际化的步骤是什么？企业国际化经历了哪些过程？

2）TCL 国际化的过程属于渐进式还是跳跃式？

国际商务作为一种跨越国界的经营活动，是在一定的历史条件下产生和发展起来的，有其内在的客观演进规律。随着经济的发展和统一世界市场的形成，活跃的生产力必然冲破国家疆界的束缚，实现资本的国际化，跨国公司于是成为国际商务活动的主体。因此，国际商务也不再局限于单纯的商品交换，而是包括商品、资本、技术及劳务等的国际转移，其经营范围和方式获得了空前的发展。

一、国际商务的形成过程及发展趋势

（一）国际商务的形成过程

国际商务是一种跨越国界的活动，是在不同国家之间进行商品、劳务、资本、技术和信息等资源的国际转移。

国际商务的实质是资本的国际化运动，主要表现为商品资本、货币资本和生产资本的国际化演进，而资本的国际化运动有其内在的不以人的意志为转移的客观规律性。要认识这种客观规律，就必须以一种历史的观点考查资本国际化的演进。

1. 商品资本的国际化阶段

从 18 世纪中期第一次产业革命到 19 世纪末为商品资本的国际化阶段。18 世纪 60 年代至 19 世纪中叶，英国、美国和一些西欧国家陆续完成以纺织机和蒸汽机的发明及广泛使用为标志的产业革命，从工厂手工业过渡到机器大工业，人类社会的生产力获得空前发展。这种生产能力，就像马克思在《共产党宣言》里所说的，资本主义市场经济在不到一百年的时间里魔术般地呼唤出强大的生产力，创造出的财富超过以往一切时代。国内有限的市场空间已无法满足机器大工业创造出来的巨大生产力，一方面，生产出的大量产品需要不断扩大的销售市场与之相匹配；另一方面，机器大工业生产所需的大量原料也需要开辟新的廉价的来源，社会化大生产要求社会分工国际化和市场国际化，形成统一的世界市场。正是在这样的背景下，"一种和机器生产中心相适应的新国际分工产生了，它使地球的一部分成为主要进行农业的生产区域，以便把另一部分变成主要进行工业的生产区域"。例如，当时的印度已成为英国生产棉花、羊毛和亚麻的地方，而澳大利亚则成为英国的羊毛产地。伴随着这种以主要资本主义工业国为中心的垂直型国际分工体系的逐步形成，国际贸易的规模迅速扩大。因此，商品资本的国际化，即商品的国际交换成为这一阶段国际商务活动的主要形式和基本特征。

2. 货币资本的国际化阶段

19 世纪末直到第二次世界大战是货币资本的国际化阶段，即向国外进行以证券投资为主的资本输出。19 世纪末，自由竞争的资本主义逐渐向垄断资本主义过渡，"过剩资本"的大量形成直接成为资本国际流动的动力和源泉，西方国家的某些企业开始向国外投资，资本输出成为这一阶段主要的经济特征。垄断组织通过资本输出把资本主义生产方式扩大到殖民地与半殖民地国家，从而使传统的垂直分工体系进一步深化，与此同时，资本输出实现了世界范围内的生产国家化和社会化，加强了世界各国的相互依赖及各国对国际分工的依赖。企业的资本输出成了鼓励商品输出的手段。这时的国际投资以证券投资为主，直接生产投资的比例不大，且都是主要经营殖民地和附属国的资源开发项目（如采煤、采油、开矿）及农业种植园等，只有极少数企业在工业发达国家从事工业生产性投资。总之，这一时期国际商务活动的表现形式为货币资本国际化，以及由货币资本国际化带动的商品资本国际化。

3. 生产资本的国际化阶段

第二次世界大战以后到现在是生产资本的国际化阶段，即投资者对外直接投资，到海外从事生产经营活动。生产资本的国际化是国际分工进一步深入发展的结果，当代跨国公司的不断成长壮大是生产资本的国际化的必然反映。

从历史上看，对外直接投资活动是在资本主义国家生产技术成熟、资本过剩、本国市场饱和、国内投资的盈利因竞争而逐渐减少、新的世界市场亦已开辟的条件下产生的。早在 19 世纪 60 年代，在资本主义发展比较早的一些国家里，一些大企业开始向海外进行直接投资，在海外的销售市场建立自己的分公司，如德国的拜耳集团、美国的胜家缝纫机公司和皇家壳牌石油公司。这些公司在向外国投资以前，早已将自己的商品销售到国外市场，并在长期的商业销售活动中，证实了就地投资设厂比从本国出口更加有利可图。第一次世界大战后，面对世界各国在国际贸易中纷纷采取的"关税战""汇率战"，一些发达国家的企业不得不到海外投资设厂，就地制造。但总体来看，这一阶段的对外直接投资比例不大，在数量和范围上都还不足以成为资本国际化的主导形式，资本国际化仍然以间接资本输出为主。两次世界大战期间，对外直接投资虽有所增加，但主要集中在资源开发性行业，且具有明显的地域局限性。

第二次世界大战以后，尤其是20世纪50年代以来，全球范围内生产资本国际化开始进入蓬勃发展的新时期。第二次世界大战后初期，美国的跨国公司在国际竞争中一统天下。20世纪60年代后，西欧、日本的跨国公司开始积极向外扩张，在全球范围内与美国公司展开了激烈的竞争。20世纪80年代后，"亚洲四小龙"及巴西、墨西哥等新兴工业化国家和地区出现了不少颇具规模的跨国公司，从而使现代的跨国经营呈现出多极化的新格局。

（二）国际商务的发展趋势

了解当代国际商务活动的现状及其发展趋势，有助于我们更好地理解国际商务。鉴于国际商务是一个非常广泛的概念，包括各种不同的经营形式，为分析方便，在此，仅分析其中的世界贸易与国际直接投资的发展。第二次世界大战以来，世界贸易和国际直接投资异常活跃，两者相互促进，共同推动国际分工和各国产业结构的调整与优化，推动着世界经济的快速增长。

1. 世界贸易的发展趋势

以贸易全球化为首要内容的经济全球化，对国际经济和商务发展产生了深刻影响。当前国际贸易的发展趋势和特点可以归纳为以下六个方面。

1）国际贸易步入新一轮高速增长期，贸易对经济增长的拉动作用更加明显。全球贸易的高速增长是科技进步、生产力提高、国际分工深化的共同结果，同时它又促进了世界生产。20世纪90年代以来，国际贸易的增长率连续超过世界生产的增长率，导致世界各国的外贸依存度均有不同程度的上升。

2）以发达国家为中心的贸易格局保持不变，中国成为国际贸易增长的新生力量。美国、日本、欧洲三大经济体既是世界经济的主要力量，在国际贸易中也居于主导地位。更为重要的是，发达国家通过开展区域贸易合作和控制多边贸易体制来主宰国际贸易秩序，并在国际交换中获得了大部分贸易利益。根据美国联邦储备系统公布的数据，2006年，中国仅仅是全球70个国家的最大贸易伙伴，美国对应的数据是127个。但是十几年过去了，这个数字发生了很大变化。截止到2020年，中国已经成为美国、日本、印度等120多个国家和地区最大贸易伙伴。全球经济加速复苏，从总需求的角度来看，主要是国际贸易和国际投资的拉动；从经济体的视角来看，是以中国为代表的新兴经济体和美欧经济增长的拉动。

3）多边贸易体制面临新的挑战，全球范围的区域经济合作势头高涨。以世界贸易组织为核心的多边贸易体制为全球经济合作做出了重要贡献，但它也面临诸多困境：一是贸易保护主义重新抬头；二是区域经济一体化迅速发展；三是一些发展中国家经济体制转轨和改革停滞不前。作为对多边贸易的补充，区域经济合作开始主要发生于有地缘优势的相邻国家和地区之间，如北美自由贸易区、欧洲联盟、东南亚国家联盟等。随着区域经济合作的发展，周边可用的资源逐渐较少，再加上信息通信技术的发展，跨洲的经济交流趋于便利。

4）国际贸易结构走向高级化，服务贸易和技术贸易发展方兴未艾。国际贸易结构的高级化与产业结构的升级互为依托，从其变化趋势看有以下两个突出特点：一是伴随着各国产业结构的优化升级，全球服务贸易发展迅猛；二是高技术产品在制成品贸易中的地位大大提高，尤以信息通信技术产品出口增长最快。

5）贸易投资一体化趋势明显，跨国公司对全球贸易的主导作用日益增强。在经济全球化的推动下，生产要素特别是资本在全球范围内更加自由地流动，跨国公司通过在全球范围内建立生产和营销网络，推动了贸易投资日益一体化，并对国际经济贸易格局产生了深刻影响。一是跨国公司已成为全球范围内资源配置的核心力量；二是国际贸易基础已由比较优势转变为以跨国公司数量和在国际范围内整合资源的能力为主的竞争优势；三是国际贸易格局由产业间贸易转向产业内贸易、公司内贸易为主；四是跨国公司产业转移不断加快，加工贸易在整个国际贸易中所占的比例持续提高，已成为发展中国家对外贸易的增长点。

6）贸易自由化和保护主义的斗争愈演愈烈，各种贸易壁垒花样迭出。在经济全球化的推动下，世界各国经济交往更加频繁，贸易自由化已是不可逆转的潮流。但是随着国际贸易规模不断扩大，贸易摩擦产生的可能性也就越大。当前，各国经济景气的不均衡性、产业和贸易结构的竞争性、区域贸易集团的排他性、贸易分配利益的两极化及经贸问题的政治化都是造成贸易保护主义层出不穷的重要原因。

2. 国际直接投资的发展趋势

随着全球性资本市场的逐渐形成，国际资本流动更加频繁。自 20 世纪 50 年代以来，国际直接投资呈现出加速增长的趋势，尽管由于金融危机、经济放缓等因素造成国际直接投资出现下降，但是国际直接投资的发展前景是被广泛看好的。在总量不断增长的同时，当代国际直接投资还表现出以下特点及发展趋势。

1）发达经济体是推动国际直接投资的主导力量。近年来外资流入量下滑，尽管如此，发达经济体仍是国际直接投资流出的主题。

2）发展中国家（地区）和转型经济体在当前国际直接投资中的地位显著上升。21 世纪以来，发展中国家和转型经济体吸引的外国直接投资大幅上升，但需要指出的是，发展中国家内部直接投资流入量并不均衡。

3）国际直接投资的强劲增长受跨国并购尤其是发达国家跨国并购水平提高的驱动。

20 世纪 90 年代，特别是 90 年代中后期，跨国并购交易规模急剧扩大，已成为国际直接投资的主要方式及其增长的主要推动力量。

4）超大型区域集团重塑全球直接投资格局。外国直接投资主要流向服务业，其中，基础设施部门外资流入增幅明显。20 世纪 90 年代以前，国际直接投资主要是利用东道国当地生产资源或占领当地市场，投资领域主要集中在制造业。20 世纪 90 年代以来，随着全球产业结构的调整和服务贸易的日益自由化，金融保险、电信、流通服务等行业成为投资重点，对服务业的外国直接投资迅猛增长。

5）主权财富基金（sovereign wealth fund）在国际直接投资中作为直接投资者出现并快速增长。主权财富基金的投资活动始于 20 世纪 50 年代，开始时以国际投资者的身份出现，但当时的投资规模并不大。进入 21 世纪以来，因主权财富基金较传统的官方储备有更强的风险承受能力与更高的预期收益水平而受到关注。

二、企业国际化的含义及过程

1. 企业国际化的含义

企业国际化是指一个企业的生产经营活动不局限于一个国家，而是面向世界经济舞台的一种客观现象和发展过程。企业国际化的主要目的是通过国际市场，去组合生产要素，实现产品销售，以获取最大利润。企业国际化的主要内容如下。

1）管理国际化。企业的管理应具有国际视角，符合国际惯例和发展趋势，能在世界范围内有效配置资源。作为一种新的管理趋势，管理国际化对管理提出了一些新的要求，这反映在对管理者的要求、对计划工作的要求、对组织工作的要求、对领导工作的要求和对控制工作的要求等各个方面。管理国际化不仅需要管理人员同具有不同教育和文化及价值观念的员工打交道，还需要管理人员应对各种法律、政治及经济因素。

2）生产国际化。生产国际化是生产超越国家的疆界，在国际范围内形成一个相互依赖的有机整体的过程。它包括直接生产过程国际化和再生产过程国际化两层含义。机器大工业的出现，使生产国际化进入早期阶段。资本主义垄断的加强，使生产国际化进一步发展。第二次世界大战后，由于新科技革命和跨国公司的推动，生产国际化取得巨大进展，主要表现为以下六个方面。①跨国公司崛起。日益增多的大型公司到国外投资生产成为跨国公司；现有的跨国公司不断在世界各地增设子公司。②出口贸易额在国内生产总值中所占的比例不断上升。一些企业越来越重视国外市场。③国际经济合作加强，一些国家共同开拓某些新兴产业，合作新建大型工程。④劳动力国际市场逐步形成与不断扩大。⑤国际新技术交流受到重视，新技术革命速度加快。⑥主要资本主义国家加强在经济发展与经济政策方面的协调，建立区域一体化的经济联合体。

3）销售国际化。企业通过国内外的销售网络，根据不同地区和产品，有选择地进行销售活动，使利润最大化。

4）融资国际化。企业在国际金融市场上，运用各种金融手段，通过各种相应的机构而进行的资金融通。实现融资国际化对于企业从国内市场走向国际市场有着非常重要的作用，它有利于解决企业在资金不足的情况下加速国际化进程的难题。

5）服务国际化。企业能根据实际范围内不同的地区提供从售前到售后，并且符合当地文化习俗、法律规章的服务。

6）人才国际化。人才国际化是指人才已不再局限于一个国家或地区的范围内，而是以本国的文化为背景，超越国家的范畴，在全球范围内开发、配置，即人力资源的开发、利用呈现国际化的格局。世界各国都把人才资源开发放在突出位置，制定了各自的人才开发战略，在加强本国人才培养的同时，千方百计吸引国外优秀人才。例如，美国通过增加 HIB 签证（许可外国专门人才在美国工作的签证）等方式吸引了大批海外优秀人才。德国出台"绿卡计划"，紧急招聘国外计算机人才。英国、芬兰、瑞典、丹麦、瑞士等国都纷纷调整移民政策，吸引外国人才。日本计划近年内吸收数万名优秀的外国专业人才。

2. 企业国际化的过程

20 世纪 70 年代中期，约翰逊和瓦尼以企业行为理论研究方法为基础，对瑞典企业的国际化进程进行了研究，最后归结为企业国际化经营的四阶段理论：①不规则的出口活动；②通过独立的代表（中介）进行出口；③建立海外销售子公司；④从事海外生产和制造。他们认为后面的阶段比前面的阶段存在更高程度的国际化介入。

企业国际化经营的四阶段理论实质上包括两个基本命题：①企业国际化应该被视为一个发展过程；②这一发展过程表现为企业对外国市场逐渐提高承诺的连续形式，即企业的国际化进程遵循渐进主义。国际化进程理论提出后，引起了国际企业学术研究界的广泛注意。许多经济学专家对发达国家进出口企业的发展历程研究从经验上支持了"进程理论"。国内学者康荣平与柯银斌也认为渐进主义是企业跨国经营初期具有普遍意义的规律。但是到了 20 世纪 90 年代，随着信息技术与经济一体化的发展，持反对意见者越来越多。其他学者对国际化进程理论也进行了检验，得出的较为一致的结论是，该理论主要适用于中小企业的国际化行为。对于大型、多元化的企业而言，由于抵御风险的能力提高，国际化的渐进特征不十分明显。其他学者认为国际化进程理论对"市场寻求"跨国公司的国际经营行为有较强的解释力，而对其他投资动机的公司并不明显。事实上，随着企业在某些东道国市场国际化经营的推进，有些企业逐渐掌握了使用高级运作方式的人员、技能、知识与经验，从而完全有可能在进入海外市场上跳跃若干中间阶段而直接采取高级的运作方式，如 TCL、联想集团有限公司（以下简称联想）等。

知 识 测 试

项目三任务一参考答案

一、多选题

1. 国际商务的发展经历了（　　）阶段。
   A．商品资本的国际化　　　　　　　　B．国际市场自由化
   C．货币资本的国际化　　　　　　　　D．生产资本的国际化
2. 企业国际化的含义包括（　　）。
   A．管理国际化　　B．生产国际化　　C．销售国际化　　D．服务国际化

二、简答题

企业国际化有哪些不同的形式？

任 务 实 施

搜集你所在省（区、市）的国际商务的发展历程，形成不少于 1000 字的调研报告。

任务二　国际商务经营形式及选择

▌▌任务目标

掌握不同国际商务的经营形式。

▌导入案例

海尔全球化品牌战略

从 2005 年开始，海尔进入全球化品牌战略阶段，在海外建立本土化设计、本土化制造、本土化营销的"三位一体"中心，员工都是当地人，以便更了解当地用户的个性化需求。现在海尔已经在全球建立 10 个研发中心、21 个工业园、66 个营销中心，全球员工总数达到 7.3 万人。

2012 年，海尔收购三洋电机在日本、东南亚的洗衣机、冰箱等多项业务，成功实现了跨文化融合。之后，海尔还成功并购新西兰高端家电品牌斐雪派克；2016 年 1 月 15 日，海尔全球化进程又开启了历史性的一页——海尔与 GE（General Electric，

通用电气）签署战略合作备忘录，整合通用电气公司家电业务，形成大企业之间超越价格交易的新联盟模式，《华尔街日报》形容海尔创造了"中国惊喜"。海尔在国际市场真正"走上去"，成为全球化家电品牌。

（资料来源：根据网络资料整理。）

分析：

1）海尔选择了哪些国际商务经营形式？

2）不同国际商务的经营形式有哪些利弊？

一、国际商务经营形式

企业一旦决定走向国际，开展国际商务活动，就必须考虑采用何种国际商务经营形式打入国际市场。当代国际商务的经营形式主要包括以下五种。

1. 出口贸易

出口贸易（export trade）又称输出贸易，是指本国生产或加工的商品输往国外市场销售。出口贸易是企业走向国际的第一步，比其他经营形式容易实施，由于国内生产创造本国就业机会，国外销售又有创汇作用，往往能得到本国政府的支持。出口可以分为间接出口和直接出口。间接出口是指企业本身不进入国际市场，而是通过国内的中间商经销或代理产品出口业务。直接出口是指企业无须通过中间商，而是直接将产品销售给国外客户。与间接出口相比，直接出口的投资多、风险大，但是潜在报酬也高，还能获得企业经营国际化的经验，为进一步促进企业国际化发展打下基础。

2. 国际服务贸易

国际服务贸易是指国际服务的输入和输出的一种贸易方式，如国际运输、旅行、劳务输出及国外服务等。在一段时期内，国际服务贸易在世界经贸关系中还不是一个引人注目的领域。20世纪70年代以来，国际服务贸易的发展潜力和重要性才开始为人们所重视。现在国际服务贸易的范围逐渐扩大，如电子清算与支付、国际电信服务、信息咨询服务、卫星影视服务等。印度被称为"世界办公室"，原因就是该国是从事服务外包业务最多的国家，利用本国廉价劳动力及语言便利为发达国家提供信息技术和软件设计外包服务已经成为印度创汇最有力的手段。

3. 技术许可和特许经营

技术许可是指企业在规定期限内将自己的技术专利通过合同方式许可给海外公司使用，以获得使用费或其他补偿，是一种技术转移方式。特许经营是指特许经营权拥有者以合同约定的形式，允许被特许经营者有偿使用其名称、商标、专有技术、产品及运作管理经验等从事经营活动的商业经营模式，遍布全球的麦当劳、肯德基就是特许经营的典型例子。技术许可和特许经营可以帮助企业以较少的投资快速进入国际市场，适合那些尚未涉足国际业务而又想迈出跨国经营第一步的企业。

4. 国际间接投资

国际间接投资是指企业以资本增值为目的，以取得利息或股息等为形式，购买国外上市公司的股票、政府发行的债权等的投资活动。国际间接投资者并不直接参与国外企业的经营管理活动，对筹资者的经营活动无控制权。20世纪80年代以来，我国利用了几千亿美元的外资，这些外资对我国的经济高速发展起到一定的积极作用。这与我国坚持以利用国际直接投资为主，谨慎利用国际间接投资的政策分不开。与国际直接投资相比，国际间接投资则显得较不稳定，其主要原因如下。

1）很大一部分国际间接投资是为了追求短期利益，进入一国的行为往往受市场短期利率、汇率变动或汇率变动预期的影响。

2）巨额游资在国际市场上寻找出路，或为了获得相对较高的收益，或仅为了躲避较高的风险，寻找临时的避风港。

3）金融的全球化、金融的创新、现代科技在金融领域的运用，以及一些国家在监管上的漏洞为国际短期资本和热钱在国与国之间的迅速转移提供了便利。

4）国际投机者往往利用一国经济上出现的临时性问题或机会进入一国的金融市场进行投机，在短时间内大量涌入热钱，在获利后或在该国经济状况朝不利方向发展时又大量退出。

5. 国际直接投资

与国际间接投资相反，国际直接投资是指投资者以直接参与经营管理为特征，以获取利润为主要目的的资本对外输出。国际直接投资的主要形式为合资经营、独资经营和契约式合营。例如，德国大众汽车公司（以下简称大众）依赖其雄厚的资本和先进的科学技术，通过对外直接投资等方式，在我国寻求合作伙伴，并从事国际化生产、销售和其他经营活动，以获取高额利润。

二、企业国际经营方式选择

（一）企业国际经营方式选择的影响因素

企业国际经营方式有很多种，决策者要根据企业内部因素和外部因素，在控制风险和灵活性之间做出权衡，选择合适的经营方式，这是战略性的决策。具体要考虑以下因素。

1. 内部因素

（1）产品的战略地位

在企业拥有多种产品和经营若干个行业的时候，企业一般对重点发展的行业的产品更多地采取控制性较强的进入方式，对于非重点发展的行业的产品则更多地采用技术授权方式，即使进行国外投资，也往往更多地采取合营企业方式。

（2）产品生命周期

企业对最新产品采取出口为主，对外直接投资为辅的政策。随着产品的成熟逐渐采用以对外直接投资或许可证交易为主，出口为辅的政策。当企业把产品生产向国外转移时，对于较为不成熟的产品，企业倾向于选择全股子公司的方式；对于较为成熟的产品，则倾向于选择合营或许可证交易。

（3）企业技术水平

拥有先进技术的公司往往倾向于国外直接投资。拥有先进技术的跨国公司一般不倾向于采取合营形式，而是采用控制性较强的进入方式。对于一次性的项目和小项目技术专利，跨国公司也多采用许可证交易的方式，以避免对外直接投资的固定成本。

（4）商标与市场知名度

具有较高知名度的商标的公司常常选择控制性较强的进入方式，因为当地合伙者很可能会损害公司商标的声誉。商标的知名度除了取决于产品本身的性质，还取决于广告宣传。因此，企业的广告开支越大，控制性较强的进入方式就越有效。

（5）企业的国际经营经验

刚开始涉足国际经营的公司常常先通过中间商来出口产品，随后又在国外建立自己的销售子公司来加强对出口的控制，并且开始进行许可证交易。积累一定经验后才开始从事对外直接投资。初次对外投资的企业总是选择其较为熟悉的邻国或社会文化较为相近的国家，随着经验的积累，则进入较远、较陌生的国家。

2. 外部因素

（1）东道国的经济发展水平

在经济发达、工业化程度高的国家和地区，企业倾向于采用收购方式；而在经济不发达、工业化程度低的国家和地区，被收购企业改造和运行成本很高，因此采用新建方式更为可行。

（2）东道国的管制政策

一般而言，多数东道国政府欢迎外国企业通过新建方式在当地投资设厂，而对外资收购本地企业进行限制。

（3）母国和东道国的社会文化差异

母国和东道国的社会文化差异越大，对公司来说不确定性也越大。因此，面对这种情况时，公司就越倾向于采用控制性较低的进入方式，以减少资产暴露，增加灵活性。

（二）国际商务经营方式的选择

1. 明确国际经营目标

企业开展国际经营的最终目的是追求利润最大化，在选择国际经营形式时也应遵守这一原则，在出口、许可证交易和对外直接投资之间做出最佳选择。

2. 进行风险评估

企业开展国际经营的另一个考虑因素是风险评估。风险评估的主要类型包括以下几种。

1）总体政局风险评估，主要包括动乱和外来入侵等对目标国家政治制度的稳定性造成的现实和潜在威胁的风险评估。总体政局不稳定，尽管不一定会迫使进入企业放弃有关项目，但对收益水平肯定会产生一定影响。若这一影响是不可接受的，企业就应放弃有关进入方案。

2）所有权控制风险评估，是指潜在进入企业对目标国家注销或限制其在该国经营资产所有权的风险评估。若风险太大，就放弃有关进入方案；否则，就进入风险评估。

3）经营风险评估，是指目标国家对进入企业的经营活动进行限制所产生的风险评估。该风险评估的重点在于了解和掌握计划期内有关项目的投入与产出、可能达到的规模与预期收益等。

4）转移风险评估，是指潜在进入企业必须对各种进入方式取得的收益汇回本国的风险予以评估。

知识拓展

国际知名企业的国际商务经营形式选择

大众汽车在中国市场的累计销量已经突破 3 200 万辆。在中国市场趋向"新四化"（电动化、网联化、智能化、共享化）变革的大势下，大众在 2017 年广州国际车展上，描绘了一个全新的移动出行版图。在 2020 年到 2025 年期间，在华生产的新能源汽车将超过 20 款；在未来 7～8 年，将推出近 40 款本土化生产的全新新能源汽车。据大众董事会成员、大众中国总裁兼 CEO（chief executive officer，首席执行官）约赫姆·海兹曼透露，大众目前还开启了包括移动出行项目、江淮大众项目等多维度的"第三方合作"探索，到 2025 年，大众将与合资企业伙伴在电动出行领域直接投资超过 100 亿欧元。海兹曼指出："中国市场正在引领全球电动汽车市场的重大突破。大众志在处于电动化发展进程的最前沿。大众正在携手长期合资伙伴——一汽大众和上汽大众，以及全新的合作伙伴，共同变革未来移动出行方式。未来，大众将始终坚持以满足中国客户的需求为目标，一如既往地践行对中国市场的承诺。"

大众以选择国际直接投资的方式，在华合资经营，凭借其雄厚的资金及先进的科学技术获取了丰厚的利润。

（资料来源：根据网络资料整理。）

知 识 测 试

项目三任务二参考答案

一、单选题

1.（　　）是指本国生产或加工的商品输往国外市场销售。
　　A. 服务贸易　　　　B. 出口贸易　　　　C. 技术贸易　　　　D. 进口贸易
2.（　　）指投资者以控制企业部分产权、直接参与经营管理为特征，以获取利润为主要目的的资本对外输出。
　　A. 国际直接投资　　　　　　　　B. 国际间接投资
　　C. 购买国外上市企业股票　　　　D. 国外贷款

二、多选题

1. 国际直接投资的主要形式为（　　）。
　　A. 合资经营　　　　　　　　　　B. 独资经营
　　C. 契约式合营　　　　　　　　　D. 国外融资
2. 国际服务贸易包括（　　）。
　　A. 国际运输　　　B. 旅行　　　C. 劳务输出　　　D. 国外服务

三、简答题

1. 什么是国际商务？国际商务经营的形式有哪些？
2. 如何理解经济全球化与企业国际化之间的关系？
3. 企业国际化有哪些不同的形式？
4. 影响企业国际经营方式选择的因素有哪些？

任 务 实 施

1. 在互联网上搜集我国著名跨国企业的国际经营形式，并分析该种经营形式的特点。
2. 分析你所实习的企业处于国际化进程的哪个阶段？它采用了哪种国际商务形式？

项 目 小 结

本项目以案例分析为引导，让学生了解国际商务的概念，明白国际商务的发展历程，掌握企业国际化的具体内容及国际商务不同经营形式的特点。

项目四

国际企业经营战略管理

▌知识目标

1. 了解企业经营战略的类型。
2. 了解三种基本竞争战略应用的条件。
3. 了解跨国公司的经营战略类型。
4. 了解企业战略的运作程序。
5. 了解国际商务战略的趋势。

▌能力目标

1. 区分不同战略类型的优劣势。
2. 正确运用三种基本竞争战略。
3. 掌握企业战略的正确运作程序。
4. 能够结合企业实际拟定国际商务战略。

　　国际商务作为一种跨越国界的活动，涉及商品、资金、技术、人员及信息等资源在国与国之间的流动，要使这种活动在当今错综复杂的国际经营环境下获得成功，取得有利的国际市场竞争地位，就必须实施战略管理，将战略管理作为企业经营管理的核心。因此，如何制定切实可行的战略规划和确定有效的战略目标，就成为企业生存和发展的重要任务。

任务一　企业战略认知

　　战略是指对重大的、全局性的、基本的、未来的目标、方针、任务的谋划。企业战略事关企业未来发展的重大问题。企业战略制定的正确与否，决定着企业的生存及发展。

　　本任务充分分析了不同的企业战略、基本竞争战略的特点及运用条件，从而使学生能够依据企业的实际条件选择最有效的战略类型，并制定企业战略。

▌任务目标

　　掌握不同企业战略类型的应用条件。

▌导入案例

星巴克的差异化体验

　　"如果我不在办公室，就在星巴克；不在星巴克，就在去星巴克的路上。"这句话体现了星巴克独特的咖啡文化——家的文化。星巴克的咖啡文化，就是通过咖啡这种载体，把独特的文化传递给顾客。星巴克从创立那天起，就坚持提供最好的咖啡，即使在原料上涨、企业利润减少的情况下，也绝不损害顾客的利益。但是最初，霍华德·舒尔茨并没有刻意塑造或宣传品牌形象，只是想建立一个与众不同的公司，不但重视产品的正统口味，而且重视职员的"咖啡热情"、重视通过咖啡店所营造的环境文化感染顾客。他只雇用怀有"咖啡热情"的员工，通过他们的热忱加上拥有的咖啡专业知识，教会顾客认识烘焙咖啡，和顾客建立良好的互动关系。通过亲切的互动关系，建立广泛的品牌忠诚度。渐渐地，吸引顾客光顾的不仅仅是上好的咖啡，顾客愿意在星巴克逗留，因为星巴克可以给他们带来更多的感受，使人们拥有了一种介于家与办公室的"第三空间"：在这里可以品尝具有异国情调的咖啡，暂时远离尘间琐事，为平淡的日子增添几分浪漫；这里可以是一个安静思考的环境，可以是一个可以疗伤的港湾；这里还洋溢着友谊的气氛，可以让你感受到美好的人际互动。人们都向往自由、随意、舒适、实效，星巴克的咖啡文化正好能实现人们内心的向住，让你感受亲切、休闲和轻松。AOL 华纳时代的首席执行官杰拉尔德·列文认为：星巴克也是新经济，因为它在传播一种文化、一种经验，提供新的交流氛围，任何一个产业，只要它勇于求变，都会成为新经济。

（资料来源：根据网络资料整理。）

分析：

1）星巴克如何塑造与众不同的差异化战略的特色？

2）差异化经营战略对企业有哪些要求？

一、企业战略的概念

企业战略是指企业根据环境变化，依据本身资源和实力选择适合的经营领域及产品，形成自己的核心竞争力，并通过差异化在竞争中取胜。

我国对于企业战略的定义，是指确立企业发展方向，根据企业外部环境和内部经营要素设定企业组织目标，保证目标的正确落实并使企业得以最终实现目标的一个动态过程。

二、企业战略的特征

企业战略是企业设立远景目标并对实现目标的路径进行的总体性、指导性谋划，属于宏观管理范畴，具有指导性、全局性、长远性、竞争性、系统性、风险性六大主要特征。

1. 指导性

企业战略界定了企业的经营方向、远景目标，明确了企业的经营方针和行动指南，并筹划了实现目标的发展路径及指导性的措施、对策，在企业经营管理活动中起着导向的作用。

2. 全局性

企业战略立足于未来，通过对国际及各国的政治、经济、文化及行业等经营环境的深入分析，结合自身资源，站在系统管理高度，对企业的远景发展路径进行全面的规划。

3. 长远性

企业战略着眼于长期生存和长远发展的思考，首先确立了远景目标，并谋划了实现远景目标的发展路径及宏观管理的措施、对策。其次，围绕远景目标，企业战略必须经历一个持续、长远的实践过程，除根据市场变化进行必要的调整外，制定的战略通常不能朝令夕改，具有长效的稳定性。

4. 竞争性

竞争是市场经济不可回避的现实，也正是因为有了竞争才确立了战略在经营管理中的主导地位。面对竞争，企业战略需要进行内外环境分析，明确自身的资源优势，通过设计适合的经营模式，形成特色经营，增强企业的对抗性和战斗力，推动企业长远、健康地发展。

5. 系统性

立足长远发展，企业战略确立了远景目标，并需围绕远景目标设立阶段目标及各阶段目标实现的经营策略，以构成一个环环相扣的战略体系。同时，根据组织关系，企业战略需由决策层战略、事业单位战略、职能部门战略三个层级构成一体。决策层战略是企业总体的指导性战略，决定了企业经营方针、投资规模、经营方向和远景目标等战略要素，是战略的核心。事业单位战略是指企业独立核算经营单位或相对独立的经营单位，遵照决策层的战略指导思想，通过竞争环境分析，侧重市场与产品，对自身生存和发展路径进行长远谋划。职能部门战略是企业各职能部门遵照决策层的战略指导思想，结合事业单位战略，侧重分工协作，对本部门的长远目标、资源调配等战略支持保障体系进行的总体性谋划，如策划部战略、采购部战略等。

6. 风险性

企业做出任何一项决策都存在风险，战略决策也不例外。市场研究深入，行业发展趋势预测准确，设立的远景目标客观，各战略阶段人、财、物等资源调配得当，战略形态选择科学，制定的战略就能引导企业健康、快速地发展。反之，仅凭个人主观判断市场，设立目标过于理想或对行业的发展趋势预测偏差，制定的战略就会产生管理误导，甚至给企业带来破产的风险。

三、企业战略的类型

企业战略按表现形式，可以分为发展型战略、稳健型战略、收缩型战略三种类型。

（一）发展型战略

发展型战略是指采用积极进攻态度的战略形态，使企业在复杂的市场环境中，为实现特定的市场营销目标而设计的长期、稳定的行动方案，形成指导企业市场营销全局的奋斗目标和经营方针。

发展型战略是目标和手段的统一体，主要适合行业龙头企业、有发展后劲的企业及新兴行业中的企业。发展型战略具体的战略形式包括市场渗透战略、一体化战略、专业化战略、多元化经营战略、联合经营战略。

1. 市场渗透战略

市场渗透战略是指实现市场逐步扩张的拓展战略，该战略可以通过扩大生产规模、提高生产能力、增加产品功能、改进产品用途、拓宽销售渠道、开发新市场、降低产品成本、集中资源优势等单一策略或组合策略来开展，其战略核心体现在两个方面：一是利用现有产品开辟新市场实现渗透；二是向现有市场提供新产品实现渗透。

市场渗透战略是比较典型的竞争战略，主要包括成本领先战略、差异化战略、集中化战略三种最有竞争力的战略形式。成本领先战略是通过加强成本控制，使企业总体经营成本处于行业最低水平的战略；差异化战略是企业采取的有别于竞争对手经营特色（从产品、品牌、服务方式、发展策略等方面）的战略；集中化战略是企业通过集中资源形成专业化优势（服务专业市场或立足某一区域市场等）的战略。

2. 一体化战略

一体化战略是指企业充分利用自己在产品、技术、市场上的优势，根据物资流动的方向，使企业不断向深度和广度发展的一种战略。它包括纵向一体化战略和横向一体化战略。

纵向一体化战略包括前向一体化战略和后向一体化战略。获得对经销商或者零售商的所有权或对其加强控制，称为前向一体化。获得对供应商的所有权或对其加强控制，称为后向一体化。获得与自身生产同类产品的企业的所有权或加强对他们的控制，称为横向一体化。横向一体化可以通过购买、合并、联合途径实现。

3. 专业化战略

专业化战略是指集中公司所有资源和力量于自己所擅长的核心业务，通过专注于某一核心业务带动公司的成长。这里所说的专业化包括两个方面的意思：一是行业专业化，即公司专注于某个行业内经营；二是业务专业化，即公司专注于行业价值链中某一环节的业务。

专注于核心业务求发展，是公司成长基本的战略，也是公司成长的必由之路。与通过扩大业务范围来获得公司增长的方式相比，专注于核心业务的做法更值得鼓励，这种成长方式更有助于增强公司的核心竞争力，建立稳固的竞争优势，因而它所驱动的增长也会更加健康、稳定、长久。管理大师彼得·德鲁克对此指出："系统地把注意力集中在生产率上的公司，几乎肯定可以取得竞争优势，并且会很快获取市场优势。"

4. 多元化经营战略

多元化经营战略又称为多行业经营战略，是指企业同时经营两个或两个以上行业的拓展战略，主要包括同心多元化、水平多元化、综合多元化三种形式。同心多元化是利用原有技术及优势资源，面对新市场、新顾客增加新业务实现的多元化经营；水平多元化是针对现有市场和顾客，采用新技术增加新业务实现的多元化经营；综合多元化是直接利用新技术进入新市场实现的多元化经营。

多元化经营战略适用于大中型企业，该战略能充分利用企业的经营资源，提高闲置资产的利用率，通过扩大经营范围，缓解竞争压力，降低经营成本，分散经营风险，增强综合竞争优势，加快集团化进程。但实施多元化经营战略应考虑选择行业的关联性、企业控制力及跨行业投资风险。

5. 联合经营战略

联合经营战略是指两个或两个以上独立的经营实体横向联合成立一个经营实体或

企业集团的拓展战略，是社会经济发展到一定阶段的必然形式。实施该战略有利于实现企业资源的有效组合与合理调配，扩大经营规模，实现优势互补，增强集合竞争力，加快拓展速度，促进规模化经济的发展。在工业发达的国家，联合经营主要采取控股的形式组建企业集团。在我国，联合经营主要采用兼并、合并、控股、参股等形式，通过横向联合组建企业联盟体，其联合经营战略主要可以分为企业合并战略、企业兼并战略两种类型。

企业合并战略是指参与企业通过所有权与经营权同时有偿转移，实现资产、公共关系、经营活动的统一，共同建立一个新法人资格的联合形式。采取企业合并战略，能优化资源结构，实现优势互补，扩大经营规模，但同时也容易吸纳不良资产，增加合并风险。

企业兼并战略是企业通过现金购买或股票调换等方式获得另一个企业全部资产或控制权的联合形式。企业兼并战略的特点：被兼并企业放弃法人资格并转让产权，但保留原企业名称成为存续企业。兼并企业获得产权，并承担被兼并企业债权、债务的责任和义务。企业通过兼并可以整合社会资源，扩大生产规模，快速提高企业产量，但也容易分散企业资源，导致管理失控。

（二）稳健型战略

稳健型战略是以保持原有的业务经营水平为主要目标的一种战略。这一战略的主要特征是企业保持自身过去和现在的目标，决定继续追求相同或类似的目标，每年企业所期望的进展、增长率大体相同；同时，企业继续提供与以前相同或相似的产品和服务。在国际市场营销中，可口可乐公司（以下简称可口可乐）多年来一直采取这一方案，并取得了成功。

一般说来，稳健型战略的风险相对小，多数企业愿意采用此策略，特别对于那些处于发展中行业的企业和经营业绩好、环境变化不大的企业尤其适用。在稳定市场基础上保持企业的市场份额，或缓慢地增加份额，对许多企业是适宜的。稳健型战略包括积极防御战略和消极防御战略两种基本类型。积极防御战略是以积极的态度积蓄力量，等待机会寻找发展。消极防御战略消极悲观、无所作为，只求维护现状。

（三）收缩型战略

收缩型战略是以短期利润为目标的一种营销战略，是指企业为削减费用和改善资金的使用状况，减少在某一特定的产品线、产品、牌号或经营单位的投资，把资金投入新的或发展中的领域。企业抽资的对象往往是费用高、利润少、发展前景不乐观的部分或者企业产品组合中的次要部分。采用这种战略的原因在于企业现有产品或业务组合中的某几个状况不佳、无发展潜力部分，通过大幅度裁减投资，谋求短期利益，有利于优化企业产品结构。

收缩型战略主要适合处于市场疲软、通货膨胀、产品进入衰退期、资金不足、资源匮乏、发展方向模糊的危机企业。收缩型战略可分为转移战略、撤退战略、清算战略三种战略形式。转移战略是通过改变经营计划、调整经营部署，转移市场区域（主要是从大市场转移到小市场）或行业领域（从高技术含量领域向低技术含量领域）的战略。撤退战略是通过削减支出、降低产量，退出或放弃部分地域或市场渠道的战略。清算战略是通过出售或转让企业部分或全部资产，以偿还债务或停止经营活动的战略。

收缩型战略的优点是通过整合有效资源，优化产业结构，保存有生力量，能减少企业亏损，延续企业生命，并能通过集中资源优势，加强内部改制，以图新的发展。收缩型战略的缺点是容易荒废企业部分有效资源，影响企业声誉，导致士气低落，造成人才流失，威胁企业生存。调整经营思路、推行系统管理、精简组织机构、优化产业结构、盘活积压资金、压缩不必要开支是该战略需要把握的重点。

四、基本竞争战略

基本竞争战略是由美国哈佛商学院著名的战略管理学家迈克尔·波特提出的，分别为成本领先战略、差异化战略、集中化战略。企业必须从这三种战略中选择一种，作为其主导战略。要么把成本控制到比竞争者更低的程度；要么在企业产品和服务中形成与众不同的特色，让顾客感觉到企业提供了比其他竞争者更多的价值；要么企业致力于服务某一特定的细分市场、某一特定的产品种类或某一特定的地理范围。

（一）成本领先战略

成本领先战略也称为低成本战略，是指企业通过有效途径降低成本，使企业的全部成本低于竞争对手的成本，甚至是在同行业中最低的成本，从而获取竞争优势的一种战略。

1. 成本领先战略的类型

1）简化产品型成本领先战略。

2）改进设计型成本领先战略。

3）材料节约型成本领先战略。

4）人工费用降低型成本领先战略。

5）生产创新型成本领先战略。

2. 成本领先战略的选择依据

1）现有竞争企业之间的价格竞争非常激烈。

2）企业所处行业的产品基本上是标准化或者同质化的。

3）实现产品差异化的途径很少。

4）多数顾客使用产品的方式相同。

5）消费者的转换成本很低。

6）消费者具有较大的降价谈判能力。

3．成本领先战略的优势与劣势

1）成本领先战略的优势：抵挡现有竞争对手的对抗；抵御购买商讨价还价的行为；更灵活地处理供应商的提价行为；提高与替代品的竞争力。

2）成本领先战略的劣势：过度降价引起利润降低；新进入者可能后来居上；丧失对市场变化的预见能力；技术革新降低企业资源的效用；容易受外部环境的影响。

因此，企业在选择成本领先战略时，必须正确地估计市场需求状况，努力使成本领先战略的风险降到最低。

（二）差异化战略

差异化战略是指为使企业产品、服务、形象等与竞争对手有明显的区别，以获得竞争优势而采取的战略。这种战略的重点是创造独特的产品和服务。实现差异化战略，可以培养用户对品牌的忠诚。因此，差异化战略是使企业获得高于同行业平均利润水平的有效的竞争战略。

1．差异化战略的类型

（1）产品差异化战略

产品差异化不单是产品本身的差异化，还包括产品特色和产品设计等差异化。

（2）服务差异化战略

服务差异化主要包括送货、安装、维修、咨询服务等方面的差异化。

（3）人员差异化战略

人员差异化是指通过聘用和培养比竞争者更优秀的人员获得差异化的优势。

2．差异化战略的选择依据

1）可以有很多途径创造与竞争产品之间的差异，并且这种差异被顾客认为是有价值的。

2）顾客对产品的需求和使用要求是多种多样的，即顾客需求是有差异的。

3）采用类似差异化途径的竞争对手很少。

4）技术变革很快，市场上的竞争主要集中在不断地推出新的产品特色。

5）除上述外部条件外，企业实施差异化战略还必须具备如下内部条件。

① 很强的研究开发能力，研究开发人员要有创新性的眼光。

② 有其产品质量或技术领先的声望。

③ 在这一行业有悠久的历史或吸取其他企业的技术并自成一体。

④ 很强的市场营销能力。

⑤ 研究开发、市场营销等职能部门之间很强的协调性。

3. 差异化战略的优势与劣势

（1）差异化战略的优势

1）差异化本身可以给产品带来较高的溢价。这种溢价应当补偿因差异化所增加的成本，并且可以给企业带来较高的利润。产品的差异化程度越高，所具有的特性或功能就越难以被替代和模仿，顾客越愿意支付较高的费用，企业获得的差异化优势也就越大。

2）由于差异化产品和服务是竞争对手不能以同样的价格提供的，因而明显地削弱顾客的讨价还价能力。

3）采用差异化战略的企业在应对替代品竞争时将比竞争对手处于更有利的地位。因为购买差异化产品的顾客不愿意接受替代品。

4）产品差异化会形成一定的壁垒。在产品差异化程度越高的行业，因产品差异化所形成的进入壁垒就越高。

（2）差异化战略的劣势

1）可能丧失部分客户。如果采用成本领先战略的竞争对手压低产品价格，则采取差异化战略的企业的产品价格差距将被拉得很大。在这种情况下，用户为了节省费用，放弃差异化产品所拥有的产品特征、服务或形象，转而选择物美价廉的产品。

2）用户所需的产品差异化程度下降。当用户变得越来越"老练"时，对产品的特征和差别体会不明显时，就可能发生忽略差异的情况。

3）大量的模仿缩小差异化程度。特别是当产品发展到成熟期时，拥有技术实力的企业很容易通过逼真地模仿减少产品之间的差异。

（三）集中化战略

集中化战略是指主攻某个特殊的顾客群、某产品线的一个细分区段或某一地区市场。正如差异化战略一样，集中化战略也有许多形式。虽然成本领先战略与差异化战略都是要在行业范围内实现目标，但是集中化战略是围绕着更好地为某一特殊目标服务建立的。

1. 集中化战略的类型

集中化战略有两种形式，即企业在目标细分市场中寻求成本优势和在目标细分市场中寻求差异化优势。

2. 集中化战略的选择依据

1）在相同的目标市场中，其他竞争对手不打算实行集中化战略。

2）企业的资源不允许其追求广泛的细分市场。

3）行业各目标细分市场在规模、成长期、获得能力方面存在很大的差异。

3. 集中化战略的优势和劣势

（1）集中化战略的优势

1）以特殊的服务范围来抵御竞争压力。集中化战略往往利用地点、时间、对象等方面来形成企业的专门服务范围，以更高的专业化程度获得强于竞争对手的优势。例如，位于交通要道或人口密集地区的超级商场具有销售优势；口腔医院因其专门的口腔医疗保健服务而比普通医院更吸引口腔病患者特别是牙病患者；肯德基、麦当劳快餐连锁店满足了工作节奏快、休息时间短的职员或旅游者的饮食需要，而快速发展这一专门市场。

2）以低成本的特殊产品形成优势。例如，可口可乐就是利用特殊配方而获得低成本优势，在饮料市场长期保持领先地位。

3）以攻代守。当企业受到强大的竞争对手全面压迫时，采取集中化战略以攻代守，往往能形成一种竞争优势，特别是对于抵抗拥有系列化产品或广泛市场的竞争对手明显有效。例如，挪威的造船企业难以与欧洲、美国、日本等实力强大的造船企业匹敌，后因选择集中制造破冰船而大获成功。

（2）集中化战略的劣势

1）容易受限于获取市场份额。集中化战略目标市场具有一定的特殊性，目标市场的独立性越强，占整体市场份额的比例就越小。实行集中化战略的企业总是处于独特性与市场份额的矛盾之中，选择不恰当就可能造成战略的失败。与这一对矛盾相对应的是企业利润率与销售额互为代价。例如，为愿意支付高价的顾客而进行专门设计与加工服装的企业，将失去中低档服装市场。有很多企业在获得集中优势的同时又进入广泛市场，这种矛盾的战略最终会使企业丢失专有的市场。

2）企业对环境变化的适应能力差。实行集中化战略的企业往往是依赖特殊市场生存和发展的，一旦出现有极强替代能力的产品或者市场发生变化时，这些企业就容易遭受巨大损失。例如，滑板的问世对旱冰鞋的市场构成极大的威胁。

3）成本差增大而使集中优势被抵消。当为大范围市场服务的竞争对手与企业之间的成本差变大时，会使针对某一狭窄目标市场服务的企业丧失成本优势，或者使集中化战略产生的差别化优势被抵消。因为这种成本差的增大将降低买方效益或者买方使用替代品的转移成本，而使专一市场与广泛市场之间的渗透增大，集中化战略所构成的成本优势或差别化优势则会逐渐消失。

五、跨国公司战略

1. 横向一体化战略

横向一体化战略也叫水平一体化战略，是指企业为了扩大生产规模、降低成本、巩固企业的市场地位、提高企业竞争优势、增强企业实力而与同行业企业进行联合的一种战略。横向一体化战略的实质是资本在同一行业和部门内的集中，目的是扩大规模、降低产品成本、巩固市场地位。此类公司主要从事单一产品的生产经营，母公司和子公司很少有专业化分工，但公司内部转移生产技术、销售技能和商标专利等无形资产的数额较大。

1）横向一体化战略的优势：采用横向一体化战略，企业可以有效地实现规模经济，快速获得互补性的资源和能力。此外，通过收购或合作的方式，企业可以有效地建立与客户之间的固定关系，遏制竞争对手的扩张意图，维持自身的竞争地位和竞争优势。

2）横向一体化战略的劣势：横向一体化战略也存在一定的风险，如过度扩张所产生的巨大生产能力对市场需求规模和企业销售能力都提出较高的要求；同时，在某些横向一体化战略如合作战略中，还存在技术扩散的风险。此外，组织上的障碍也是横向一体化战略所面临的风险之一，如企业合并后管理机制与管理职能和企业的发展规模不匹配，并购后的企业文化不融合等。

2. 纵向一体化战略

纵向一体化战略又叫垂直一体化战略，指企业将生产与原料供应，或者生产与产品销售联合在一起的战略形式，是企业在两个可能的方向上扩展现有经营业务的一种发展战略，是将公司的经营活动向后扩展到原材料供应或向前扩展到销售终端的一种战略体系。

实施纵向一体化战略的公司按其经营内容又可分为两种。第一种是母公司和子公司生产及经营不同行业的却相互有关的产品。它们是跨行业的公司，主要涉及原材料、初级产品的生产和加工行业，如开采种植→提炼→加工制造→销售等。第二种是母公司和子公司生产及经营同一行业不同加工程度或工艺阶段的产品，主要涉及汽车、电子等专业化分工水平较高的行业。例如，美国的美孚石油公司就是第一种垂直型的跨国公司，它在全球范围内从事石油与天然气的勘探、开采，以管道、油槽和车船运输石油与天然气，经营大型炼油厂，从原油中精炼出最终产品，批发和零售几百种石油衍生产品。法国的珀若—雪铁龙汽车公司则是第二种垂直型的跨国公司，公司内部实行专业化分工，它在国外的 84 个子公司和销售机构，分别从事铸模、铸造、发动机、齿轮、减速器、机械加工、组装和销售等各工序的业务，实现了垂直型的生产经营一体化。

3. 混合式发展模式

混合式发展模式是指企业在保持原有经营业务的同时，向与原有经营业务没有直接关系的其他行业和部门发展。在这种模式下，母公司和子公司生产不同的产品，经营不同的业务，而且它们之间互不衔接，没有必然联系。

1）混合式发展模式的优势。①有利于寻求更多的发展机会。一个部门或行业内部所能提供的发展机会总是有限的，而且有时一个行业内的过度竞争会使企业的利润下降，而且容易受到竞争对手的报复。因此，在维持原有业务的同时寻求新的发展空间是一种明智的选择。②有利于分散经营风险。由于国际市场行情动荡，企业的经营活动如果高度集中于某一行业，无疑大大增加了经营风险，而选择混合式发展模式可以通过不同部门和行业的业务来分散经营风险。一旦某一行业出现萧条，企业可以迅速地实现资源的内部转移，从萧条的行业撤出，投入企业内其他业务，以便最大限度地降低损失。

2）混合式发展模式的劣势。①资源使用上的过于分散往往使企业难以充分利用和发挥规模经济的优势，难以在某个具体部门和行业中建立稳固的优势地位；②企业将许多并无关联的行业和部门混合在一起，这些部门和行业在生产技术、经营管理上都有很大差距，无疑增加了企业协调组织的难度。

知识拓展

企业宗旨

企业宗旨有一个历史的形成过程。企业成立之初，其宗旨通常比较模糊或简单，基本局限在经营范围的陈述上。随着企业的发展，它的宗旨会逐步成熟和完善。不同企业宗旨的陈述详略不同，表达方式也不尽相同。但企业宗旨陈述是企业战略中最受关注的部分，也是能够激励和指导各种利益相关体的部分。因此，对企业宗旨陈述的主要要求是保证它能精练地包括所有基本内容。

1. 企业宗旨陈述的内容

1）顾客：谁是企业的主要顾客？

2）产品或服务：企业的主要产品或服务是什么？

3）市场：企业主要在哪个行业或地区展开竞争？

4）技术：企业的主导技术是什么？

5）对企业生存、发展和盈利的关注：对企业近、中、远的经济目标的态度。

6）哲学：企业的基本信仰、价值观念和愿望是什么？

7）自我意识：企业的长处和竞争优势是什么？

8）对公众影响的关注：企业期望给公众塑造一个什么样的企业形象？

9）利益协调的有效性：是否有效地反映了顾客、股东、职工、社区、供应和销售的厂商等各相关团体的利益。

10）激励程度：展开的企业宗旨能否有效地激励企业职工？

2. 企业宗旨陈述需要注意的问题

企业宗旨陈述应注意以下几个问题。

1）企业宗旨陈述应该是比较宽泛的，其原因有两个：一是宽泛的企业宗旨陈述为企业战略管理者的创造性提供了选择余地，过于狭窄的企业宗旨陈述会限制这种创造性，从而使企业在多变的环境中错过许多机会；二是便于调和各种利益相关者的差异，较含糊，原则性地表现出对各种利益团体的重视程度，可以避免产生不必要的矛盾。

2）企业宗旨陈述应该较全面。企业的宗旨陈述不仅需要从各方面来定义企业，还要能够综合反映企业各个利益团体的要求，否则就不能为制定目标和战略提供有效指导。

3）企业宗旨陈述不能过于宽泛，因为过于宽泛的企业宗旨陈述无法明确企业对未来的认识。

（资料来源：根据网络资料整理。）

知 识 测 试

一、单选题

（　　）战略是指采用积极进攻态度的战略形态，使企业在复杂的市场环境中，为实现特定的市场营销目标而设计的长期、稳定的行动方案，形成指导企业市场营销全局的奋斗目标和经营方针。

　　A. 发展型　　　　　B. 稳健型　　　　　C. 收缩型　　　　　D. 保守型

二、多选题

1. 企业的发展型战略包括（　　）等类型。

　　A. 市场渗透战略　　B. 一体化战略　　C. 专业化战略

　　D. 多元化经营战略　　　　　　　　　　E. 联合经营战略

2. 企业的收缩型战略有（　　）等类型。

　　A. 转移战略　　　　B. 撤退战略　　　　C. 清算战略　　　　D. 积极防御战略

3. 企业经营战略中的基本竞争战略有（　　）。

　　A. 成本领先战略　　B. 发展型战略　　C. 差异化战略　　D. 集中化战略

4. 跨国公司的战略类型有（　　）。

　　A. 横向一体化战略　　　　　　　　　　B. 纵向一体化战略

　　C. 混合式发展模式　　　　　　　　　　D. 全面发展

三、简答题

1. 什么是企业战略？企业战略的基本特点是什么？

2. 企业经营战略有哪几种战略类型？它们各有何特点？

3. 跨国公司战略与普通企业战略有哪些异同？

任 务 实 施

介绍你所实习的企业使用了什么经营战略？该企业为什么要选择这种战略？这种战略的优点和缺点有哪些？

任务二　企业国际经营战略应用

本任务在分析导入案例中企业的战略类型、内容及发展变化过程的基础上，讲解如何依据企业的实际情况，采用科学的程序制定企业战略；并分析了当前跨国企业的国际商务战略的发展趋势，从而让学生能够正确地制定企业的国际商务战略。

▌ 任务目标 ▌

依据企业的不同经营特色，拟定企业经营战略。

导入案例

麦当劳的战略分析

麦当劳是世界知名的连锁快餐企业。从 1955 年创始人麦当劳兄弟和雷·克洛克在美国伊利诺伊州开设第一家餐厅至今，它在全世界的 120 多个国家和地区已开设了 3 万多家餐厅。

一、公司战略

1. 直接扩张（横向一体化）

1968 年，麦当劳有 1 000 家餐厅，1978 年达 5 000 家餐厅。经过 40 多年的发展，麦当劳已有 3 万多家餐厅，遍布全球 120 多个国家和地区。以下是麦当劳在中国的扩张简史。

自从麦当劳 1990 年在深圳开设中国第一家分店以来，如今麦当劳已经在中国开设了 400 多家分店。那么，麦当劳是如何得到如此迅速的发展呢？以下为麦当劳的扩张目标：每年增加 2 500 家麦当劳店（8%的年增长率），一部分自己经营，另一部分许可经营，进而对目前还没有进入的市场进行渗透，在本土之外建立最大的市场位置，超前于所有竞争对手。

2. 纵向一体化

麦当劳的纵向一体化战略，主要体现在与专业的物流公司、供应商建立战略合作伙伴的方式。供应商在连锁体系中的地位十分重要。麦当劳在对供应商的选择上，大多选一些规模较小的供应商，而不太重视规模大、名气响的供应商。

麦当劳最初选择的供应商的规模不大，但富有开拓精神，他们成为麦当劳忠实的伙伴。多年来，他们随着麦当劳成长，对于麦当劳，他们有着极大的认同感，把自己当作麦当劳大家庭中的一员，认真地按照麦当劳的标准办事。

麦当劳逐步达到美国快餐业顶峰的过程，是它与各类供应商共同发展的过程，麦当劳连锁系统规模一步步不断地扩张，是它与供应商互助互利的结果。

3. 多元化

麦当劳的多元化体现在它有多个盈利渠道。一是快餐产品销售，麦当劳的主要盈利来源是快餐产品销售。麦当劳的产品包括汉堡、薯条、饮料、甜点等，这些产品的销售额是麦当劳的主要收入来源。二是特许经营权收入，麦当劳的特许经营权收入是指通过特许经营方式，向独立经营者授予使用麦当劳商标和经营方式的权利，以获得一定的特许经营权使用费和特许经营者的销售利润提成。三是物流与供应链服务收入，麦当劳还通过自身的供应链体系，向特许经营者提供物流、采购和食品加工等服务，并收取一定的服务费。四是租赁收入，麦当劳拥有许多门店的所有权，将其租赁给特许经营者，从中获得租金收入。五是营销收入，麦当劳还通过品牌营销和推广活动，向合作伙伴收取广告费和品牌使用费。

二、业务战略

1. 成本领先战略

麦当劳相当注重对成本的控制。从餐馆的建造到生产运营等各方面，麦当劳都力求将成本降到最低。

（1）餐厅的选址与建造

麦当劳不仅严格规定了一年中新增餐厅的数量，还规定每家新餐厅花在土地上的费用不得超过5万美元。同时，麦当劳房地产不断寻找更便宜的地产。在饭店建筑上，麦当劳使用节约成本的标准饭店设计，设备和材料采购均是通过一个全球采购系统统一进行，从而减少了地点选择成本和饭店建筑成本。

（2）劳动力费用控制

麦当劳雇用服务人员的数量标准是工时指数（hourly labor guide，HLG），指每个小时的营业额与工时之间的正常比例。这个比例是通过长期的经验把每个时段工作人员的劳动时数标准化的结果。当营业额发生变化时，所需的工作人员也会被精确地计算并做出调整。麦当劳认为控制劳动力费用的关键在于如何针对每个小时营业额的变化做出灵活的反应，及时调整劳动力数目。

（3）原料的选购控制

麦当劳与供应商之间保持着长期密切合作的关系，并且，这些供应商大都只向麦当劳一家提供原料，这样就可以保证麦当劳以较低的价格获取原料，很好地降低了采购成本。

（4）能源费用控制

在对能源费用的控制上，麦当劳创造了独特的色点标示系统，有效降低了对能源的消耗。

当然，麦当劳如此严格控制费用并不等于不用或少用经费，而是要让投入的每分钱都能产生更大的增值，从而达到支出的效用最大化。

2. 差异化战略

（1）营造独特店面形象

麦当劳设计标志时以黄色为主，以红色为辅色。这样，无论在什么样的天气，麦当劳高耸着的"M"标志，总能吸引人们的目光。麦当劳为了使餐厅在公众眼里看起来更有派头和吸引力，在设计和造景上很用心。例如，增加餐厅的外照明，使用新式建筑材料，以西班牙式圆形拱门砖取代原有的红白两色砖，适当增设餐厅室外座椅等。

麦当劳这一系列的举措都是为了让麦当劳区别于同行业的其他快餐店。

（2）产品本土化

作为全球最大的快餐连锁店，麦当劳正向中国等新兴市场拓展，在提供汉堡包和炸薯条等核心菜单之外，设计符合当地口味的食物，提供本土风味食品。

在印度，牛被奉为神圣的动物，只要是有信仰的当地人都会对牛尊敬有加。所以在印度的麦当劳店里，牛肉汉堡原料会变成鸡肉或者羊肉。

挪威人喜欢吃鱼，所以当地的麦当劳就有一道专门的烤鱼三明治。

在加拿大的部分地区，麦当劳店里会有一种龙虾肉卷；在法国也有一种包裹有大块肉的三明治卷。

在德国的麦当劳店里可以买到啤酒。

在哥斯达黎加的麦当劳可以买到一种由大米和豆子混合制成的食品。

在中国，麦当劳考虑到消费者的饮食习惯、消费水平等因素，推出了麦乐鸡、麦乐鱼、麦辣鸡腿汉堡、麦香猪柳蛋餐等符合中国消费者饮食习惯的快餐食品。

3. 宣传口号本土化

麦当劳公司深知，要在全球市场取得成功，必须入乡随俗，获得消费者的认同和了解，拉近与消费者在心理和文化上的距离。所以，企业灵魂的宣传口号也必须进行本土化改造。

麦当劳目前的广告活动使用"我就喜欢（i'm lovin, it）"的口号，这是公司首次统一的全球营销攻势。不过，"我就喜欢"也根据不同的推广国被翻译成当地语言。

（资料来源：根据网络资料整理。）

分析：

1）调研麦当劳在制定公司战略和业务战略前都做了哪些工作？企业经营战略制定的程序是什么？

2）依据麦当劳的战略内容，讨论企业的国内经营战略与国际经营战略的区别。麦当劳的国际商务战略使用了什么方式？

3）运用成本领先战略要考虑哪些因素？

4）差异化战略的差异体现在哪些方面？

5）麦当劳的企业战略使你制定企业战略受到什么启发？

一、企业战略运作程序

战略制定是指对战略进行规划的过程。它是在对外部环境和内部条件分析的基础上，确定企业的经营宗旨，明确企业所要达到的战略目标，制定企业实现长远预定目标所必需的规划、政策和策略。企业制定经营战略的过程包括确定企业宗旨、开展战略分析、明确战略目标、推进战略实施、进行战略控制。

（一）确定企业宗旨

企业宗旨是指企业管理者确定的企业生产经营的总目标、总方向、总特征和总的指导思想。它反映了企业管理者为组织将要经营的业务规定的价值观、信念和指导原则；

描述了企业力图为自己树立的形象；揭示了本企业与同行其他企业在目标上的差异；界定了企业的主要产品和服务范围，以及企业试图满足的顾客基本需求。

1. 企业宗旨的内容

（1）企业愿景

愿景（vision）又称远景，是企业对其前景所进行的广泛的、综合的和前瞻性的设想，这是企业为自己制定的长期为之奋斗的目标。它是用文字描绘的企业未来图景，使员工产生对未来的向往，从而使员工团结在这个伟大的理想之下，集中他们的力量和智慧来共同奋斗。

（2）企业使命

企业使命（mission）旨在阐述企业长期和未来所要从事的经营业务范围。企业使命是企业存在的目的和理由，必须包括顾客需求、目标顾客、技术和活动三个内容。

（3）经营哲学

经营哲学是组织为其经营活动方式所确定的价值观、信念和行为准则，是企业文化的高度概括。经营哲学主要通过以下两个方面表现出来。①企业提倡的共同价值观；②企业对利益相关者的态度。

2. 企业宗旨的作用

明确企业宗旨是十分重要的，没有具体的宗旨，要制定清晰的目标和战略是不可能的。企业宗旨不仅要在企业创业之初加以明确，还要在企业遇到困难时和企业持续繁荣时加以确认，以便企业能够保持明确的目标和方向，保持旺盛的生命活力。

（二）开展战略分析

战略分析是指对制定投资战略时面临的外部环境和内部环境进行分析，从而寻求机会，明确风险，找出优势和劣势。这是制定战略的基础和前提。外部环境是企业外围的因素及其变量，特别是企业高层管理者短期不可控制的因素。内部环境是决定企业经营与生产活动效能、效率、效益的各种内在的决定性的因素。

1. 外部环境分析

（1）环境分析

1）政治与法律因素：包括一个国家的社会制度，执政党的性质，政府的方针、政策、法令等。不同的国家有着不同的社会性质，不同的社会制度对组织有着不同程度的限制和要求。

2）经济因素：包括宏观经济环境和微观经济环境两个方面。宏观经济环境主要是指一个国家的人口数量及其增长趋势，国内生产总值、国民收入及其变化情况，以及通过这些指标能够反映的国民经济发展水平和发展速度。微观经济环境主要是指企业所在地区或所服务地区的消费者的收入水平、消费偏好、储蓄情况、就业程度等因素，这些因素直接决定着企业目前及未来市场大小。

3）社会文化因素：包括一个国家或地区的居民受教育程度、文化水平、风俗习惯、价值观念、审美观点等。文化水平会影响居民的消费层次；风俗习惯会禁止某些活动或行为；价值观念会影响居民对组织目标、组织活动及组织存在本身的认可与否；审美观点会影响人们对组织活动的内容、活动方式及活动成果的态度。

4）技术因素：科学技术发展水平等。

（2）产业结构分析

根据著名的战略管理专家迈克尔·波特的竞争战略理论，某一产业的竞争态势由五种基本竞争力量组成，即现有行业（企业）竞争者、潜在进入者、替代产品、供应商的讨价还价能力、购买商的讨价还价能力，见图4-1。

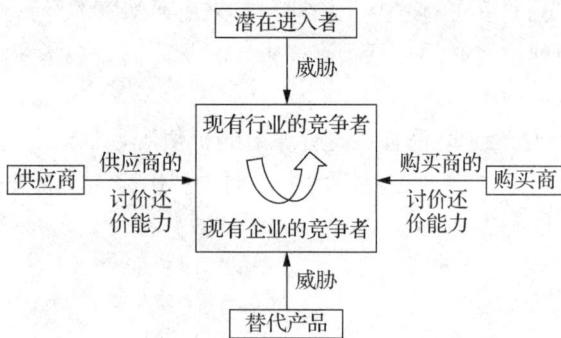

图4-1　基本竞争力量

1）现有行业（企业）竞争者的抗衡。当一个特定市场的企业为数众多时，必然会有一定数量的企业为了占有更大的市场份额和取得更高的利润，而突破特定市场的一致行动的限制，独立行动，采取打击、排斥其他企业的竞争手段。这势必会在现有竞争者之间形成激烈的抗衡。

2）潜在进入者的威胁。这种威胁称为进入威胁。进入威胁的状况取决于进入障碍和原有企业的反击强度。决定进入障碍大小的主要因素包括规模经济、产品差异优势、资金需求、转换成本、销售渠道。

3）替代产品的压力。替代产品是指那些与特定市场的产品具有同样功能的其他产品。替代产品的价格一般比较低，投入市场后会使特定市场产品价格的上限只能处在较低水平，这就限制了特定市场的收益。替代产品的价格越有吸引力，这种限制作用也就越牢固，对特定市场构成的压力也就越大。

4）购买商和供应商的讨价还价能力。任何特定市场的购买商和供应商，都会在各种交易条件上尽力迫使对方让步，使自己获得更多的收益。在这个过程中，讨价还价的能力起着重要的作用。

（3）市场结构分析

西方经济学理论将市场区分为完全竞争市场、完全垄断市场、不完全竞争市场、寡头垄断市场四种结构模型。

1）完全竞争市场。完全竞争市场又称纯粹竞争市场或自由竞争市场，是指一个行业中有非常多的生产或销售企业，它们都以同样的方式向市场提供同类的、标准化的产品，如粮食、棉花等农产品，卖者和买者对于商品或劳务的价格均不能控制。在这种竞争环境中，由于买卖双方对价格都无影响力，只能是价格的接受者，企业的任何提价或降价行为都会招致对本企业产品需求的骤减或利润的不必要流失。因此，产品价格只能随供求关系而定。

2）完全垄断市场。完全垄断市场指在市场上只存在一个供给者和众多需求者的市场结构。完全垄断市场的假设条件有三个：第一，市场上只有唯一一个厂商生产和销售商品；第二，该厂商生产的商品没有任何接近的替代品；第三，其他厂商进入该行业都极为困难或不可能，所以垄断厂商可以控制和操纵市场价格。

3）不完全竞争市场，也叫垄断市场，其特征介于完全竞争市场和完全垄断市场之间。在这种市场中，存在一定数量（少于完全竞争市场）的企业，彼此进行一定程度（小于完全竞争市场）的竞争。由于企业提供的产品和劳务具有差异性，因此某些企业又掌握了一定的垄断优势。不完全竞争市场比较接近现实市场，特别是大宗消费品市场的实际情况。

4）寡头垄断市场。寡头垄断市场是介于完全垄断市场和垄断竞争之间的一种市场模式，是指某种产品的绝大部分由少数几家大企业控制的市场。每个大企业在相应的市场中占有相当大的份额，对市场的影响举足轻重，如美国的钢铁、汽车，日本的家用电器等规模庞大的行业。在这种市场条件下，商品市场价格不是通过市场供求决定的，而是由几家大企业通过协议或默契形成的。这种联盟价格形成后，一般在相当长的时间内不会变动。

2. 内部环境分析

（1）技术素质分析

1）生产能力。包括生产的组织与计划调度、技术质量保证与工艺装备、人员操作水平、消耗定额管理；在制品、半成品及成品流程管理；运输工具、劳动生产率水平；环境保护与安全生产等。

2）技术开发能力。包括科研设计、工艺开发的物资与设备水平；技术人员的数量和技术水平；获取新的技术情报的手段、计量检测手段；技术管理水平与技术开发、更新产品的综合能力。

（2）经营素质分析

1）企业的发展史：分析企业在开办、合并、转产及壮大发展等方面的历史演变，目前的状况及今后发展的可能性。

2）销售能力：分析销售力量是否充足，市场调研和市场开发能力如何，现有销售渠道状况。还应分析企业的销售组织是否健全，推销手段是否有效，售后服务如何，满足交货条件的能力、收回货款的能力及运输能力如何等。

3）获利能力与经济效益：分析企业获利能力的大小与途径，进行目标利润与目标成本分析；分析各种资金利润率与盈亏平衡点。

4）产品、市场状况：分析企业的经营业务范围，主要产品的技术性能与技术水平、产品结构和发展前景、市场占有率、产品获利能力大小与竞争能力强弱、产品使用寿命周期。

5）物资采购供应能力：分析企业在物资资源方面的组织、计划、采购、仓储、资金、管理等一系列工作的能力与存在的问题。

（3）人员素质分析

人员素质包括领导人员素质、管理人员素质、职工素质。

（4）管理素质分析

管理素质分析包括企业的领导体制及组织机构的设置是否合理，信息的沟通、传递、反馈是否及时，日常业务性的规章制度是否健全可行等。

（5）财务素质分析

财务素质分析主要分析资金运筹能力，包括资金的筹集、使用和分配。

（三）明确战略目标

明确战略目标就是要为企业的生存和发展明确经营宗旨、经营领域和战略目标，从而确定企业今后的发展方向。

1. 企业战略目标的层次

1）宏观战略目标是指从整体和全局角度把握企业的未来发展方向和经营目标。

2）中观战略目标是指企业关注如何在某一特定市场上获取竞争优势。

3）微观战略目标考虑如何有效地组合企业内部的资源来执行宏观战略和中观战略。

2. 企业战略目标的内容

彼得·德鲁克在《管理的实践》一书中提出了以下八个关键领域的目标。

1）市场目标：应表明本公司希望达到的市场占有率或在竞争中达到的地位。

2）技术改进和发展目标：对改进和发展新产品、提供新型服务内容的认知及措施。

3）提高生产力目标：有效地衡量原材料的利用，最大限度地提高产品的数量和质量。

4）物资和金融资源目标：获得物资和金融资源的渠道及其有效地利用。

5）利润目标：利用一个或几个经济目标表明希望达到的利润率。

6）人力资源发展目标：人力资源的获得、培训和发展，管理人员的培养及其个人才能的发挥。

7）职工积极性发挥目标：对职工激励、报酬等措施。

8）社会责任目标：注意公司对社会产生的影响。

3. 确定企业战略目标的步骤

一般来说，确定企业战略目标需要经历目标调查研究、目标拟定、目标评价和论证以及目标决策四个具体步骤。

（1）企业战略目标调查研究

在制定企业战略目标之前，必须进行调查研究工作。但是在进入确定战略目标的工作中还必须对已经做过的调查研究成果进行复核，进一步整理研究，把机会和威胁、长处与短处、自身与对手、企业与环境、需要与资源、当前与未来加以对比，只有搞清楚它们之间的关系，才能为确定战略目标奠定可靠的基础。

调查研究一定要全面进行，但又要突出重点。为确定战略而进行的调查研究是不同于其他类型的调查研究的，它的侧重点是企业与外部环境的关系和对未来的研究及预测。关于企业自身的历史与现状的陈述自然是有用的，但是，对战略目标决策来说，关键的还是对企业未来具有决定意义的外部环境信息。

（2）企业战略目标拟定

经过细致周密的调查研究，便可以着手拟定战略目标。拟定战略目标一般需要经历两个环节：拟定目标方向和拟定目标水平。首先，在既定的战略经营领域内，依据对外部环境、需要和资源的综合考虑，确定目标方向，通过对现有能力与手段等诸条件的全面衡量，对沿着战略方向展开的活动所要达到的目标水平也做出初步的规定，这便形成可供决策选择的目标方案。

（3）企业战略目标评价和论证

拟定企业战略目标后，就要组织多方面的专家和有关人员对提出的目标方案进行评价和论证。

1）评价和论证要围绕目标方向是否正确进行。要着重研究：拟定的战略目标是否符合企业精神，是否符合企业的整体利益与发展需要，是否符合外部环境及未来发展的需要。

2）评价和论证战略目标的可行性。论证和评价的方法主要是按照目标的要求，分析企业的实际能力，找出目标与现状的差距，然后分析用以消除这个差距的措施，而且要进行恰当的运算，尽可能用数据说明。如果制定的途径、能力和措施，对消除这个差距有足够的保证，就说明这个目标是可行的。还有一个倾向要注意的是，如果外部环境及未来的变化对企业发展有利，企业自身也有办法找到更多的发展途径、能力和措施，那么就要考虑提高战略目标的水平。

3）对所拟定的目标完善化程度进行评价。要着重考查：①目标是否明确；②目标的内容是否协调一致；③有无改善的余地。

（4）企业战略目标决策

在选定目标时，要注意从以下三个方面权衡各个目标方案：目标方向的正确程度、可望实现的程度、期望效益的大小。

从调查研究、目标拟定、目标评价和论证到目标决策，确定企业战略目标这四个步骤是紧密结合在一起的，后一步的工作要依赖前一步的工作，在进行后一步的工作时，如果发现前一步工作的不足，或者遇到最新情况，就需要重新进行前一步或前几步的工作。

（四）推进战略实施

战略实施是指将战略转化为行动，把战略制定阶段所确定的意图性战略转化为具体的组织行动，保障实现预定战略目标。

战略实施是一个自上而下的动态管理过程。自上而下主要是指战略目标在公司高层达成一致后，再向中下层传达，并在各项工作中得以分解、落实。动态主要是指战略实施的过程中，常常需要在分析—决策—执行—反馈—再分析—再决策—再执行的不断循环中达成战略目标。

（五）进行战略控制

战略控制主要是指在企业经营战略的实施过程中，检查企业为达到目标所进行的各项活动的进展情况，评价实施企业战略后的企业绩效，把它与既定的战略目标与绩效标准相比较，发现战略差距，分析产生偏差的原因，纠正偏差，使企业战略的实施更好地与企业当前所处的内外环境、企业目标协调一致，使企业战略得以实现。对企业经营战略的实施进行控制的主要内容有以下几个。

1）设定绩效标准。根据企业战略目标，结合企业内部人力、物力、财力及信息等具体条件，确定企业绩效标准，作为战略控制的参照系。

2）监测绩效与评估偏差。通过一定的测量方式、手段、方法，监测企业的实际绩效，并将企业的实际绩效与标准绩效对比，进行偏差分析与评估。

3）设计并采取纠正偏差的措施，以顺应变化的条件，保证企业战略的圆满实施。

4）监控外部环境的关键因素。外部环境的关键因素是企业战略赖以存在的基础，这些外部环境的关键因素的变化意味着战略前提条件的变动，必须给予充分的注意。

5）激励战略控制的执行主体，调动其自控制与自评价的积极性，以保证企业战略实施的切实有效。

二、国际经营战略趋势

（一）跨国并购

跨国并购是指一国跨国性企业为了某种目的，通过一定的渠道和支付手段，将另一国企业的一定份额的股权直至整个资产收买。跨国公司的国际并购涉及两个或两个以上国家的企业、两个或两个以上国家的市场和两个以上政府控制下的法律制度。跨国并购主要有以下两种分类。

1. 按跨国并购双方的行业关系划分

按跨国并购双方的行业关系划分，跨国并购可以分为横向跨国并购、纵向跨国并购和混合跨国并购。

2. 按并购企业和目标企业是否接触划分

按并购企业和目标企业是否接触划分，跨国并购可以分为直接并购和间接并购。直接并购是指并购企业根据自己的战略规划直接向目标企业提出所有权要求，或者目标企业因经营不善及遇到难以克服的困难而向并购企业主动提出转让所有权，并经双方磋商达成协议，完成所有权的转移。间接并购是指并购企业在没有向目标企业发出并购请求的情况下，通过在证券市场收购目标企业的股票取得对目标企业的控制权。与直接并购相比，间接并购受法律规定的制约较大，成功的概率也相对小。

（二）国际战略联盟

国际战略联盟是指两个以上的企业为了实现优势互补、提高竞争力及扩大国际市场的共同目标，而制定的双边或多边的长期或短期的合作协议。战略伙伴必须坚持平等互惠、共享利益、共担风险的原则。

1. 国际战略联盟的形式

国际战略联盟与合营企业的不同之处就在于偏重"战略"，即它并不以追求短期利润最大化为首要目的，也不是一种为摆脱企业目前困境的权宜之计，而是与企业长期计划相一致的战略活动。

（1）技术开发联盟

技术开发联盟的具体形式有多种。例如，在大企业与（中）小企业之间形成的技术商业化协议，即由大企业提供资金与市场营销力量等，而由小企业提供新产品研制计划，合作进行技术与新产品开发。又如，合作研究小组，即各方将研究与开发的力量集中起来，在形成规模经济的同时也加速了研究开发的进程。与此类似的还有联合制造工程协议，即由一方设计产品，另一方设计工艺。

（2）合作生产联盟

合作生产联盟即由各方集资购买设备以共同从事某项目生产。这种联盟可以使加盟各方分享到生产能力利用率高的益处，因为各参与方既可以优化各自的生产量，又可以根据供需的不同对比状况及时迅速地调整生产量。

（3）市场营销与服务联盟

合作各方共同拟订适合合作者所在国或某地特定国家市场的市场营销计划，从而使加盟各方能在取得当地政府协助的有利条件下，比其他潜在竞争对手更积极、更迅速地占领市场；加盟各方也可经由这种联盟形成新市场，使竞争不至于因各方力量相差悬殊而趋于窒息。

（4）多层次合作联盟

多层次合作联盟实际上是上述各种联盟形式的组合，即由加盟各方在若干领域内开展合作业务。企业加入这种联盟可采取渐进方式，从一项业务交流发展到多项合作。

（5）单边与多边联盟

单边与多边联盟是按所处地域及合作网络的形式而区分的战略联盟。

2. 国际战略联盟的优势

1）有利于缩短新产品开发的时间。

2）有利于分摊高昂的开发投资费用。

3）有利于参与国经济利益的共同增长。

4）有利于提高规模经济效益。

5）有利于避免经营风险。

6）有利于确立新的竞争原则。

综上所述，企业建立战略联盟的用意在于，与合作方协力加速扩大市场容量，从而提高市场占有率。这也正是战略联盟创造新市场的思路，即不是去"抢"对手的市场，而是与对手共同创造并分享一个更大的市场。

（三）国际外包

国际外包是指一个国家的企业或组织从事自己最核心、最擅长的业务或项目，而将其他部分的活动委托给国外的企业或组织去完成的一种经济模式。将外包工作跨境完成，实质上是为了增强企业的价格竞争力而推进资源分配最优化，合理安排公司内部和公司外部的资源，在最佳时期用最便宜的价格和最恰当的方法获得最适合的能力。

知识拓展

波士顿矩阵

波士顿矩阵，又称市场增长率—相对市场份额矩阵、波士顿咨询集团法、四象限分析法、产品系列结构管理法等，见图 4-2。

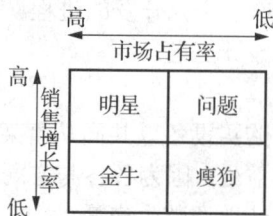

图 4-2　波士顿矩阵

波士顿矩阵由美国管理学家、波士顿咨询公司创始人布鲁斯·亨德森于 1970 年首创。

波士顿矩阵认为一般决定产品结构的基本因素有两个，即市场引力与企业实力。市场引力包括整个市场的销售量（额）增长率、竞争对手强弱及利润高低等。其中，最主要的是反映市场引力的综合指标——销售增长率，这是决定企业产品结构是否合理的外在因素。

企业实力包括市场占有率，技术、设备、资金利用能力等。其中，市场占有率是决定企业产品结构的内在要素，它直接显示企业竞争实力。销售增长率与市场占有率既相互影响，又互为条件：市场引力大，市场占有率高，可以显示产品发展的良好前景，企业也具备相应的适应能力，实力较强；如果市场引力大，而没有相应的高市场占有率，则说明企业尚无足够实力，则该种产品也无法顺利发展。相反，企业实力强而市场引力小的产品也预示了该产品的市场前景不佳。

通过以上两个因素相互作用，会出现四种不同性质的产品类型（图4-2），形成不同的产品发展前景：①销售增长率和市场占有率"双高"的产品群（明星类产品）；②销售增长率和市场占有率"双低"的产品群（瘦狗类产品）；③销售增长率高、市场占有率低的产品群（问题类产品）；④销售增长率低、市场占有率高的产品群（金牛类产品）。

（资料来源：根据网络资料整理）

知 识 测 试

简答题

1．战略分析包括哪些工作内容？
2．企业战略的运作程序是什么？
3．国际商务战略有哪些新内容？
4．以小组为单位模拟企业拟定经营战略。

项目四任务二参考答案

任 务 实 施

1．结合麦当劳的战略分析中的内容，思考麦当劳是否使用了跨国并购或者国际战略联盟、国际外包的国际商务战略模式，并说明使用这种模式的原因及这种模式的特点。

2．写出你所实习的企业制定企业战略的过程，包括参与部门、制定程序及内容。

项 目 小 结

本项目主要讲解了企业战略的概念、类型和运作程序，以及跨国企业的战略内容和国际经营战略的一些新模式，以期学生在掌握各个战略类型不同内涵的基础上，能够结合企业的经营特性，正确地为企业制定经营战略。

项目五

国际市场营销管理

MEMO

▮ 知识目标

1. 国际市场营销的概念。
2. 国际市场细分的方法。
3. 国际目标市场的选择模式。
4. 国际市场营销调研的步骤、方法与内容。
5. 国际市场营销产品策略、定价策略、渠道策略和促销策略。

▮ 能力目标

1. 掌握国际市场营销的内涵。
2. 能够进行国际市场细分和目标市场选择。
3. 能够评估和选择企业进入目标市场的方式。
4. 正确运用国际营销调研方法，实施问卷调研。
5. 能结合实际案例分析并运用国际市场营销组合策略。

国际市场营销管理是国际商务管理的重要组成部分。企业经营的目标是多样的，但无论哪种目标都需要通过有效的市场营销活动方能实现。在当今全球经济一体化的环境下，越来越多的企业把眼光投向国际市场。企业经营活动的国际化已经成为一种广泛现象和必然趋势。广阔的国际市场在给企业带来机遇的同时，也带来了更加复杂的国际营销环境。企业及其管理者对国际市场营销知识和技能的需求日益迫切。

任务一　国际市场营销认知

本任务通过分析苹果公司在中国采取的一系列营销措施，引出国际市场营销具体策略，在此基础上分析了国内市场营销与国际市场营销的区别和联系、企业开展国际市场营销的动因及国际市场营销的发展阶段等内容，让学生充分了解国际市场营销的内涵。

■ 任务目标

掌握国际市场营销的内容及其在不同发展进程的特点。

导入案例

苹果的改变

2013 年，苹果手机一改过去的设计，热衷于金色。

除了经典的白色和黑色，苹果公司首先推出金色 iPhone 5s，接着推出金色 iPad，再到金色的 MacBook。

为什么苹果公司会在黑色和白色之外，另加土豪金的颜色呢？

苹果的首席执行官库克在接受《彭博商业周刊》中文版采访时表示，2012 年推出 iPhone 土豪金版，一定程度上是为了迎合亚洲用户的喜好，尤其是在中国，金色是财富的象征。

库克表示，苹果公司需要重视中国这个亚洲人口最多和最富有的国家。对于苹果公司来说，当前的中国已经成为其非常重要的海外市场之一，中国市场为 iPhone 手机销量贡献很大一部分成绩。对于苹果公司来说，中国市场对 iPhone 或 iPad 的产品设计有重要影响。

汇丰银行题为"走遍全球的购物者"的报告预测，中国占据了全球奢侈品销售额的 1/3，预计这个比例在未来几年还会继续增长。苹果公司显然相信实现未来增长的关键是迎合亚洲奢侈品追求者。

《中国超级消费者》一书的作者之一萨维奥·陈说："苹果公司在中国的销售进入了黄金时代，而且会依靠其在市场的统治地位赚得盆满钵满。在中国，两种喜庆的颜色是红色和金色。但是如果一个成功的中国男人手上拿着红色的苹果手机，会显得相当滑稽，所以金色就成了最适合高端智能手机的颜色。

虽然中国人对金色的喜好，很好解释了苹果公司选择金色的原因，但是一些观察人士仍然对苹果公司推出 10 000 美元的黄金智能手表感到惊讶。实际上，他们没有必要感到惊讶。根据瑞士钟表工业联合会的数据，2011 年中国消费者购买了近 30% 的瑞士手表，销售额为 59 亿美元。苹果公司也想从这个市场获利。除了中国，亚洲很多国家，如日本、泰国和越南等把黄色视为吉祥富贵的象征。

（资料来源：根据网络资料整理。）

分析：

1）苹果公司为进入中国市场做了哪些改变，为什么？这些改变涉及哪些营销策略？

2）结合本案例，谈谈你对国际市场营销工作的认识。

3）结合苹果公司开拓中国这个海外市场的案例，你认为一个国内企业要开拓国际市场应该关注国际市场的哪些因素。

一、市场营销的概念

市场营销（marketing），又称作市场学、市场行销或行销学。美国市场营销协会（American Marketing Association，AMA）给市场营销下的定义是："市场营销是为创造达到个人和机构目标的交换，而规划和实施理念、产品和服务构思、定价、促销和配销的过程。"

菲利普·科特勒认为："市场营销是个人或组织通过生产和制造并同别人或其他组织交换产品或服务，以满足需求和欲望的一种社会活动和管理过程。"对该定义最精练的表达是"有盈利地满足需求"。

二、国际市场营销的概念

国际市场营销（international marketing）是指对商品和劳务流入一个以上国家的消费者或用户手中的过程进行计划、定价、促销和引导，以便获取利润的活动。

三、国际市场营销与国内市场营销的关系

（一）联系

国际市场营销与国内市场营销的原理和过程具有相似性。从本质上来说，国际市场营销与国内市场营销并无根本的不同。

1. 理论基础相同

国际市场营销与国内市场营销的基础理论框架一致，市场营销的基本原则对二者都是适用的。

2．经营理念相同

国际市场营销与国内市场营销都是以市场理念为指导原则，把满足消费者的需求作为企业的中心任务。无论国内市场营销还是国际市场营销，其目的都是帮助企业获取利润。

（二）区别

国际市场营销与国内市场营销的最大区别在于国际市场营销活动是在一个以上的国家进行的。"在一个以上的国家"表面上看差别很小，却导致了国际市场营销活动的复杂性和多样性。也就是说，二者的区别不在于营销概念的不同，而在于实施环境的不同，具体来说包括以下三个方面。

1．国际市场环境因素更复杂

相对来说，企业进行国内市场营销面临的是比较熟悉的市场环境，而国际市场营销面临的则是复杂和陌生的政治环境、经济环境、文化环境与法律环境。国际市场营销在不同的国家之间进行，国际市场环境的差异远大于国内各个地区市场环境的差异。国际市场环境对企业来说是至关重要的，它对企业开展国际市场营销的影响很大，甚至决定了企业开展国际市场营销的成败。

2．国际市场营销不确定因素更多

国际市场营销在实施过程中包含大量不确定性因素，具体包括产品价格的不确定性、产品总需求量的不确定性、消费者需求特性的不确定性、竞争者所采取的竞争策略的不确定性、促销媒介的不确定性和分销渠道的不确定性等。

3．国际市场营销的风险更大

国际市场营销的难度远远大于国内市场营销。企业在全球不同国家开展营销业务时，需要具备统一协调能力和控制能力。另外，国际市场竞争激烈和国际市场营销人才缺乏也给国际市场营销带来更大风险。

四、企业开展国际市场营销的原因

由于经济发展水平不同，发展中国家企业和发达国家企业开展国际市场营销的原因不尽相同。通常，企业从事国际市场营销的根本出发点是利益最大化。具体来看，企业开展国际市场营销的原因主要有以下几个方面。

1. 国际市场广阔

在每个国家，都会有些产品由于竞争太过激烈导致国内市场需求饱和。在这种情形下，走向国际市场是不少企业不得不面对的选择。国际市场范围更广，产品与服务需求层次更丰富、类型更多元。全球市场既包括欧美成熟市场，又有南非等新兴市场。企业可以根据自身产品定位选择进入相应的市场，市场需求空间更广阔。

2. 多市场轮动红利

开展国际市场营销可以规避本国经济不景气的风险，也可以在一定程度上避开国内市场饱和与竞争过度给企业带来的损失。另外，全球经济发展节奏不一致，多国市场能让企业在不同时段都拥有某一市场机会，享受全球经济轮动发展的红利。对于跨国公司来说，开展多国的市场营销，可以在全球范围内选择有利的市场机会，保证企业的整体利益最大化。

3. 国际资源配置

由于经济发展、技术发展等不平衡，开展国际市场营销有助于企业有效地运用国际资源，如获得国外廉价资源、廉价劳动力、税收优惠政策、先进技术和先进管理经验等。

4. 本国政府支持

本国政府采取积极政策支持和鼓励企业开拓国际市场，主要措施包括：减税和退税政策；低息贷款、担保贷款；出口价格补贴；为企业提供咨询、信息等配套服务；下放进出口自主权等。企业通过国际市场营销加速成长，参与国际分工，平衡进出口贸易，促进本国经济发展。

5. 企业发展需求

企业在国内市场充分发展的基础上，往往具有向外扩张的冲动，这是资本的特性所决定的。企业扩张表现为产品、服务、技术、资本的扩张。企业开展国际市场营销的动因，起初可能是通过向国外出口产品和服务，扩大其市场份额，从而获取更多的利润，进一步则可能是通过技术乃至资本的输出，在更深层面上实现生产要素的国际市场营销，从而实现企业向国际市场的扩张。

6. 科学技术发展

科学技术发展为国际市场营销提供了基础保障。任何企业走向国际市场，都离不开交通运输及通信工具。交通运输技术的迅猛发展让企业走出国门变得越来越容易。信息技术的高速迭代，为企业走向国际市场提供了技术支撑。信息瞬时就能传递到全球任何一个可以连接互联网的角落。企业可以极其便利地通过互联网参与到国际营销活动中。

五、国际市场营销的发展

企业开展国际市场营销活动分为五个发展阶段，一般来说企业按照顺序由低到高逐一开展活动，但也可能直接从中间某一阶段开始或者同时处于几个阶段。企业处于哪个阶段主要取决于企业本身的经济实力与对国际市场的重视程度。

1. 非直接对外营销阶段

在非直接对外营销阶段，公司并不积极地寻找或培养国外客户，公司的产品销往国外并不是主动营销的结果，而是通过一些贸易公司或其他主动找上门来的外国客户营销。还有一些情况下，公司的产品被国内的批发商或分销商销往国外，这个过程通常没有公司的主动参与，而且经常是在公司不知情的情况下进行的。近年来，随着越来越多的公司在互联网上宣传自己的产品，不少公司因为国外客户浏览交易网站进行网上采购而获得订单。

2. 非经常性对外营销阶段

在非经常性对外营销阶段，企业为解决临时性的库存，而发生非经常性的对外销售。这种生产过剩是暂时的，企业并没有开拓国外市场的计划，组织结构和产品不会因外销而发生变化。国外市场被认为是国内市场的延伸和补充。当国内需求回升，过剩现象消失后，企业就会停止对国外市场销售。

3. 经常性对外营销阶段

在经常性对外营销阶段，企业明确地把国际市场作为自己的目标市场，有固定的生产能力能够满足国外市场的需求。企业通过选择国内外的进出口贸易中间商，或者在重要的外国市场建立自己的销售子公司来进行销售。企业比较重视国际市场，海外利润成为公司整体目标的组成部分。

4. 国际市场营销阶段

在国际市场营销阶段，企业全面地参与国际营销活动。企业在全球范围内寻找市场，将整个世界市场视作一个整体。不仅如此，企业还在境外建立生产基地，成为跨国公司。

5. 全球营销阶段

全球营销阶段一般指 20 世纪 80 年代以后。由于科技的迅速发展，各国市场的同质化趋势加强，全球对外直接投资急剧增加。企业的市场营销活动突破国家的界限，按照资源配置最优化的原则，在全球范围内进行技术、资源、资金、人才配置，采取投资、生产、合作等方式进行全球营销。企业的整个经营、组织机构、资金走向、生产和营销都以全球市场的共性为基础。

> **案例阅读**
>
> ### 国产手机强力布局海外市场
>
> "国内保生存，海外求发展"已成为国产手机企业的共识。中国信息通信研究院发布的数据显示，2017 年全年，中国市场手机出货量为 4.91 亿部，上市新机型 1054 款，同比分别下降 12.3%和 27.1%。数据下滑的背后是国内智能手机市场几近饱和的事实。有资料显示，早在 2016 年，中国手机普及率已达到 97%，智能手机普及率也已达到 74%。同时，由于产品更新迭代的固有规律，技术创新又进入了瓶颈期，以及人们消费理念的限制等多种原因，中国消费者的换机意愿并不高。
>
> "国内智能手机市场已是一片红海。"分析人士指出，"现在许多国产智能手机生产商采取了'国内保生存，海外求发展'的经营策略。"
>
> 海外的确不乏发展机遇。印度和东南亚诸国目前正处于智能手机普及阶段，手机需求量大。再加上"一带一路"倡议与区域信息基础设施互联互通等相关政策落地，国产手机企业"出海"之路更加顺畅。印度于 2017 年 3 月底截止的 2016～2017 财年，中国智能手机品牌小米、OPPO、vivo 的销售额大幅增长至 2 252.7 亿卢比（约合人民币 226 亿元）。其中，vivo 较 2015～2016 财年销售额增长 6 倍左右，小米和 OPPO 增长近 8 倍。在东南亚，出海的中国手机品牌同样交出了一份漂亮的"成绩单"。2017 年第三季度，OPPO 以 17.2%的市场占有率在东南亚市场位列第二名，紧随其后的则是 vivo，市场份额为 4.6%。
>
> （资料来源：根据网络资料整理。）
>
> **分析：**
>
> 1）结合本案例，并查找相关资料，分析中国智能手机企业开展国际市场营销的原因。
>
> 2）结合本项目的《苹果的改变》案例和本节所学知识，讨论该案例中的苹果公司已经处于国际市场营销的哪个阶段，这个阶段有什么特征。

知 识 测 试

一、多选题

企业开展国际市场营销的动因包括（　　　）。

　　A．国际市场广阔　　　　　　　　B．多市场转动红利

　　C．国际资源配置　　　　　　　　D．企业发展需求

二、简答题

1．国际市场营销与国内市场营销有哪些区别和联系？

2．根据本组已成立的虚拟企业情况，具体分析本企业开展国际市场营销的原因及具体措施。

任 务 实 施

1．搜集当地 1～2 家国际化企业的资料，了解其开展国际市场营销的具体措施，并说明该企业的国际市场营销处于国际市场营销中的哪个阶段，将相关资料以 PPT 形式在课堂上进行展示。

2．分析你所在的实习企业处于国际市场营销的哪个阶段。具体表现是什么？

任务二　国际市场细分与国际目标市场选择

本任务通过介绍具体企业的市场细分与目标市场定位的案例，在明确市场细分和目标市场定位的重要性的基础上，讲解国际市场细分的步骤、国际目标市场定位的模式及策略；使学生能够依据企业的实际情况，正确地进行市场细分和目标市场定位。

▌ 任务目标

掌握国际市场细分与目标市场选择的标准。

导入案例

米勒公司的市场细分策略

菲力浦·摩里斯公司是生产经营香烟的公司，它于 1970 年买下米勒公司，并运用市场细分策略进行产品的市场营销。到 1980 年，米勒公司啤酒的市场份额已经达到 21.1%，成了市场上啤酒业龙头老大。

米勒公司原本是一个业绩平平的企业，20 世纪 60 年代末期，在全美啤酒行业中排名第七位，市场占有率仅为 4%。1983 年，米勒公司的市场占有率达到 21%，仅次于排名第一位的布什公司（市场占有率为 34%），但已将排名第三位、第四位的公司远远抛在后头，以至于当时人们普遍认为米勒公司创造了一个奇迹。

那么米勒公司是如何创造这一奇迹的呢？

首先，米勒公司在做出营销决策前进行了市场调查。经过调查发现，若按使用率对啤酒市场进行细分，啤酒饮用者可细分为轻度饮用者和重度饮用者，而前者人数虽多，但饮用量只有后者的 1/8。结果一出来，米勒公司马上意识到他们面对的是怎样一个消费群体。

米勒公司果断决定将海雷夫啤酒定位于多数为蓝领阶层的重度饮用者身上，并将定位体现于米勒公司的新广告上，广告画面中出现的都是激动人心的场面：年轻人骑着摩托车冲下陡坡，船员在狂风巨浪中驾驶轮船，甚至还请来了篮球明星助阵。新产品上市后，市场反应强烈，很快赢得了蓝领阶层的喜爱。

然而，米勒公司并没有就此罢手，他们根据啤酒热量的高低划分出高热量啤酒市场和低热量啤酒市场，并进入低热量啤酒市场，推出了莱特牌啤酒。

开始，许多啤酒商并不看好米勒公司的这一决策，认为他们进入了一个"根本不存在市场的市场"。但米勒公司并没有放弃，他们从广告宣传上入手，反复强调莱特牌啤酒的优点，还对其进行了重新包装。产品投入市场后，当年在美国销售量就达 200 万箱，并在以后几年迅速上升。

米勒公司的啤酒销售取得了巨大的成功，米勒公司被人们称为"世纪口味的啤酒公司"。

（资料来源：朱华，窦坤芳，2003. 市场营销案例精选精析[M]. 北京：经济管理出版社. ）

分析：

1）米勒公司如何从一个业绩平平的企业变成啤酒业龙头老大？

2）结合本案例分析市场细分的影响因素。

3）结合本案例分析市场细分和目标市场定位的价值。

一、国际市场细分

（一）国际市场细分的概念

市场细分（market segmentation）的概念是美国市场营销学家温德尔·史密斯于 1956 年提出的。市场细分是指营销者通过市场调研，依据消费者的需要和欲望、购买行为和购买习惯等方面的差异，把某一产品的市场整体划分为若干消费者群的市场分类过程。每个消费者群就是一个细分市场，每个细分市场都是由具有类似需求倾向的消费者构成的群体。

国际市场细分（international market segmentation）是在市场细分的基础上发展起来的，是市场细分概念在国际营销中的运用。与国内市场相比，国际市场购买者更多，分布范围更广，企业由于自身实力的限制，往往更难满足全球范围内顾客的需要。为此，就需要对国际市场按照某种标准进行划分。

（二）国际市场细分的方法

1. 宏观细分

国际市场的宏观细分是指对世界范围内的国际市场进行划分，把国家或地区作为基本单位。世界上有众多的国家，企业究竟进入哪个或哪些市场最有利，需要根据某种标准（如经济、文化、地理等）把整个市场分为若干子市场，每个子市场具有基本相同的营销环境。企业可以选择某一组或某几个国家作为目标市场。

国际市场的宏观细分是整个国际市场细分过程中的第一步，只有在宏观细分的基础上才能进行微观细分。企业首先确定进入哪个或哪些国家，然后进一步在某国进行一国之内的细分。进行国际市场的宏观细分主要考虑两个方面的问题：一是确定宏观细分的过程或基本步骤；二是确定以何种标准来对国际市场进行细分。

国际市场宏观细分的标准有地理标准、经济标准、文化标准和组合划分标准。

2. 微观细分

国际市场的微观细分与国内市场中的微观细分方法是相同的，细分的标准也基本一致。企业进入某一国际市场后，需要进一步把当地市场细分为若干市场，选择其中一个或几个作为自己的目标市场。国际市场的微观细分可以分为消费品市场细分和工业品市场细分两大类别。

（1）消费品市场细分

消费品市场细分的标准主要参照人口统计因素、社会经济因素、地理因素、心理因素和行为因素来加以确定。

1）人口统计因素。在市场细分中，人口特色是一个常用的标准。按人口统计因素细分，就是按年龄、性别、职业、收入、家庭人口、家庭生命周期、民族、宗教、国籍等变量，将市场划分为不同的群体。由于人口变量比其他变量更容易测量，且适用范围比较广，因而人口变量一直是细分消费者市场的重要依据。

2）社会经济因素。社会经济因素包括经济发展状况、经济结构、居民收入、消费者结构等。

3）地理因素。按地理环境细分市场是一种传统的细分方法。地理因素包括区域因素，如南方与北方、城市与农村、平原与山区、沿海与内地等。

4）心理因素。心理因素包括理性或感性、个性特点及价值观和生活方式等。

5）行为因素。行为因素包括消费者所追求的利益、对品牌的偏爱程度、购买频率、消费模式、对企业营销组合的敏感程度等。

（2）工业品市场细分

工业品市场因其特殊性，其细分标准与消费品市场的细分标准有所不同，主要参照的标准包括地理位置、用户性质（如生产企业、中间商、政府部门等）、用户规模、用户要求（如经济型、质量型、方便型等），以及购买方式（如购买频率、支付方式等）。

（三）市场细分的步骤

管理学家杰罗姆·麦卡锡教授提出细分市场的一整套程序，这一程序包括七个步骤，见图 5-1。

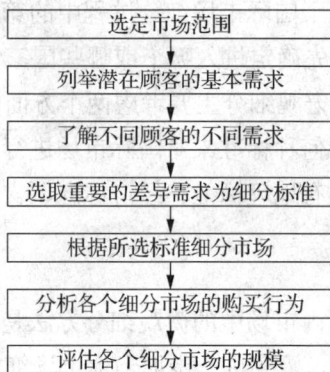

```
选定市场范围
    ↓
列举潜在顾客的基本需求
    ↓
了解不同顾客的不同需求
    ↓
选取重要的差异需求为细分标准
    ↓
根据所选标准细分市场
    ↓
分析各个细分市场的购买行为
    ↓
评估各个细分市场的规模
```

图 5-1　市场细分的步骤

二、国际目标市场选择

（一）国际目标市场的选择模式

国际目标市场选择的五种模式见图 5-2。

1. **产品—市场集中化**

产品—市场集中化是指选择一种产品，供应一类顾客。规模较小的企业常使用该模式。大企业在初次进入某个市场时也经常采用该模式。

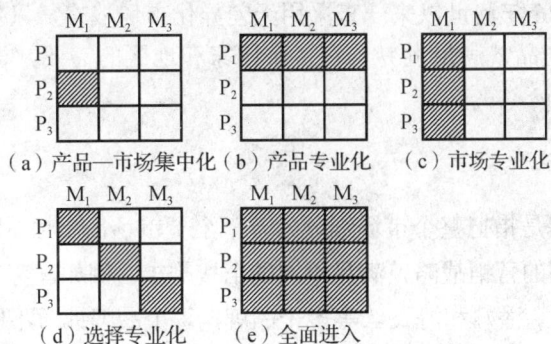

（a）产品—市场集中化 （b）产品专业化 （c）市场专业化

（d）选择专业化 （e）全面进入

图 5-2 国际目标市场选择的五种模式

注：M（market）代表市场；P（product）代表产品。

2. 产品专业化

产品专业化是指企业集中生产一种产品，并向各类顾客销售这种产品。企业专注于某一种或某一类产品的生产，利于发挥生产、技术潜能，在某个消费领域树立很高的声望。但如果这一领域发展出现全新的技术，该产品就会遭遇经营滑坡的危险。

3. 市场专业化

市场专业化是指企业面对某一类顾客，生产、经营他们所需的各种产品。但由于经营集中在某一类顾客，一旦这类顾客的购买力下降或减少这方面的开支，企业收益就会受到影响。

4. 选择专业化

选择专业化是指企业选择若干个相互之间联系很少或没有联系的细分市场作为目标市场，即多元化经营。选择专业化可以有效地分散经营风险，即使某个细分市场盈利不佳，仍可在其他细分市场取得盈利。但由于投资分散，缺少集中优势。

5. 全面进入

全面进入是指企业选择生产各种产品面向所有顾客，覆盖整个市场。只有实力非常强大的企业才能够做到，如 IBM 公司对全世界绝大多数计算机操作系统的占领。

（二）国际目标市场战略

1. 无差异化市场战略

无差异化市场战略就是企业把整个市场作为自己的目标市场，只考虑市场需求的共性，而不考虑其差异，运用一种产品、一种价格、一种推销方法，吸引尽可能多的消费者。可口可乐从 1886 年问世以来一直采用无差异化市场战略，只生产一种口味、一种配方、一种包装的产品，满足世界一百多个国家和地区的需要，被称作"世界性的清凉饮料"。

2. 差异化市场战略

差异化市场战略是指把整个市场细分为若干个子市场，针对不同的子市场，设计不同的产品，制定不同的营销战略，满足不同的消费需求。例如，宝洁公司（以下简称宝洁）的洗发水有飘柔、潘婷和海飞丝等多个品牌，每个品牌针对不同的细分市场进行产品设计，海飞丝让"头屑去无踪，秀发更出众"，飘柔令头发"飘逸柔顺"，潘婷则"营养头发，更健康更亮泽"，宝洁的差异化战略成功地满足了不同消费者的需求。

3. 集中市场战略

集中市场战略是指在细分后的市场上，选择两个或少数几个细分市场作为目标市场，实行专业化生产和销售，在个别少数市场上发挥优势，提高市场占有率。

三种目标市场战略各有利弊。选择目标市场时，必须考虑企业面临的各种因素和条件，如企业规模和原料的供应、产品类似性、市场类似性、产品生命周期、竞争的目标市场等，选择适合本企业的目标市场战略。

（三）国际目标市场的进入

1. 出口进入

长期以来，出口进入都是企业进入国际市场的重要方式，包括直接出口和间接出口两种方式。

直接出口是指企业不使用本国中间商（外贸公司），而是拥有自己的外贸部门或者使用目标国家的中间商来从事产品的出口业务。

间接出口是指企业通过本国的中间商来从事产品的出口业务。这种模式的进入门槛较低，初始费用较少。

2. 契约进入

契约进入主要包括许可证贸易、特许经营、合同制造、双向贸易等。

3. 投资进入

投资进入属于进入国际市场的高级阶段。随着经济全球化和各国经济互通的良性发展，越来越多的企业选择对外国市场进行直接投资。我国的走出去战略所指的主要就是投资模式。投资模式包括合资经营、独资经营和国外装配等多种形式。

（1）合资经营

合资经营是指企业与目标国家的企业联合投资，共同经营、共同分享股权及管理权，共担风险。

（2）独资经营

独资经营是指企业直接到目标国家投资建厂或并购目标国家的企业。

（3）国外装配

国外装配是指企业在国外投资，开设装配制造的分厂，将国内总厂生产的零部件、主机等出口运抵国外的装配分厂组装、调试成最终产成品，再进行出售或交货。

案例阅读

日本企业的国外装配

日本企业的全球战略是要把亚洲地区作为低价格普及品和零部件生产的世界供给基地。20世纪80年代末，从电气机械生产的显著增加来看，日本企业以劳动密集型生产装配线向亚洲投资成为主流，导致企业从海外生产据点、提供订单委托加工伙伴及从投资合营方进口的产品急增。

以汽车制造业为例，在美国的日本企业生产汽车数量从1988年的89万辆增加到1989年的130万辆。另外，日本企业在海外生产的产品返回日本，如汽车制造业。继本田技研之后，丰田汽车已预计到在美国生产的汽车返销日本，返销量将会不断增加。

（资料来源：余植深，池卫国，1991.日本企业的全球战略[J].特区经济（3）：52.）

分析：日本汽车企业为什么在美国装配？

---

4. 国际战略联盟

国际战略联盟是指两个或两个以上企业为了相互需要，分担风险并实现共同目标而建立的一种合作关系。国际战略联盟是弥补劣势、提升彼此竞争优势的重要方法，可以迅速开拓新市场，获得新技术，提高生产率，降低营销成本，谋求战略性竞争策略，寻求额外的资金来源。

5. 互联网进入

由于信息技术的发展，企业通过互联网开拓国际市场获得客户。

知识拓展

STP 理论

STP 指的是市场细分（segmentation）、选择市场目标（targeting）和定位（positioning）。STP 理论是美国营销学家菲利普·科特勒在发展和完善温德尔·史密斯的市场细分理论基础上形成的，指企业在一定的市场细分的基础上，确定自己的目标市场，最后把产品或服务定位在目标市场中的确定位置上。

定位理论

定位是营销学中的重要概念，最早由美国的两位营销专家艾·里斯和杰克·特劳特于 20 世纪 70 年代提出，并在实战中不断得以丰富和完善。定位的实质是消费者、市场、产品、价格及广告诉求的重新细分与定位。2001 年，定位理论被美国营销协会评为"有史以来对美国营销影响最大的观念"。杰克·特劳特被誉为"定位之父"。

（资料来源：根据网络资料整理。）

知 识 测 试

项目五任务二参考答案

一、单选题

1. 国际市场的（　　）是指对世界范围内的国际市场进行划分，把国家或地区作为基本单位。

    A．宏观细分　　　　B．微观细分　　　　C．人口细分　　　　D．地理细分

2.（　　）包括经济发展状况、经济结构、居民收入、消费者结构等。

    A．行为因素　　　　　　　　　　B．人口统计因素

    C．地理因素　　　　　　　　　　D．社会经济因素

3. 国际目标市场中的（　　），就是企业把整个市场作为自己的目标市场，只考虑市场需求的共性，而不考虑其差异。

    A．差异化市场战略　　　　　　　B．集中市场战略

    C．无差异化市场战略　　　　　　D．个性化市场战略

二、多选题

1. 国际目标市场选择的模式有（　　）。

    A．产品—市场集中化　　　　　　B．选择专业化

    C．市场专业化　　　　　　　　　D．产品专业化

2. 国际市场宏观细分的标准有（　　）。

    A．地理标准　　　B．经济标准　　　C．文化标准　　　D．组合划分标准

三、简答题

1．市场细分的标准有哪些？消费品市场细分与工业品市场细分的标准有哪些区别？

2．国际目标市场的选择模式有哪些？它们各有何特点？

任 务 实 施

1．假如你是国内某服装企业的负责人，现有意进军国际市场。请对服装行业的国际市场进行细分，为本企业选择目标市场并进行产品定位。

2．以7～9人为一个组完成如下作业：根据本组已成立的虚拟企业情况，对本企业的国际目标市场营销进行策划，以 Word 形式提交格式规范的《××企业国际目标市场营销策划方案》，包括国际市场细分、国际目标市场选择、国际市场定位和国际目标市场进入模式。

3．结合你所实习的企业的经营情况，分析该企业的市场细分标准、目标市场选择标准及本企业的市场定位和目标市场进入的模式。

任务三　国际市场营销调研

市场调研是市场营销中的重要环节。只有通过调研才能获得市场需求的信息，才能制定出合适的市场营销策略。

本任务在分析企业的营销调研案例的基础上，明确市场营销调研的重要性；然后在企业实例的引导下，进一步学习国际市场营销调研的步骤、方法及内容等；最终让学生能够依据企业实际情况设计并实施国际市场营销调研。

▌任务目标

掌握国际市场营销调研的步骤与方法，结合企业经营特点设计调研方案。

导入案例

丰田运用营销调研，成功打入美国市场

丰田是一家日本汽车制造公司。在"2017年 BrandZ 全球最具价值品牌100强"榜单中，丰田排名第30位。

但是，在20世纪60年代以前，"日本制造"是"质量差的劣等货"的代名词，而当时的美国不管是经济还是科技，都遥遥领先于世界各国，在汽车行业也不例外。此时首次进军美国市场的丰田难逃美国人的冷眼。丰田公司不得不卧薪尝胆，认真制定自己的营销策略，他们首先开展了市场信息收集，然后通过市场细分对消费者行为进行深入研究。

首先，丰田对美国的顾客和代理商的需求进行了彻底调查。他们发现美国人越来越重视汽车的实用性、经济性、舒适性和便利性。随着经济的发展和国民生活水平的提高，美国人的消费观念、消费方式正在发生变化。在汽车的消费上，美国人摆脱了把汽车作为身份象征的旧观念，而是逐渐把它视为一种纯交通工具；许多移居郊外的富裕家庭开始考虑购买第二辆车作为辅助；石油危机让每个美国家庭强化了节能意识，美国汽车的大马力不能提高其实用价值，再加上交通阻塞、停车困难，从而引发美国人对低价、节能车型的需求。

其次，丰田还详细调研了外国汽车制造商在美国的业务活动。丰田发现德国大众牌小型汽车在美国畅销，于是委托一家美国调研公司去调研大众汽车的拥有者，以了解顾客对大众汽车的满意和不满意的情况。调查表明，大众汽车车型满足消费者需求，高效优质的服务打消了美国人对外国车维修困难的疑虑；但是，暖气设备不好、后座空间小、内部装饰差是用户对大众汽车的抱怨。

最后，丰田了解到美国人有喜欢边喝咖啡边开车的习惯，便在车内设计了杯托，使喝咖啡与开车两不误。

经过一系列营销调研之后，丰田把市场定位于生产适合美国人需要的国民化小型车为目标，吸收其他品牌的长处而克服其缺点。

丰田的调研卓有成效。1965 年，丰田向美国出口轿车 288 辆；10 年后，赶超它的主要竞争对手——德国大众，占据美国小轿车进口商的首位；20 世纪 80 年代初，丰田年产超过 300 万辆，一跃成为世界第二位的汽车制造商；1985 年，丰田在美国市场销量高达 50 万辆，占据了美国轿车市场的 20%。

（资料来源：根据网络资料整理。）

分析：

1）丰田使用了什么调研策略？它的调研步骤是什么？每一步的内容是什么？这些调研结果如何影响企业的营销成效？

2）进行国际市场营销调研的方法有哪些？结合以上案例加以说明。

国际市场营销调研（international marketing research）以国外市场为对象，用科学的方法，系统地、客观地收集、分析和整理有关市场营销的信息及资料，用以帮助管理人员制定有效的营销决策。

一、国际市场营销调研的步骤

国际市场营销调研的步骤见图 5-3。

1. 明确调研目标

明确调研目标是市场调研过程的第一步，也是至关重要的一步。

明确调研目标

选择信息来源

确定调研方法

搜集资料

分析调研结果

撰写调研报告

图 5-3　国际市场营销调研的步骤

2. 选择信息来源

根据目标有针对性地划分调研范围，收集相关资料。

3. 确定调研方法

调研方法有多种，企业要从中选取适合的方法。

4. 搜集资料

根据国际市场营销调研方案，结合调研费用和实践等要求，通过一定的方法，搜集有关信息。

5. 分析调研结果

将已经调查完毕的调查表或者调研资料进行整理和分析。

6. 撰写调研报告

根据完成的调研资料的分析，得到调研结果、结论，撰写调研报告，作为企业决策的依据。

二、国际市场营销调研的方法

（一）二手资料调研法

二手资料调研（secondary data research）是指查询并研究与调研项目有关资料的过程，这些资料是经他人收集、整理的，有些是已经发表过的。

在国际营销中，二手资料调研是重要的信息来源，可以为实地调研提供必要的背景资料，使实地调研的目标更加明确，从而节省时间和调研成本。

1. 二手资料的来源

二手资料的来源主要可以分成两大类：内部资料来源和外部资料来源。

（1）内部资料来源

内部资料来源指的是出自所要调查的企业或公司内部的资料。内部资料来源可以分为以下两个部分。

1）会计账目和销售记录。会计账目是出口企业或公司用来计划市场营销活动预算的有用信息。企业的销售记录、顾客名单、销售人员报告、代理商和经销商的信函、消费者的意见及信访中包含大量有用的信息。

2）其他各类报告。其他各类报告包括以前的市场营销调研报告、企业自己做的专门审计报告和为以前的管理问题所购买的调研报告等信息资料。西方许多企业建立了以电子计算机为基础的营销信息系统，其中储存了大量有关市场营销的数据资料。这种信息系统的服务对象之一就是营销调研人员，是调研人员的重要的二手资料来源。

（2）外部资料来源

外部资料是指来自被调查的企业或公司以外的信息资料。这类资料包括出口国国内的资料和来自进口国市场的资料。一般来说，二手资料主要来自以下几种外部信息源。

1）国际组织。许多国际组织，如联合国粮食及农业组织、经济合作与发展组织、国际货币基金组织等定期或不定期地出版大量市场报告。

2）行业协会。许多国家有行业协会，会定期搜集、整理甚至出版一些有关本行业的产销信息，会经常发表和保存详细的有关行业销售情况、经营特点、增长模式及其类似的信息资料。此外，行业协会也开展自己行业中各种专门调研。

3）银行。银行尤其是一些国际性银行的分行，一般提供下列信息和服务：有关世界上大多数国家的经济趋势、政策及前景，重要产业及外贸发展等方面的信息；某一国外公司的有关商业资信状况的报告；各国有关信贷期限、支付方式、外汇汇率等方面的最新情报；介绍外商并帮助安排访问。

4）专门调研机构。专门调研机构主要指各国的咨询公司、市场调研公司等。这些专门从事调研和咨询的机构经验丰富，搜集的资料很有价值，但一般收费较高。

5）大众媒体。电视、广播、报纸、广告、期刊、书籍和专利文献等类似的传播媒介，不仅含有技术情报，还含有丰富的经济信息，对预测市场、开发新产品、进行海外投资具有重要的参考价值。

6）官方和民间信息机构。我国的官方和民间信息机构主要有国家信息中心、国家统计局、相关咨询公司和广告公司等。

2. 二手资料调研应注意的问题

尽管二手资料调研具有省时间、省费用的优点，然而许多二手资料也存在着严重缺陷。调研人员特别需要注意的是下述几个方面的问题。

（1）可得性

二手资料的主要优点是省时省钱。美国和多数发达国家对各种政府和私人部门搜集的二手数据进行整理，统计信息完备，使企业可以很容易地得到所需要的资料。可是在另外一些国家（特别是发展中国家），统计手段落后，调研人员很难得到需要的资料，甚至很难获取电话号码这样的基本数据。

（2）时效性

在某些国家某些信息来源中得到的数据资料往往已过时数年，不能作为企业决策的主要依据。因此，贪图简便，用过时资料来推断当前的市场状况，将使企业的调研缺乏时效性与准确性，因此无法被决策者采用。

（3）可比性

从不同国家得到的数据有时无法进行相互比较，同一类资料在不同的国家可能会使用不同的基期，同一指标在含义上也可能不大相同。例如，电视机的消费量在德国被归入消遣性支出，而在美国则被归入家具类支出。

（4）精确性

只在很少的情况下，一些由别人公布的二手资料会全面、精确地论述市场调研人员所要调查的主题，但多数情况并不如此。

（二）一手资料调研法

1. 观察法

观察法包括（非）参与调查法、（非）结构性观察法、自然环境下的观察、社会环境下的观察、公开观察、隐蔽观察、全面观察、事后痕迹观察、定期观察、追踪观察等。该方法具有直观、客观、易操作等优点，但是会受到人员、经费的限制。

2. 实验法

实验法是调查人员有目的、有意识地改变一个或几个影响因素，来观察市场现象在这些因素的影响下的变动情况，以确定市场中各种因素的因果关系而使用的信息收集方法。它包括五个基本要素：实验者（主持实验的人员）、实验对象、实验环境、实验活动、实验监测。该方法具有科学性强、可重复等优点，但也有成本高、试验环境难以控制等缺点。

3. 调查法

调查法主要有电话调查、邮寄调查、留置问卷调查、人员调查和网上调查。调查法是对被调查者加以询问问题而搜集资料的一种方法。

三、国际市场营销调研的内容

国际市场营销调研的内容与企业的产业和生产内容密切相关。不同产业、不同企业的国际市场营销调研的侧重点不同，但大致包含以下几个部分。

1. 国际市场信息

国际市场信息具体包括产品潜在的国际市场需求、产品市场地位和出口前景、相关互补产品与替代产品的价格、市场份额等；国际消费者消费心理、文化因素、购买时间、购买频率、购买行为等；公司国际分销系统现状、竞争对手的分销系统、国际经销商和批发商及零售商的分销系统状况、分销效率、分销成本、分销时间、分销条件等；国际信息及传媒渠道信息；竞争对手的市场营销信息等。

2. 国际经济及金融信息

国际经济及金融信息具体包括国际条约、贸易规则和贸易惯例；目标市场国的经济体制、经济政策、贸易政策；东道国的币种和汇率及变动趋势、有无外汇管制政策；东道国的税制和税率信息以及东道国产业政策和未来取向等信息。

3. 国际资源及要素信息

国际资源及要素信息具体包括东道国的土地、矿产、森林等的种类、价格、获取条件；劳动力数量、质量、工资和福利待遇；资本市场情况、融资渠道和融资成本；东道国的土地制度、价格、购买条件等。

📑 案例阅读

MG 快餐店的调查

2013 年暑假，我们一行 3 人旅游来到西安。骄阳下我们站在路边的树荫下休息。一位衣着典雅脱俗，看上去文静、清秀的女学生微笑着朝我们走来，说道："今天好热，女士们想喝点、吃点什么吗？""谢谢。"我们中有两人同时回话。那位女学生紧接着说："我是西安财经大学商学院的学生，暑假里被 MG 快餐店聘为临时职员，公司为了解中国顾客对 MG 炸鸡的意见，在这里设置了免费品尝点，还准备了一些免费饮料。"那位学生指着南边的小餐厅，"各位能否协助一下我的调研？谢谢。"

我们随着这位学生走进了餐厅。餐厅内，10 多张大圆桌上铺着洁白的桌布，宽大明亮的窗户，窗外风景优美。

待我们盥洗完毕，一位男士彬彬有礼地请我们就座，并在每个人面前摆放好用塑料袋盛装的白毛巾，随之送上白开水，片刻又送上油亮嫩黄的鸡块。

稍事品尝后，另一位女士开始发问："您觉得这鸡块做得老了还是嫩了？""鸡块外表是否酥软？""鸡块水分多了还是少了？""胡椒味重了还是轻了？""是否应加点辣椒？""味精用量如何？""还应加点什么佐料？""鸡块大小是否合适？""这块鸡卖 3 元是贵还是便宜？"……其项目十分详细，令人赞叹。

为了使气氛更轻松愉快，她随便地聊起西安的天气和名胜古迹，之后，谈话又很自然地引入她的需要。"您认为快餐店设在西安哪儿最好？""像您这样收入水平的人每周可能光顾几次？""您是否愿意携带家人一起来？"……最后，她询问了我们的地址、职业、收入、婚姻和家庭状况等。

整个询问过程不到 20 分钟。那位女士几乎收集到了我们能够给予的全部信息。临行前，引我们入座的那位男士又给我们每人送上一袋热腾腾的炸鸡，纸袋上"MG 炸鸡"的字样分外醒目。"带给您的家人品尝，谢谢您的帮助。"他轻声说道。

（资料来源：根据网络资料整理。）

分析：

1）案例中的 MG 快餐店用了什么调查方法？除了 MG 快餐店使用的调查法，你还知道哪些国际营销调查方法？

2）结合本案例分析营销调研对企业开展国际市场营销的意义。

问卷调研法

问卷调研法是目前国内外社会调查中较为广泛使用的一种方法。问卷是指为统计和调查所用的、以设问的方式表述问题的表格。

问卷调研法是研究者用这种控制式的测量对所研究的问题进行度量，从而搜集到可靠的资料的一种方法。问卷调研法大多采用邮寄、个别分送或集体分发等多种方式发送问卷，由调查者按照表格所问来填写答案。

问卷设计的步骤通常包括：①把握目的和内容；②搜集资料；③确定调查方法；④确定内容；⑤确定结构；⑥确定问卷。

问卷调研法节省时间、精力，方便大规模实施，调查结果也容易被量化、统计和分析。但是，问题设计的难度比较大，不容易了解到被调查者的真实想法和态度。

（资料来源：根据网络资料整理。）

知 识 测 试

项目五任务三参考答案

一、单选题

1.（　　）是指查询并研究与调研项目有关资料的过程，这些资料是经他人收集、整理的，有些是已经发表过的。

A. 一手资料调研　　　　　　　B. 二手资料调研

C. 问卷调查　　　　　　　　　D. 现场咨询

2. 市场调研中的（　　），是指调查人员有目的、有意识地改变一个或几个影响因素，来观察市场现象在这些因素的影响下的变动情况，以确定市场中各种因素的因果关系而使用的信息收集方法。

A. 观察法　　　B. 实验法　　　C. 调查法　　　D. 资料查询法

二、多选题

1. 国际市场营销调研的方法包括（　　）。

A. 二手资料调研法　　　　　　B. 一手资料调研法

C. 直接调研法　　　　　　　　D. 间接调研法

2. 国际市场营销调研中的外部资料来源包括（　　）。

A. 国际组织　　　　　　　　　B. 行业协会

C. 专门调研机构　　　　　　　D. 大众媒体

3. 国际市场营销调研中的一手资料调研方法包括（　　）。

    A. 资料查询　　　　B. 观察法　　　　C. 实验法　　　　D. 调查法

三、简答题

1. 国际市场营销调研的方法有哪些？各有何优缺点？

2. 国际市场营销调研的内容包括哪些？

任 务 实 施

1. 现在越来越多的企业选择网络调研方式。请你依据你所熟悉的一个产品（或服务）或所实习企业的产品（或服务）设计一份调查问卷，了解顾客对这个产品（或服务）的消费习惯及购买需求，然后利用问卷星开展网上调研。最后，总结调研结果，给出有效组织网络调研的建议。

2. 以 7～9 人为一个组完成如下作业：针对本组已成立的虚拟企业，为本企业某一目标市场进行国际市场营销调研策划，并撰写调研方案。

任务四　制定国际市场营销策略

企业的建立本身就是为了实现其价值和获得较高的利益回报。只有不断向前发展的企业才能获得更大的价值和经济效益。当代企业的发展一刻也离不开市场营销策略。市场营销策略是维系企业生存与发展的首要战略，对于企业来说，通过适当的市场营销策略将其生产的产品销售出去，是其直接的目标。

本任务以企业实例为引导，分别讲解了国际市场营销中的产品策略、定价策略、渠道策略和促销策略，最终让学生可以依据企业的实际情况正确选择并实施国际市场营销策略。

▐▌任务目标

为企业选择合理的国际市场营销策略。

导入案例

华为独特的国际市场营销策略

在智能手机领域，近十几年的制造厂商排位之争风起云涌，其中崛起与衰落不仅与科技的使用息息相关，还与营销、品牌塑造有直接的关联。从面向企业业务到面向消费者业务，华为通过采用技术积累的智能手机攻坚了全球大部分区域，成为全球份额前三位的手机厂商。

华为的国际化因为智能手机而成效显著，华为从 1987 年创立开始就有了全球销售、全球发展的发展思维。

华为选择了从本土化到全球化、差异中有统一的营销策略。全球不同地域的文化、历史造就了不同的消费文化，品牌形象的塑造，营销方式的运用，都要考虑地域性。因此，华为的本土化策略将应对这一国际市场的发展局面。

在中国，由于互联网的高速发展，数字化到来，社交媒体兴起，带来了商业的巨大变化。新一代年轻人成为消费主力，他们的消费习惯和消费心理发生了变化，在很多方面追求个性。因此，华为从产品研发到营销都靠近这部分消费者，在推出更适宜年轻人的 nova 系列之后，采用了年轻群体喜欢的明星代言，并赞助综艺节目，通过明星的参与互动，拉近了与年轻消费者的距离。

在华为看重的欧洲市场，体育营销的精准应用，以及体育代言人成为主打优势。具体来说，在西欧市场，华为先后赞助了五大足球联赛中多数的传统强队，这些劲旅俱乐部都是当地用户的精神象征；在捷克市场，华为的赞助对象也入乡随俗换成捷克冰球国家队，因为在这个传统的冰球强国，冰球运动已经融入当地人的血液中。另外，华为还签约足球明星，在波兰、东北欧地区提升品牌知名度。

在美洲市场，华为的体育营销也十分奏效。赞助墨西哥美洲队、美国老牌橄榄球队，都在当地引起了良好的反馈。

华为在不同区域采用不同战略，但所有区域又有内在的统一性。华为在欧洲、美洲、中国均有不同的代言人，同时利用明星的广泛影响力，在全球范围内扩大影响，最大化利用名人效应，扩大品牌知名度。另外，体育营销、娱乐营销、口碑营销也分区域执行，华为通过对本地优秀资源的利用，叠加本地化营销影响力迅速扩散，实现全球品牌价值的提升，最终体现出全球统一节奏的营销成果。

（资料来源：根据网络资料整理。）

分析：

1）什么是国际市场营销策略？华为采取了怎样的国际市场营销策略？它为什么选择这种营销策略？

2）如何根据企业发展阶段和经营特性选择合适的产品、定价、渠道及促销策略？

国际市场营销策略主要包括产品策略、定价策略、渠道策略和促销策略。

由于产品（product）、价格（price）、渠道（place）与促销（promotion）这四个词的英文字头都是 P，因此这四个基本策略的组合也被称为 4P 营销理论，再加上策略（strategy），所以被简称为 4Ps。

一、国际市场营销产品策略

（一）产品的概念及分类

营销学中的产品不是狭义的产品而是广义的产品，是指能够供给市场，被人们使用和消费，并能满足人们某种需求的任何东西，包括有形的物品、无形的服务、组织、观念或它们的组合。这个概念同样适用于国际市场。

1. 传统产品概念

在营销发展史上，人们最初将产品理解为具有某种物质形状，能提供某种用途的物质实体，它仅仅指产品的实际效用。在这种观念的指导下，企业往往将注意力放在产品品质的改进上，从而忽略了消费者的其他需求。

2. 三层次整体产品概念

20 世纪 60 年代末以后，西方一些学者认为传统意义上的产品概念是不完整的，产品不仅包括有形的物质实体，还包括无形的服务。为了更好地理解产品的内涵和外延，营销学界提出包含核心产品、形式产品和延伸产品三个层次的产品整体概念，见图 5-4。

1）第一层次：核心产品。核心产品是指产品能给顾客提供的基本效用，也就是传统意义上的产品。

2）第二层次：形式产品。形式产品是指核心产品所展示的外部特征，主要包括款式、质量、品牌、包装等。

3）第三层次：延伸产品。延伸产品是指顾客因购买产品所得到的全部附加服务与利益，如保证、咨询、送货、安装、维修等。

3. 五层次整体产品概念

20 世纪 90 年代，菲利普·科特勒等学者倾向于使用五个层次来表述整体产品概念，认为五个层次的表述方式能够更深刻、更准确地表述整体产品概念的含义，见图 5-5。

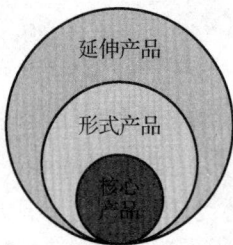

图 5-4　三层次整体产品概念　　　　　图 5-5　五层次整体产品概念

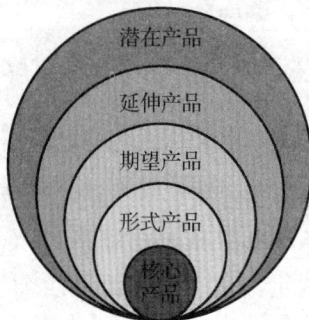

1）第一层次：核心产品。核心产品是指向顾客提供的产品的基本效用或利益。从根本上说，每种产品实质上都是为解决问题而提供的服务。因此，营销人员向顾客销售任何产品，都必须具有反映顾客核心需求的基本效用或利益。

2）第二层次：形式产品。形式产品是指核心产品借以实现的形式，由五个特征构成，即品质、式样、特征、商标及包装。即使是纯粹的服务，也具有相类似的形式上的特点。

3）第三层次：期望产品。期望产品是指购买者在购买产品时期望得到的与产品密切相关的一整套属性和条件。

4）第四层次：延伸产品。延伸产品是指顾客购买形式产品和期望产品时附带获得的各种利益的总和，包括产品说明书、保证、安装、维修、送货、技术培训等。国内外很多企业的成功，在一定程度上应归功于他们更好地认识到服务在产品整体概念中所占的重要地位。

5）第五层次：潜在产品。潜在产品是指现有产品包括所有附加产品在内的，可能发展成为未来最终产品的潜在状态的产品。潜在产品指出了现有产品可能的演变趋势和前景。

（二）国际产品的生命周期

1. 产品生命周期理论

产品生命周期（product life cycle，PLC），亦称商品生命周期，是指产品从投入市场到更新换代和退出市场所经历的全过程，是产品的市场寿命。

典型的产品生命周期一般可分为四个阶段，即引入期（介绍期）、成长期、成熟期和衰退期，见图 5-6。

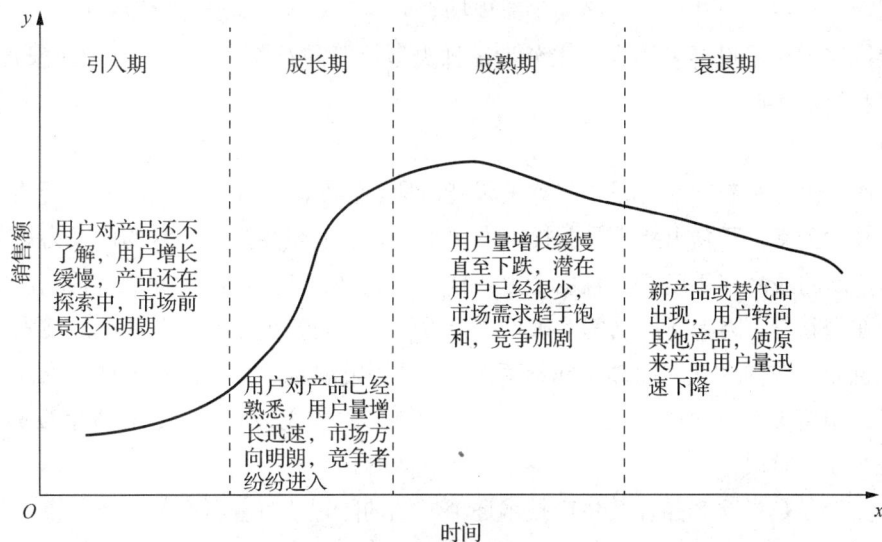

图 5-6　产品生命周期

（1）引入期

新产品投入市场，便进入引入期。此时，顾客对产品还不了解，只有少数追求新奇的顾客可能购买，销售量很低。为了扩展销路，需要花费大量的促销费用对产品进行宣传。在这一阶段，由于技术方面的原因，产品不能大批量生产，因而成本高，销售额增长缓慢，企业不但得不到利润，反而可能亏损，产品也有待进一步完善。

（2）成长期

在成长期，顾客对产品已经熟悉，大量的新顾客开始购买产品，市场逐步扩大。产品大批量生产，生产成本相对降低，企业的销售额迅速上升，利润也迅速增长。竞争者看到有利可图，纷纷进入市场参与竞争，使同类产品供给量增加，价格随之下降，企业利润增长速度逐步减慢，最后达到生命周期利润的最高点。

（3）成熟期

市场需求趋向饱和，潜在的顾客已经很少，销售额增长缓慢直至转而下降，标志着产品进入了成熟期。在这一阶段，竞争逐渐加剧，产品售价降低，促销费用增加，企业利润下降。

（4）衰退期

随着科学技术的发展，新产品或替代品出现，使顾客的消费习惯发生改变，转向其他产品，从而使原来产品的销售额和利润迅速下降。于是，产品又进入了衰退期。

2. 国际产品生命周期理论

国际产品生命周期理论是美国哈佛大学教授雷蒙德·弗农以产品生命周期理论为基础，对世界贸易和投资方式提出的一个新概念。

国际产品生命周期理论将产品生命周期划分为创新阶段、成熟阶段和标准化阶段三个阶段。该理论将世界各国大体上分为三种类型，即创新国（一般是发达国家）、次发达国家和欠发达国家。

（1）创新阶段

创新阶段是指新产品开发与投产的最初阶段。创新国企业凭借其雄厚的研究开发实力进行技术创新，开发出新产品并投入本国市场。由于需要投入大量的研发力量和人力资本，产品的技术密集度高，且由于生产技术不稳定、产量低，因此成本很高。生产主要集中在创新国，因为新产品的需求价格弹性较小，创新企业通过对新产品技术工艺的垄断地位即可在国内获得高额垄断利润。对于经济发展水平相近的次发达国家偶尔的少量需求，创新国企业通过出口即可满足，因此这一阶段无须到海外进行直接投资。

（2）成熟阶段

成熟阶段是指新产品及其生产技术逐渐成熟的阶段。随着新产品生产和市场竞争的发展，市场出现了一系列变化：新产品的生产技术日趋成熟，开始大批量生产；产品的价值已为经济发展水平相近的次发达国家的消费者所认识，国外需求强劲；需求价格弹性增大，企业开始关注降低生产成本；生产工艺和方法已成熟并扩散到国外，研发的重要性下降，产品由技术密集型逐渐转向资本密集型。与此同时，随着创新国向次发达国家的出口不断增加，进口国当地企业开始仿制生产，而进口国为了保护新成长的幼稚产业开始实施进口壁垒限制创新国产品输入，从而极大地限制了创新国的对外出口能力。因此，创新国企业开始到次发达国家投资建立海外子公司，直接在当地从事生产与销售，以降低生产成本，冲破市场壁垒，占领当地市场。

（3）标准化阶段

标准化阶段是指产品及其生产技术的定型化阶段。生产技术的进一步发展使产品和生产达到完全标准化，研发费用在生产成本中的比例降低，资本与非技术型熟练劳动成为产品成本的主要部分。企业的竞争主要表现为价格竞争，创新国已完全失去垄断优势。于是，创新国企业以对外直接投资方式将标准化的生产工艺转移到具有低成本比较优势的欠发达国家，离岸生产并返销母国市场和次发达国家市场。最后当该技术不再有利可图时，创新国企业将其通过许可方式转让。

国际产品生命周期理论首次将对外直接投资与国际贸易、产品生命周期纳入一个分析框架。运用国际产品生命周期的概念，我们可以利用不同产品在不同国家市场所处的不同阶段，调整出口产品的地区结构，从而延长产品的生命周期。

（三）国际市场营销产品策略的种类

1. 产品标准化策略和产品差异化策略

（1）产品标准化策略

产品标准化策略（product standardization strategy）是指企业向不同国家或地区的所有市场都提供相同的产品。例如，可口可乐和麦当劳快餐、好莱坞电影等产品都是向世界各地的消费者提供标准化产品或服务。

美国哈佛大学著名教授西奥多·莱维特认为，自 20 世纪 60 年代以来，社会、经济和科技的发展使世界各个国家和地区之间的交往日益加深，各国经济、文化不断交融，各国消费者正在逐渐形成某种共同的消费需求及价值取向，企业必须学会将世界看作一个统一的市场。

产品标准化策略可使企业实行规模经济，大幅度降低产品研究、开发、生产、销售等各个环节的成本而提高利润。在全球范围内销售标准化产品有利于产品在世界上的统一形象，强化企业的声誉，有助于消费者对企业产品的识别，从而使企业产品在全球享有很高的知名度。产品标准化还可以使企业对全球营销进行有效控制。

（2）产品差异化策略

产品差异化策略（strategy of product differentiation）是指企业向不同国家或地区的市场提供不同的产品，以适应不同国家或地区的市场的特殊需求。

这里的差异指的是产品的不完全替代性，也就是企业的产品在功能、质量、价格、服务和销售策略的一个或者几个方面与竞争产品存在差异，企业所提供的产品是竞争产品所不能完全替代的。

案例阅读

喜力啤酒的产品标准化策略和产品差异化策略

喜力啤酒厂非常注意产品的连贯性。它生产的所有啤酒坚持一个配方，确保每个地方的产品是相同的。每隔14天，酿酒厂送样品到位于挪威的专业品酒师那里。公司同样从遥远的上海商店里回购瓶装啤酒进行测试。员工不允许减淡包装颜色、改动标签上的字或改变瓶的样子。

但喜力啤酒厂的 CEO 也表示让营销完全标准化是不可能的。"我们不相信可以用相同的方法传达不同的文化。在美国和西欧，啤酒是生活的组成部分，它是用来解渴的。在澳大利亚和新西兰，啤酒是非常男性化的产品。在很多东南亚国家，啤酒几乎是精制的'女性化'产品。因此，我们给当地代表很多销售和广告上的自由。"

（资料来源：根据网络资料整理。）

分析：喜力啤酒厂采取了怎样的产品策略？哪些方面采用了产品标准化策略？哪些方面采用了产品差异化策略？原因是什么？

---

2. 国际产品品牌策略

（1）品牌与品牌价值

1）品牌。品牌是一个名称、名词、符号或设计，以及它们的组合，以识别某个销售者或某群销售者的产品或劳务，并使之同竞争对手的产品和劳务区别开。

品牌反映了消费者对产品及产品系列的认知程度，给拥有者带来溢价，是一种能够产生增值的无形资产。

2）品牌价值。品牌价值是对品牌作为一种资产和权益的量化，可以通过专业评估测算出来，是品牌资产货币化的表现。品牌价值是人们是否继续购买某一品牌的意愿，可由顾客忠诚度及细分市场等指标测度，这一定义侧重于通过顾客的效用感受来评价品牌价值。

根据美国公认会计原则，品牌作为无形资产具有无限的生命力，美国公司必须在资产负债表上将所购并的公司的商誉资本化。品牌价值不需要在损益表上摊销，但要经过年度亏损检验，如果价值下降，则其结存价值必须降低。

案例阅读

可口可乐的品牌价值

由 WPP 和 Millward Brown 共同策划的"2016 年 BrandZ 最具价值全球品牌 100 强"榜单已经公布。

1. 榜单简析

BrandZ 数据和分析显示，从首期榜单发布至今，54 个品牌始终榜上有名。这表明强大的品牌能长久维系自身的价值。例如，可口可乐以 813 亿美元的品牌价值高居榜单第 13 名。

2. 可口可乐到底卖什么

相对于天价的品牌价值，可口可乐公布的 2015 年财报数据显示，2015 年净营业收入为 442.94 亿美元，可口可乐的品牌价值约是收入的两倍。

一瓶可口可乐售价 3 元以上，它的成分大部分是水，是否值得？可口可乐卖的已经不是饮料而是品牌，可口可乐的品牌值 813 亿美元，可口可乐的商标几乎闻名全世界。品牌是一种无形财产，它能给它的享有者或所有者带来利益。

可口可乐的 CEO 道格拉斯·达夫特曾经说过，如果可口可乐在世界各地的厂房被一把大火烧光，只要可口可乐的品牌还在，一夜之间它会让所有的厂房在废墟上拔地而起。这一番话形象地说明了商标所蕴含的巨大而又无形的价值。

（资料来源：根据网络资料整理。）

分析：你怎么看待可口可乐的品牌价值？品牌价值由哪些因素构成？

（2）品牌价值的构成

1）品牌知名度。品牌知名度是指潜在购买者认识到或记起某一品牌是某类产品的能力。品牌知名度最少有以下四级不同的程度。

① 第一提及知名度（top of mind）：知名度最早的程度应该就是在没有任何提示状况下，想到某一类别就立刻想到并且说出品牌名，这又叫作未提示第一提及知名度，像谈到计算机就会想到 IBM 就是一个例子。

② 未提示知名度（unaided awareness）：第二种层次则是仍然没有提示，但也会想到的品牌名，只是没有第一个想到，这个层级虽然没有第一提及知名度高，但也非常重要，因为消费者在购买时固然有品牌忠诚的惯性，但是面对的选择太多，所以也会经常地变换品牌，但只会在几个深植脑海中的品牌内选择，这些品牌名叫作品牌目录群，而品牌

目录群则就是在未提示下会想到的那些品牌。

③ 提示知名度（aided awareness）：第三层次是经过提示之后，表示记得，并且了解品牌，这个层次是沟通活动的第一个目标站，如果没有达到此层次，沟通效果仍然是无效的。

④ 无知名度（unaware of brand）：如果没有提示知名度的品牌就是无知名度的品牌。

2）品牌美誉度。品牌美誉度是指某品牌获得公众信任、支持和赞许的程度。品牌美誉度是品牌在消费者心中的良好形象，反映了人们对某一品牌的好感和信任程度，是品牌力的组成部分之一。

品牌知名度是量的指标，品牌美誉度是质的指标，只有建立在美誉度基础上的品牌知名度才能真正形成品牌资产。

品牌知名度是美誉度的基础，品牌美誉度以知名度为前提。品牌美誉度反映了品牌在消费者心目中的价值水平，需要通过长期的细心经营。二者都是衡量品牌价值的重要指标。

品牌美誉度包括公众美誉度、社会美誉度和行业美誉度。

3）品牌忠诚度。品牌忠诚度是指消费者在一段时间甚至很长时间内重复选择某一品牌，并形成重复购买的倾向。品牌忠诚度是衡量品牌忠诚的指标，由消费者长期反复地购买使用品牌，并对品牌产生一定的信任、承诺、情感维系，乃至情感依赖而形成。

定位理论的创建者艾·里斯和劳拉·里斯在《品牌的起源》一书中指出："忠诚度意味着品牌的顾客愿意购买品牌的产品或服务，即使他们能在别处以更低的价格（或更高的品质）购买到同样的产品或服务。"

品牌忠诚度是品牌价值的核心。品牌忠诚度高的顾客对价格的敏感度较低，愿意为高质量付出高价格。品牌忠诚度由五级构成，分别是无品牌忠诚者、习惯购买者、满意购买者、情感购买者和忠诚购买者。

① 无品牌忠诚者。这一层消费者会不断更换品牌，对品牌没有认同感，对价格非常敏感，哪个价格低就选哪个。例如，许多低值易耗品、同质化行业和习惯性消费品都没有品牌忠诚者。

② 习惯购买者。这一层消费者忠于某一品牌或某几种品牌，有固定的消费习惯和偏好，购买时目标明确。如果竞争者采取明显的诱因，如价格优惠、广告宣传、独特包装、销售促进等方式鼓励消费者试用，让其购买或续购某一产品，消费者就会进行品牌转换购买其他品牌。

③ 满意购买者。这一层消费者对原有消费者的品牌已经相当满意，而且已经产生了品牌转换风险忧虑，也就是说购买另一个新的品牌会有风险，如效益风险、适应风险等。

④ 情感购买者。这一层消费者对品牌已经有一种爱和情感，某些品牌是他们情感与

心灵的依托，已经成为他们的朋友，生活中不可缺的用品且不易被取代。

⑤忠诚购买者。这一层是品牌忠诚的最高境界，消费者不仅对品牌产生情感，甚至引以为傲。

（3）品牌策略

1）统一品牌策略。统一品牌是指企业所有的产品都使用同一个品牌。

统一品牌策略的好处是可以节省广告宣传费用，使企业形象统一和便于推出新产品。但由于产品与产品之间相互牵连，品牌定位不够清晰。

可口可乐是一家典型的实施统一品牌策略的公司。可口可乐的"可乐"饮料产品线共四条，分别是 Coca-Cola、Diet Coke、Coca-Cola Zero 和 Coca-Cola Life。可口可乐实施一个品牌策略（one brand strategy），将四条子产品线都统一在"可口可乐"这个大品牌下。统一品牌策略不仅延伸了传统可口可乐的品牌吸引力，还帮助了消费者更容易、简便地选择自己所需要的可乐类型，而且采用统一品牌策略对可口可乐来说也更为节约成本。

2）多品牌策略。多品牌策略是指企业每个不同规格的产品都采取不同的品牌。

多品牌策略的好处是产品与产品之间不会被牵连，品牌定位清晰。但广告宣传费用大，企业形象不统一，不利于推出新产品。

上海美加净日化有限公司通过实施多品牌策略获得巨大成功。美加净牙膏旗下有多款适合不同人群的牙膏系列，这些系列有不同的品牌名称、产品功能、包装宣传和价格定位，如植尚牙膏、中华牙膏和白玉牙膏等。植尚牙膏面向中高端时尚客户，中华牙膏是有着 60 多年历史的知名国货品牌，白玉牙膏则保留了"平易近人"的价位。

3）分类别品牌策略。分类别品牌是统一品牌与个别品牌的一个折中，分类别品牌策略的好处在于建立的品牌知名度能为所有产品所共享，推出新产品的成本也不会太大。但是相对统一品牌策略而言，如果目标市场利润低，企业营销成本高，分类别品牌策略传播费用分散，无法起到整合的效果。如果企业实施分类统一品牌策略，应考虑行业差别较大，现有品牌不宜延伸的领域。

4）统一品牌与个别品牌相结合策略。这一策略的好处是，使用企业名称可以享受统一品牌和形象的好处，附加个别品牌又可以使不同的产品各具特色。

（4）品牌保护

品牌保护（brand protection）是指对品牌的所有人、合法使用人的品牌实行资格保护措施，以防范受到来自各方面的侵害和侵权行为。

对品牌保护来说，商标保护至关重要。因此，对公司品牌进行商标注册，应利用《中华人民共和国商标法》（以下简称《商标法》）对公司商标进行一系列的注册保护。《商标法》规定："经商标局核准注册的商标为注册商标，包括商品商标、服务商标和集体商标、证明商标；商标注册人享有商标专用权，受法律保护。"

3. 国际产品包装策略

包装策略是指企业对其生产的产品采用相同的图案、近似的色彩、相同的包装材料和相同的造型进行包装，便于顾客识别出本企业产品。

包装是强有力的营销手段。营销界甚至把包装化（packaging）称为第五个 P，前面四个 P 分别为产品、定价、渠道和促销。

包装是商品的第一门面，消费者先看到的是包装，然后才是商品本身。能否引起消费者的购买欲望，进而产生购买行为，在一定程度上取决于包装的好坏。包装也因此被称为"沉默的推销员"。

包装策略的类型及运用如下：一是统一包装策略，即所有产品均使用相同的包装；二是差异包装策略，即不同的产品使用完全不同的包装，这些包装在图案、色彩上都不同；三是配套包装策略，一方面是指这些包装可以互相套装在一起，另一方面是指这些包装系列可以方便人们的各种使用需要，如大家庭、个人使用的和送礼包装的食用油等；四是再使用包装策略，是指这些产品使用完之后，包装还可以有其他用途，如茶叶罐还可以盛装别的物品；五是附赠品包装策略，是指在产品的包装中，还有一个可以使用这个产品的其他包装，如吃小馒头要喝水，于是在小馒头的包装以外还赠送一个同品牌的水杯。包装策略的类型看起来很多，需要针对企业产品的类型和企业的目标进行科学选择。

4. 新产品开发策略

新产品开发策略是指企业通过改进原有产品或增加新产品而达到扩大销售的目的。新产品开发策略在企业市场营销决策中占有非常重要的地位。

新产品开发的程序：新产品构想—筛选—新产品概念形成与测试—商业分析—研制新产品—市场试销—商业化。

新产品开发的常用策略类型及其运用如下：一是创新策略，它是指生产出与原有产品在内涵或外观上均不同的产品。例如，海尔在原来生产电冰箱的基础上，又生产了空调、计算机、电视机等产品。二是延伸策略，是指将原来的产品功能进行延伸，生产与原来的产品相配套的上游产品或下游产品。例如，中粮屯河股份有限公司作为原来生产番茄酱的企业，到后期也生产番茄红素等。三是补缺策略，是指增加或完善产品的某些功能。例如，华为手机在生产过程逐渐完善了它的照相、定位等功能。四是配套策略，是指新产品在研发过程中，研发出与原产品可以配套使用的产品。例如，一些品牌服饰企业原来生产服饰，后来逐渐生产与之可以配套使用的鞋帽、箱包等产品。

↴ 案例阅读

宝洁的多品牌策略发展史

1. 第一段：多品牌策略，成就宝洁光辉业绩

宝洁采用多品牌营销策略。每个品牌都有它独特的市场定位，品类之间互不干扰，最大程度地瓜分整个市场份额。2015 年，宝洁的年营业额达到 787.56 亿美元。2017 年，《财富》美国 500 强排行榜中，宝洁排名第 36 位。

　　宝洁并没有用公司名称作为产品品牌，而是根据市场细分为护肤、洗发、家居、口腔等几大类，并且每个细分项均有多个品牌运行。例如，以中国市场来说，牙膏品牌是"佳洁士"，卫生巾品牌是"护舒宝"，香皂品牌是"舒肤佳"，洗发品牌是"海飞丝""飘柔""潘婷"，洗衣粉品牌是"碧浪""汰渍"。宝洁的多品牌战略将每个品牌作为独立的品牌运行，根据消费者的不同需求细分市场。我们在超市货架上看到的商品有很多来自宝洁，但是消费者却不知道这是来自一家企业的产品，所以消费者无论是选择潘婷还是飘柔，对宝洁的市场份额都没有多大的影响。

　　宝洁的多品牌营销战略塑造的是差异化营销，体现同类产品的不同品牌之间的差异性，从品牌定位、广告设计、包装、品牌代言人等诸多方面塑造这种差异性，从而让每个品牌都拥有鲜明个性，满足不同消费者需求。这样，每个品牌都有自己的发展空间，市场也不会重叠。

　　2. 第二段：砍掉100个品牌，宝洁大刀阔斧改革

　　财报会议上艾伦·雷富礼表示宝洁将进行大规模精简，聚焦核心业务，砍掉90~100个小品牌，因为这些品牌在2011~2013年的销售量一直下降。

　　宝洁在2014年4月9日发布声明，以现金29亿美元出售集团旗下三个宠物食品品牌的主要市场。

　　剥离90~100个小品牌后，宝洁专注发展70~80个核心品牌。这些核心品牌2011~2013年为集团贡献了90%的收入和95%的盈利，当中有23个是年销售额为10亿~100亿美元的大型品牌，14个年销售额为5亿~10亿美元，其他年销售额介于1亿~5亿美元。汰渍、帮宝适、佳洁士和吉列均在核心品牌之列。

（资料来源：根据网络资料整理。）

　　分析：

　　1）宝洁采取的多品牌策略取得了巨大成功，成为众多教科书多品牌策略的典型案例，雷富礼却在财报会议上表示"宝洁将进行大规模精简，聚焦核心业务，砍掉90~100个小品牌"。对此，你怎么看？

　　2）多品牌策略与统一品牌策略各有哪些优缺点？

　　3）描述你所实习的企业采用了何种产品策略，并阐述它的具体内容。

二、国际市场营销定价策略

　　国际市场营销定价策略是国际市场营销组合中最活跃的因素，也是企业可控因素中最难以确定的因素。

　　国际产品价格（international price）也称国际市场价格或世界市场价格，是某种商品在国际市场上一定时期内形成的具有代表性的成交价格，它由生产成本、流通费用、利润和税金构成，见图5-7。广义的国际产品价格应包括商品劳务价格、资本（或信贷）的价格（或

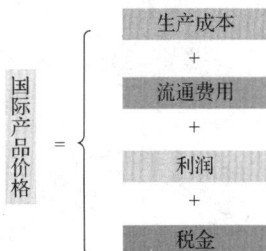

国际产品价格 ＝ 生产成本 ＋ 流通费用 ＋ 利润 ＋ 税金

图5-7　国际产品价格

利率）和外汇价格（汇率）等。

案例阅读

XBL 公司的定价策略

　　XBL 公司在 A 国红酒市场上属于营销出色的公司，其生产的赛瑞酒在红酒市场上的占有率达 23%。20 世纪 60 年代，另一家公司推出一种新型红酒，其质量不比赛瑞酒差，每瓶价格却比它低 1 美元。

　　按照惯例，XBL 公司有三条对策可选：①降低 1 美元，以稳住市场占有率；②维持原价，通过增加广告费和销售支出与对手竞争；③维持原价，听任其市场占有率降低。

　　由此看出，不论该公司采取上述哪种策略，XBL 公司都比较被动。

　　该公司的市场营销人员经过充分研究后，最后采取了让对手意想不到的第四种策略，就是将赛瑞酒的价格再提高 1 美元，同时推出一种与竞争对手新型红酒价格一样的加娜酒和另一种价格更低的波瑞酒。

　　这一策略一方面提高了赛瑞酒的地位，另一方面使竞争对手的新产品沦为一种普通的品牌。结果，XBL 公司不但渡过了难关，而且利润大增。实际上，XBL 公司的上述三种产品的味道和成分几乎相同，只是运用了不同的定价策略罢了。

（资料来源：根据网络资料整理。）

分析：

1）第四种策略为何会大获成功？

2）企业决定价格时应当考虑哪些因素？

（一）影响国际市场定价的因素

影响国际市场定价的因素见图 5-8。

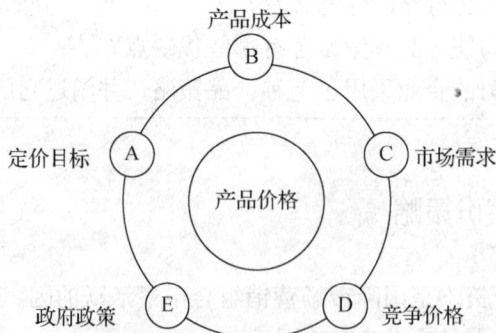

图 5-8　影响国际市场定价的因素

1. 定价目标

定价目标是企业在对其生产或经营的产品制定价格时，有意识地要求达到的目的和标准。它是指导企业进行价格决策的主要因素。

定价目标与企业市场定位有密切关系。在不同时期和不同条件下，企业想要达到的目标是不同的。一般来说，企业的定价目标包括维持生存、获取利润、提高市场占有率、面对竞争和维护企业形象等。

2. 产品成本

产品成本是影响商品价格的首要因素。企业在生产产品时都要耗费一定的成本，因而会在定价时考虑对成本的抵补和回收。成本越低，产品的定价越低；成本越高，产品的定价越高。

3. 市场需求

市场需求是指消费者对商品的需求，包括需求数量和需求强度等。企业可以从两个角度分析市场需求：一是各国消费者对企业产品的购买欲望，二是各国消费者的实际支付能力。只有这两个因素都具备，才能产生真正的市场需求。

4. 竞争价格

竞争状况是商品定价时必须考虑的一个重要因素。在研究产品的市场竞争状态时，应重点把握竞争对手的实力、竞争对手的产品特点及其价格水平、替代品的功能及价格水平等。

按照一般理论原则，市场竞争形式可以分为完全竞争、垄断竞争、寡头垄断和完全垄断四种，这种划分也叫作市场结构。市场结构与商品的价格有着直接的关系，在不同的市场结构中，商品定价的规律也截然不同。

5. 政府政策

政府可以从很多方面，如关税、税收、汇率、利息、竞争政策及行业发展规划等影响企业的定价策略。出口企业不可避免地会受到各国政府有关价格规定的限制。

（二）国际市场定价的方法

国际市场定价主要有成本导向定价法、需求导向定价法和竞争导向定价法三种方法。

1. 成本导向定价法

成本导向定价法是指依据产品的成本决定其销售价格的定价方法，具体可以分为成本加成定价法、目标利润定价法和边际成本定价法。

（1）成本加成定价法

成本加成定价法是一种简单的定价方法，即在产品单位成本的基础上，加上预期利润作为产品的销售价格。售价与成本之间的差额就是利润。由于利润的多少是有一定比例的，这种比例就是几成，因此这种方法就被称为成本加成定价法。

成本加成定价法的计算公式为

$$产品价格=单位产品总成本×（1+加成率）\tag{5-1}$$

（2）目标利润定价法

目标利润定价法又称目标收益定价法和目标回报定价法，是指企业根据总成本和估计的总销售量，确定一个期望达到的目标收益率，然后推算价格。目标利润定价法的重点是使产品的售价能保证企业达到预期的目标利润率。

目标利润定价法的计算公式为

$$产品价格=总成本×（1+目标利润率）/预计销量\tag{5-2}$$

（3）边际成本定价法

边际成本定价法也叫边际贡献定价法，这种定价方法是使产品的价格与其边际成本相等。根据经济学原理，当某一产品的价格与其边际成本相等时，此时将实现帕雷托最优配置。当边际收入等于边际成本时，企业获利最大，销售量最佳，产品价格亦最优。

边际成本定价法的计算公式为

$$产品价格=单位产品边际成本+边际贡献\tag{5-3}$$

其中，

$$单位产品边际成本=总成本增量/总产量增量$$
$$边际贡献=边际收益-边际成本$$

2. 需求导向定价法

需求导向定价法又称顾客导向定价法或市场导向定价法，是指企业根据国际市场需求状况和消费者的不同反应，分别确定产品价格的一种定价方式。

需求导向定价法可以分为差别定价法、倒推定价法和感受价值定价法。

1）差别定价法是指根据顾客需求差别、地理位置差别、产品差别和时间差别等引起的不同需求定制不同的价格。

2）倒推定价法又称反向定价法，是指企业根据产品的市场需求状况，通过价格预测和试销、评估，先确定消费者可以接受和理解的零售价格，然后倒推批发价格和出厂价格。这种定价方法的依据不是产品的成本，而是市场的需求定价，力求使价格为消费者所接受。

3）感受价值定价法又称认知价值定价法，是指企业按照消费者在主观上对该产品所理解的价值，而不是产品的成本费用水平来定价。

3. 竞争导向定价法

竞争导向定价法是指企业对竞争对手的价格保持密切关注，以对手的价格为自己产品定价的主要依据。竞争导向定价法可以分为随行就市定价法、主动竞争定价法和密封投标定价法。

1）随行就市定价法是指企业根据市场竞争格局，一般采用行业领导者价格或行业平均价格。这种"随大流"的定价方法，是竞争导向定价法中普遍的一种定价法。

2）主动竞争定价法是指与对手进行正面竞争，根据自身产品的实际情况及与竞争对手的产品差异状况来确定价格。

3）密封投标定价法主要用于投标交易方式。投标价格是企业根据对竞争者的报价估计确定的，而不是按企业的成本费用或市场需求来制定的。

（三）国际市场定价策略

定价策略是营销组合策略的一个重要因素。产品价格的高低影响到产品在国际市场上的竞争力。国内定价原本就很复杂，当产品销往国际市场时，运费、关税、汇率波动、政治形势等因素更增加了国际定价的难度。

跨国企业在定价时常见的策略有以下几种。

1. 新产品定价策略

新产品定价合理与否，不仅关系到新产品能否顺利地进入并占领市场、取得较好的经济效益，还关系到产品本身的命运和企业的前途。新产品定价策略主要包括撇脂定价策略和渗透定价策略。

（1）撇脂定价策略

撇脂定价策略是指在新产品上市之初将价格定得较高，在短期内获取丰厚利润，快速收回投资。就像从牛奶中撇取所含的奶油一样，取其精华，因此被形象地称为撇脂定价策略。

撇脂定价产品一般先从高收入阶层和早期使用型消费者导入市场，这类消费者对新产品的价格不太敏感，追求新奇，认为新产品价格贵是应该的。这种策略适应顾客求新心理，利用较高价格提高身价，有助于开拓市场。在产品进入成熟期后，价格可分阶段逐步下降，继续吸引新的购买者。但是，优势地位很难长久，竞争者纷纷进入，供给增加，价格下降。

（2）渗透定价策略

渗透定价策略也称为低价定价策略，是指企业把新产品投入市场时价格定得相对较低，以吸引大量顾客及迅速打开市场，短期内获得比较高的市场占有率，同时通过接近成本的定价，吓退其他打算进入该领域的竞争者。

渗透定价策略可以使产品迅速占领国际市场，并有效地阻碍新竞争者的进入。但不利于尽快收回投资，也不利于日后提价，并有可能因低价给顾客造成劣质产品的印象。

2. 心理定价策略

心理定价策略是指利用消费者在购买过程中的心理特点来设定价格，有意将价格提高或降低，以满足消费者的某种心理的需求，最终达到扩大销售和获得最大利益的目的。

心理定价策略认为产品的价值与消费者的心理感受有着很大的关系，每件产品都能满足消费者某一方面的需求。心理定价策略不是仅仅从产品的成本角度考虑定价的，而是更多地从消费者的角度出发。常用的心理定价策略主要有尾数定价策略、整数定价策略和声望定价策略。

（1）尾数定价策略

尾数定价策略也称零头定价，即给产品制定一个零头数结尾的非整数价格，使用户在心理上有一种便宜的感觉，或是按照风俗习惯的要求，价格尾数取吉利数字，以扩大销售。

心理学研究发现，这种带小数的定价往往能使消费者产生该商品很划算的心理暗示。据观察，大多数消费者在购买产品时，尤其是购买一般的日用消费品时，乐于接受尾数价格，虽与整数仅相差几分或几角，但给人一种低一位数的感觉，符合消费者求廉的心理愿望。例如，把商品的价格定为 19.88 元，消费者会从心理上把商品归为十几元的范畴。如果定价为 20 元，则可能让消费者感觉这是二十多元价位的商品。虽然只差几角几分，却在心理上被消费者归为两个不同的价格层级。再如，某款手机官网售价 999 美元，实际约等于 1 000 美元，但他们放弃了 1 000 美元的定价，原因在于 4 位数的价格会超过消费者的心理预期。

另外，尾数定价策略还可以使消费者从心理上感觉商品定价是非常精确的，连几角几分都算得清清楚楚，进而产生一种信任感。目前这种定价策略已被商家广泛应用，从国外的沃尔玛到国内的大型百货商场，从生活日用品到家电、汽车都采用尾数定价策略。

（2）整数定价策略

整数定价策略是一种以整数值来确定商品价格、维护商品形象的定价策略，是指企业有意将产品价格定为整数，以显示产品具有一定质量，从而促进销售。

通常来说，对于价格较高的高档产品，顾客重视质量，认为"一分价钱一分货"，因此把价格高低作为衡量产品质量的重要标准之一。

高档商品和耐用品价值较高，但消费者并不能很内行地判断其质量性能。因此，在外观条件相近的情况下，消费者会产生价高品质也高的心理。而且，购买高档商品的消费者更追求品质和物有所值。1 000 元的定价就能比 999 元让消费者拥有更多的心理自信。

同时，在众多采用尾数定价策略的商品中，整数定价策略能给人一种方便、简洁的印象。

（3）声望定价策略

声望定价策略是指针对消费者"便宜无好货，价高质必优"的心理，对在消费者心目中享有一定声望，具有较高信誉的产品制定高价。例如，名牌汽车、高档手表、名牌箱包和珠宝首饰等，在消费者心目中享有极高的声望价值，对这类商品定价低，反而会损害其在消费者心目中的地位和价值。

声望定价策略是一种有意识地给商品制定高昂价格，以提高商品地位的定价方法，它利用的是消费者心理上对名牌商品或名店的喜爱。"借声望定高价，以高价扬声望"是该定价策略的基本思想。高价提高了产品形象，同时增加了产品在消费者心目中的"优越感"，满足了消费者对地位和自我价值的欲望。

3. 折扣定价策略

折扣定价策略是指对基本价格做出一定的让步，直接或间接降低价格，以回报或鼓励购买者的某些行为，达到扩大销量的目的。直接折扣的形式有数量折扣、现金折扣和季节折扣。

（1）数量折扣

数量折扣俗称量大从优，是指卖方因买方购买数量多而给予的一种折扣。客户购买数量越多，企业给予的折扣也就越大。数量折扣又分为累积数量折扣与非累积数量折扣两种。现在很多店铺使用的积分优惠就是数量折扣。

（2）现金折扣

现金折扣是对及时付清账款的购买者的一种价格折扣。典型的例子是"2/10，净30"，意思是应在30天内付清货款，但如果在成交后10天内付款，照价给予2%的现金折扣。

（3）季节折扣

季节折扣是卖主向那些购买反季商品或服务的买者所提供的一种折扣。季节折扣可以使卖主在一年中得以维持稳定的生产，也可以加快产品流通和资金周转，减轻库存费用，减少时间风险。

4. 国际转移定价策略

转移定价也叫转让定价，是指大企业集团尤其是跨国公司内部，在母公司与子公司、子公司与子公司之间代销产品，提供商务、转让技术和资金借贷等活动所确定的企业集团内部价格。

这种价格不是根据交易双方按市场供求关系变化和独立竞争原则确定的，而是根据跨国公司或集团公司的战略目标和整体利益最大化的原则，由总公司上层决策者人为确定的。具体表现为，利用不同企业不同地区税率及免税条件的差异，将利润转移到税率低或可以免税的分公司，从而实现整个集团的税收最小化。通常会在税率高的地方定低价，而在税率低的地方定高价。

通过转移定价，企业可以达到转让资金、合理避税和规避风险的效果。跨国公司在国际激烈的竞争环境中，通常从世界市场的大范围出发，规划生产和销售，进行专业分工和协作，对经济要素进行更有效的组织。利用国际转移定价策略可以逃避税收管辖，最大限度地获取利润。转移定价还有助于规避各种政治风险和经济风险。

三、国际市场营销渠道策略

（一）国际市场营销渠道的概念

国际市场营销渠道（international marketing channel）是指产品由一个国家的生产者流向国外最终消费者和用户所经历的路径，是企业国际市场营销整体策略的一个重要组成部分。

国际市场营销渠道具体指商品所有权的转移必经途径及相应的中间机构，包括商品所有权和商品实体的转移，见图5-9。

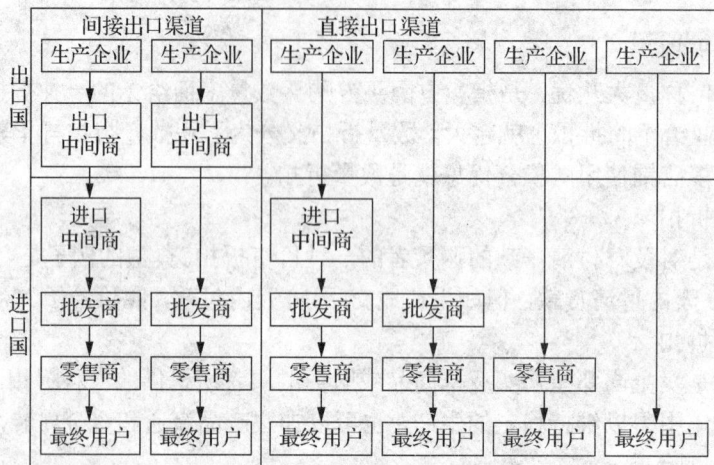

图 5-9　国际市场营销渠道

（二）国际市场营销渠道策略的分类

1. 按营销渠道长度分类

营销渠道长度是指渠道层次的数量，即产品在渠道的流通过程中，经过多少中间环节、经过多少层的中间商参与其销售的全过程。经过的流通环节或中间层次越多，营销渠道就越长；反之，营销渠道就越短，最短的渠道是不经过中间环节的渠道。

（1）长渠道

长渠道是经过两道以上中间环节后到达消费者手中的渠道。

长渠道策略的好处在于渠道越长，市场覆盖面越广，有利于企业将渠道优势转化为自身优势，通过控制中间商来增强自己的竞争优势，也减轻了企业仓储运输费用、销售人员费用和管理费用等压力。但是，渠道越长，成本越高，控制程度越低，服务水平的差异性和不确定性越大，对渠道成员之间的相互协调和合作要求越高。

（2）短渠道

短渠道是指产品直接到达消费者或只经过一道中间环节的渠道。

短渠道策略的好处在于企业对渠道的控制程度较高，渠道越短，成本越低，也便于及时获取消费信息，有利于提高企业的服务质量。但是短渠道要求企业承担大部分或全部渠道功能，企业需要具备雄厚的资金实力、经营管理能力和资源实力，而且短渠道网络分散，市场覆盖面较小。

2. 按营销渠道宽度分类

营销渠道宽度取决于渠道内每个层次上使用同种类型中间商数目的多少。在营销渠道的每个层次上，使用同种类型中间商数目越多，分销渠道越宽；反之，分销渠道就比较窄。

（1）宽渠道

生产者在某一环节选择两个以上的同类中间商销售产品，称为宽渠道。

宽渠道策略能够增加销售网点，通过众多中间商大范围地将产品转移到消费者手中，提高产品的市场覆盖面和占有率，也有利于生产者选择效率高的中间商而淘汰效率低的中间商，提高销售效率。但是由于中间商众多，容易引起渠道冲突，要求生产商有较强的渠道控制能力。

（2）窄渠道

生产者在特定市场上只选用一个中间商为自己销售产品，称为窄渠道。

窄渠道策略能促使生产者与中间商密切合作，排斥竞争产品进入。但是，由于生产者对某一中间商的依赖性太强，在发生意外情况时，缺乏替代选择，会使企业陷入被动境地。

3. 按企业的营销活动是否有中间商参与分类

按企业的营销活动是否有中间商参与，可以将渠道分为直接渠道与间接渠道。

（1）直接渠道

直接渠道又称零级渠道，是指没有中间商参与，生产者直接把产品出售给最终消费者的渠道类型。直接渠道的基本模式为生产者—用户。

直接渠道是一种没有渠道中间商参与的渠道结构，其优点是产销直接见面，降低流通费用和损耗，便于企业了解市场行情和开展维护服务。但是，企业需要承担销售所需的全部人力、物力和财力，在市场相对分散的情况下，将使企业背上沉重的负担。

直接渠道是大型或贵重产品及技术复杂、需要提供专门服务的产品销售采取的主要渠道。例如，大型设备、专用工具及技术复杂等需要提供专门服务的产品，都采用直接分销，消费品中有部分也采用直接分销类型，诸如鲜活商品等。在 IT（internet technology，互联网技术）产业链中，一些国内外知名 IT 企业，如联想、IBM、惠普等公司设立的大客户部或行业客户部等就属于直接渠道。

（2）间接渠道

间接渠道是指生产者通过流通领域的中间环节把商品销售给消费者的渠道。间接渠道的基本模式为生产者—中间商—消费者，中间商包括经销商、代理商、批发商、零售商等。

间接渠道是社会分工的结果，通过专业化分工使商品的销售工作简单化；中间商的介入，分担了生产者的经营风险；借助于中间环节，可增加商品销售的覆盖面，有利于扩大商品市场占有率。但中间环节太多，势必会增加产品的经营成本，也限制了企业在国外市场上的经营销售能力的扩大。

（三）国际渠道中间商的类型

中间商是指在生产者与消费者之间进行商品交易业务的具有法人资格的经济组织

或个人。它是连接生产者与消费者的桥梁。

从大方面可以把国际渠道中间商划分为国内中间商和国外中间商两大类。

1. 国内中间商

企业通过选择国内中间商完成国际市场分销工作，避免了复杂的国际营销活动。国内中间商常见的有以下几种。

（1）企业自己的机构

企业自己的机构包括企业自己的出口机构和企业专卖店。

企业自己的出口机构是企业设立的直接从事出口业务的机构，代替了中间商的工作，也避开了分给中间商的利润。

企业专卖店是属于企业自己的零售店或拥有专卖权的零售店。许多知名品牌和奢侈品品牌采用这种方法。

（2）全球零售商

宜家和家乐福之类的全球零售商是国际市场的主要中间商。很多企业通过这样的大卖场把自己的产品销往国际市场。

（3）贸易公司

贸易公司在国与国的贸易中一直扮演着重要角色。通过贸易公司，企业可以很容易地进入全球市场。

2. 国外中间商

企业直接选择通过国外中间商进入国际市场，可以缩短分销渠道，也更能控制分销过程。外国中间商既可以是代理商，也可以是独立中间商。

四、国际市场营销促销策略

促销就是促进销售的意思，是指企业向消费者传递有关本企业及产品的各种信息，引起消费者注意，激发消费者的购买欲望，促使消费者采取购买行为，从而扩大产品销售的活动。

国际市场营销促销策略主要有四种：人员推销策略、国际广告策略、公共关系策略和营业推广策略。其中，人员推销被称为直接促销，国际广告、公共关系和营业推广被称为间接促销。

（一）人员推销策略

人员推销是指通过推销人员直接向顾客介绍商品以达到销售目的。

1. 人员推销的特点

人员推销是一种古老的促销形式，且至今仍是一种主要的促销方式。人员推销既有优点，又有缺点。

（1）人员推销的优点

1）人员推销可以与顾客面对面交流，当场示范产品功能与使用方法，及时解决顾客疑问。

2）面对复杂的国际营销环境，人员推销能够针对不同国家顾客的特点采取相应的推销技巧。

3）人员推销在当面促成交易方面的效果显著。相对来说，广告之类的间接促销方式的转化率就比较难把握。

4）人员推销可以促进买卖双方建立感情，帮助顾客增强对公司的信任，从而建立长期关系。

5）人员推销可以直接了解到客户的反应和竞争者情况，能为企业收集一手商业情报。

（2）人员推销的缺点

1）国际市场范围很大，人员推销不能遍布所有市场，作用范围有限，总体来看效果反而不如非人员推销方式好。

2）人员推销的成本较高，销售成本增加会导致产品价格上升，不利于企业在国际市场上展开竞争。

3）对国际市场推销人员的素质要求高，难觅合适的推销员，培养的时间和成本也很高。

4）国际推销人员的管理比较复杂和困难。

2. 人员推销的类型

在国际市场上，人员推销一般包括以下四种类型。

1）企业经常性派出的外销人员或跨国公司的销售人员。他们在国外专门从事推销和贸易谈判业务，或定期到国际市场调研、考察和访问时代为推销。这是国际市场人员推销的一般形式。

2）企业临时派出的有特殊任务的推销人员和销售服务人员。这种形式一般有三种情况：当国际目标市场出现特殊困难和问题时，其他办法不能解决，必须由企业组织专业推销人员或其他人员解决；企业突然发现了一个庞大的值得进入的市场，有必要派出一个专业推销小组，集中推销；企业建立一个后备推销小组和维修服务组织，待命而行。任务一到，出国推销兼作维修工作，或在国际市场维修时，开展推销工作。

3）企业在国外的分支机构（或附属机构）的推销人员。国外许多大公司特别是贸易公司，都在国外有分支机构（或附属机构），这些机构一般有自己的推销人员，专门负责本公司产品在有关地区的推销工作。这些推销人员不仅有本国人，往往还大量雇用当地人员或熟悉当地市场的第三国人员（例如，请第三国某公司在本地分公司的推销人员代为推销）。这也是众多跨国公司经常采用的做法。

4）利用国际市场的代理商和经销商进行推销。在一些情况下，企业请国外中间商代为推销，而不是自己派员工推销。这种方式可以减轻企业管理推销人员的压力和减少推销费用。但是，对此企业必须有适当的监督和控制，不能完全交给代理推销人去做。在必要的时候，企业应该直接了解目标市场顾客的有关情况，或派出专业人员陪同代理推销人员去推销，或直接派出自己的推销人员。

3．人员推销的管理

（1）国际推销人员选聘

国际市场营销远比国内市场营销困难、复杂，国际推销人员不仅要具备一般推销人员的普通素质，还要比国内同行更具有独立工作能力和决策能力。此外，国际推销人员还要具备国际商务知识结构和较强的文化适应性。

国际市场推销人员的选聘可以通过多种渠道进行，其招募来源主要包括外派人员、外籍人员和跨国人员。一般来说，国际推销业务需要四种类型的人员：直接参与国际营销业务的总公司工作人员、负责解决特殊问题和开辟新市场的临时人员、国外营销经理、国外销售队伍。

（2）国际推销人员培训

对选聘的国际推销人员进行培训，是人员推销管理不可缺少的环节。培训的内容主要包括产品知识、市场知识、推销技巧和心理学知识等。

一般来说，国际推销人员都需要经过培训后上岗。对于在岗人员进行培训也很重要，可以了解企业新产品和国际市场新动态。

有计划、针对性的培训有助于提高推销人员的素质和推销能力，应根据推销人员的特点，开展合适的培训项目。对于在当地招聘的外籍人员，应重点培训产品知识、企业情况与推销技巧。对于从企业现有职员中选派的推销人员，应重点培训其所在国营销环境、文化习俗与商业惯例。

（二）国际广告策略

广告是指由已确认的出资人通过各种媒介进行的有关产品（商品、服务和观念）的，通常是有偿的、有组织的、综合的、劝服性的非人员信息传播活动。

国际广告是指为了配合国际营销活动，在国际目标市场开展的广告活动。

1. 广告的作用

《阿伦斯广告学》认为广告作为营销工具，具有六个方面的作用：传播有关产品及其特点与销售地点的信息；吸引消费者尝试新产品并形成消费习惯；刺激产品流通；提高产品使用量；树立品牌，培养品牌偏好和品牌忠诚；降低整体销售成本。

2. 国际广告影响因素

（1）政策法令

受国家的法律政策影响，国际广告的内容、媒介和费用等在不同国家的规定差异很大。例如，在美国，禁止广播和电视刊登烟草广告；在德国，禁止竞争性比较广告；在法国，每天只允许有几分钟的广告时间；在印度，企业的广告费用不得超过销售额的 4%；在意大利，政府对报纸广告征收 4% 的税，对广播和电视广告则要征收 15% 的税；在奥地利，对电视和印刷广告征收 10% 的税，对广播及影院广告则征收 10%～30% 的税。

（2）文化差异

文化差异是国际广告的重要影响因素，文化风险是国际广告的主要风险之一。由于不同国家和地区之间存在文化差异，国际广告存在较大风险，轻则让人无法理解，重则造成严重误解。

除此之外，国际广告还会受到资金预算、公司目标和竞争对手情况等因素的影响。

3. 国际广告实施

国际广告实施是指从设定广告目标到选择广告媒体的全过程。

（1）设定广告目标

在国际广告设计中，首先要明确广告目标。广告目标是指导思想，后续的所有工作都围绕广告目标进行，广告促销效果的评估也取决于广告目标的实现程度。

（2）编制广告预算

广告是一种费用较高的促销手段，而且费用弹性很大。例如，拍摄电视广告既可以请国际大牌明星也可以请国内明星，但费用就相差很远。企业需要根据自身情况进行预算，而且也并非投入越大，效果就越好。在营销界也不乏因广告投入过大而拖垮企业的情况。因此，企业不应盲目投入，而应设立合理的标准，以达到效用最大化。

（3）进行广告创意

广告创意是在广告目标的指导下，为完成该目标而设计的创作思路。广告创意是广告的灵魂，关系着广告的效果和目标的实现。由于国际营销环境复杂，广告创意只有与环境相匹配才能使目标受众理解广告传达的内容，达到预期效果。在实际国际营销活动中，一些产品广告由于不了解受众心理与文化，而产生相反效果。

（4）发布及监测广告

完成广告创意后，根据创意表现效果进行制作；然后依据企业广告投放目标，科学地选择广告媒介并发布广告，监测和调节广告实施效果。

（5）进行广告设计

创意完成之后，需要对广告进行具体设计。从整体上看，广告可以分为媒体广告和非媒体广告。媒体广告指通过媒体来传播信息的广告，如电视广告、报纸广告、广播广告、杂志广告等；非媒体广告指直接面对受众的广告媒介形式，如路牌广告、平面招贴广告、商业环境中的购买点广告等。国际广告设计人员需要根据不同的广告形式实施相应的设计。

（6）选择广告媒体

从全球范围看，企业可以选择的主要广告媒体有以下几种。

1）报纸。报纸是全球各个国家和地区通用的传播媒体，也是历史比较悠久的一种传播媒体。越是发行量大、声誉高的报纸，广告主获取媒体的难度越大，但获取之后可以达到较好的广告效果。值得注意的是，在一些国家不同报纸有不同的政治倾向，企业必须考虑每种报纸的政治立场，做出合理选择。

2）杂志。相对报纸来说，杂志的留存性更强，能够使广告信息得到更好的传播和渗透；而且杂志的专业性往往比较强，目标读者集中，是刊登各种专业性广告的媒体。例如，国际大牌护肤品都会选择在各大美妆和时尚类杂志上做广告。

3）电视和广播。电视和广播在很长时间是最重要的媒体之一。几乎所有国际品牌都会在电视和广播上做广告。在电视发达的国家和地区，广播的作用已经不那么重要，但是在电视普及率不高的国家和地区，广播依旧是有效的重要媒体。

由于信息技术的发展，电视的作用也在弱化，互联网和移动终端日益占据优势。

4）互联网。互联网对全球通信方式产生了深远影响，成为一种有效的广告媒体。越来越多的企业开始利用互联网作为主要的广告媒体。但是，这种媒体受制于需求终端拥有计算机数量和接入互联网程度。在发达的国家和地区计算机已经普及，但在不发达的国家和地区互联网覆盖面有限，甚至一些落后地区几乎没有互联网。

5）移动终端。相对传统广告媒体，移动终端广告在精确性方面有着先天的优势。它突破了传统的报纸、电视等单纯依靠庞大的覆盖范围来达到营销效果的局限性。而且，由于大数据和人工智能技术的应用，移动终端广告可以根据用户的实际情况和实时情境将广告直接送到用户的移动设备上，真正实现精准传播。关键是，由于在线支付手段的完善，移动终端广告具备极强的转化率，可以方便快捷地将人们的购买冲动转化为付款行动。

（三）公共关系策略

公共关系（public relation）是指某一组织为改善与社会公众的关系，促进公众对组织的认识、理解及支持，达到树立良好的组织形象、促进商品销售目的等一系列公共活动的目的。

1. 公共关系的作用

（1）树立良好的企业形象

良好的企业形象是无形的宝贵财富。公众舆论对企业的影响力很大。争取舆论支持和公众信任，成为企业生存和发展的重要条件之一。企业应主动通过大众媒体宣传企业事迹和企业文化，拉近与公众的距离，增进公众对企业的了解和认同。

（2）为企业决策搜集信息

管理学家赫伯特·西蒙说："管理就是决策，而决策的前提正是信息。"公共关系部门要利用各种渠道和网络搜集与企业有关的战略环境、产品声誉和企业形象等信息，为企业决策科学化提供支持。

（3）化解企业信任危机

由于企业与公众存在着具体利益的差别，在公共关系中必然会充满各种矛盾。企业在生产经营运行过程中，也难免会因自身的过失、错误而与消费者发生冲突。如果对这种状况缺乏正确的认识，对问题处理不当，就会产生公共信任危机，给企业带来极大的危害。因此，企业必须高度重视，防范和及时平息风波。

2. 公共关系的方法

（1）利用媒体宣传

通过媒体向社会公众介绍企业和产品具有极高的可信度及权威性，对社会公众有很大的影响力。例如，在某国大型电视媒体播出一期节目介绍某个企业，就可以极大增强人们对该企业的好感和对其产品的信赖。企业要与媒体保持良好关系，主动提供信息，建立经常性接触。

（2）游说政府部门

国际经营企业面临着不同国家的政策风险。企业应通过公共关系加强与东道国政府官员和立法机构的联系，了解他们的意图和法律法规，并说明本企业的价值和可以做出的贡献，争取得到他们的理解和支持。

（3）参与公益活动

通过捐赠和赞助等方式参与慈善和公益活动，提高企业知名度，赢得社会公众的信任和支持。

此外，进行事件营销、举办各种活动和处理危机事件也是国际公共关系的常见方法。

📑 案例阅读

国际大品牌如何运用公共关系策略

当今时代，塑造良好的品牌形象显得更为重要。因此，很多品牌喜欢通过公益活动来赢得消费者的好感，进而提高企业的社会效益和经济效益。

1. 可口可乐：Hello, happiness

据统计，每年都会有许许多多的劳工为了家人能够更幸福而涌进迪拜打工，然而，在这个奢华的地方，给家里人打电话的钱对他们来说都很困难的。为此，可口可乐在迪拜的大街上投放了一批特殊的公共电话亭，务工人员只要投入一个可口可乐瓶盖，就可以和家人通话3分钟。该活动一经实行就备受好评，收集瓶盖成为这些务工人员工作之余的一项集体爱好，而身在迪拜的居民和游客，也大多愿意为了他们与家人的亲情，而多喝几瓶可口可乐。

对于可口可乐而言，公益已经不再是为了塑造良好的品牌形象，而是给人们创造快乐。

2. 海尔集团：践行公益事业，担负社会责任

百年大计，教育为本。科教兴国的根本要靠人才，人才培养归根结底要靠教育，教育质量决定了人才培养质量的高低。自 1994 年起，海尔集团每年投入巨额资金用于公益教育，在中国援建 365 所希望小学和 1 所希望中学。同时，海尔作为一家高度国际化的企业，在全球积极担起社会责任，多次开展公益援助行动。仅 2022 年，在意大利，海尔将 118 名当地艺术院校学生设计的海尔空调，捐赠给了意大利癌症研究协会用于拍卖，支持癌症研究项目；在巴基斯坦，海尔通过捐款赠粮、提供服务等方式，援助 3 500 余名因洪水受灾的民众。

3. 星巴克：咖啡杯里的秘密花园

一次性餐具对环境的污染是众所周知的。调查发现，在韩国，仅一年就有 3 亿多个废弃的一次性塑料咖啡杯。怎样解决这些咖啡杯给环境造成的负面影响呢？星巴克采取的办法是种草，将装有种子和植土的小包钉在纸杯托上赠送给顾客，顾客喝完咖啡后扫描二维码就可以观看种草的教学视频，很轻松地种植出属于自己的秘密花园。

活动推出后，非常受年轻人的欢迎，他们每天悉心照顾自己的植物，并拍照上传到网上，很快这项公益行动便走进了 51 个国家，有将近 10 亿名群众参与。

4. 华为：一千个梦想

2019 年 4 月 12 日，在克罗地亚举办的"中国－中东欧国家经贸论坛"期间，华为正式宣布启动"一千个梦想（one thousand dreams）"公益项目。该项目计划在未来五年，为中东欧 16 个国家（波兰、爱沙尼亚、拉脱维亚、立陶宛、罗马尼亚、保加利亚、匈牙利、捷克、斯洛伐克、斯洛文尼亚、塞尔维亚、克罗地亚、波黑、黑山、北马其顿和阿尔巴尼亚）培养共计 1000 名 ICT（information communication technology，信息通信技术）人才，每国捐赠 1000 本图书给大学图书馆，每国捐赠 1 000 个玩具给儿童医院。作为华为在中东欧洲地区的旗舰型公益项目，此项目计划提供一个长期的、持续性的平台给中东欧地区青年，激发青年投身 ICT 领域，帮助国家构建未来智能社会。

纵观可口可乐、海尔、星巴克、华为的公益营销就会发现，这些企业的公益行动都伴随着深刻的市场背景认识，每次暖心的行动都是一场理性而周全的宏大策划，其用心程度可见一斑。

公益营销不仅是企业不可或缺的营销工具，还是企业在履行社会责任的同时，实现自我价值提升的重要手段。从企业对待公益的态度就可以看出它的格局，它们之所以能成为家喻户晓的品牌，除了产品本身的作用，很大程度上和它的公益营销分不开。

（资料来源：根据网络资料整理。）

分析：
1）以上公益营销中最打动你的是哪个？为什么？
2）结合本案例，谈谈企业开展公共关系活动的价值和方法。

3. 公共关系的步骤

公共关系实施具体分为以下几个步骤。

（1）开展公众调查

调查和收集资料，了解目标市场受众的特点及其对本企业的看法；整理和分析资料，总结企业在公众中的形象和存在的问题；将真实信息反馈给企业相关部门，并据此提出改进策略、方法和措施。

（2）进行公关策划

根据促销目标确定公共关系目标，制订公共关系计划。

（3）实施公关行动

公共关系实施是一个一个推行既定计划的过程。依据公共关系计划，结合情况因地制宜，采取恰当的行动。

（4）进行效果评价

只有进行效果评价才能知道公共关系目标是否实现，评价和反馈是公共关系实施步骤中极为重要的一环。既是结束，也是开始，为今后改进公共关系工作提供了必要支撑。

📖 案例阅读

某餐饮企业勾兑门事件

2011 年 8 月，有媒体报道《记者卧底 H 企业揭秘》，直指骨汤勾兑、产品不称重、偷吃等问题，引起社会轩然大波。

2011 年 8 月 22 日下午 3 点，H 企业官网及官方微博发出《关于媒体报道事件的说明》，声明语气诚恳，承认勾兑事实及其他存在的问题，感谢媒体监督，并对勾兑问题进行客观澄清。此微博被转发 1 809 次，评论 690 条，用户基本接受 H 企业的态度。

2011 年 8 月 22 日下午 4 点，H 企业官网及官方微博发出《H 企业关于食品添加剂公示备案情况的通报》，态度更加诚恳，"多年厚爱，诚惶诚恐"之类的词语都用上了。

2011 年 8 月 23 日中午 12 点，H 企业官网及官方微博发出《H 企业就顾客和媒体等各界关心问题的说明》就勾兑问题及员工采访问题进行重点解释。随后，H 企业邀请媒体记者，全程记录骨汤勾兑过程，视频、照片瞬间布满网络，事件就此画上句号。

回顾 H 企业事件，成功危机公关的共同特点可以概括以下几点。

1）主动承认错误比解释更有效。

2）主动放低身段比高高在上效果更好。

3）主动承担责任比推诿更能让消费者原谅。

4）主动透明流程比规避更加有效。

（资料来源：根据网络资料整理。）

分析：

1）结合本案例查询一下网络上关于勾兑门事件，企业都实施了哪些公关策略，它们各自起到了什么作用？

2）在本案例的危机公关策略运用当中，你认为最应该关注哪些因素？

（四）营业推广策略

营业推广也称销售促进，是指人员推销、广告和公共宣传以外的，能迅速刺激需求、鼓励购买的各种促销形式的一种策略。

1. 营业推广的特点

营业推广采用礼品、竞赛、赠券、有奖销售、附带赠送等多种形式，通过提供劝诱或给予消费者额外价值的方式，极大地激励了消费者的购买意愿。如果说广告要达到的目的是"购买产品"，那么营业推广要达到的就是"现在购买"。

营业推广是一种短期的、辅助性质的、非常规性的促销活动方式。营业推广的方法灵活、针对性强，能够强烈刺激需求，短期效果明显。但是，营业推广不适用于长期使用，如果过分或长期使用会使消费者对产品的真实性产生怀疑，也使消费者降低对企业的忠诚度。

2. 营业推广的方式

（1）面向消费者的营业推广

采用赠送样品、发放优惠券、组合包装优惠、抽奖、现场活动和展会等方式向消费者促销。

（2）面向中间商的营业推广

采用批发折扣、推广津贴、销售竞赛等方式向中间商进行营业推广。

（3）面对内部员工的营业推广

采用销售竞赛、免费提供人员培训、技术指导等方式激励销售人员推销产品和开拓市场。

3. 营业推广的步骤

（1）确定推广目标

在进行营业推广的时候，首先要明确推广对象和要达到的目标。只有明确推广对象，才能有针对性地制定具体的推广方案。企业应该清楚刺激哪些人才能最有效地扩大销售，一般应选择现实的或可能的长期用户作为推广对象。

（2）选择推广方式

营业推广的方式很多，选择合适的推广方式是取得营业推广效果的关键。每种推广方式对中间商或用户的影响程度不同，费用大小也不同，企业要根据目标对象的接受习惯、产品特点和目标市场状况等来选择合适的推广方式。

（3）确定推广时限

营业推广时限包括推广时机和推广期限。推广时机选择很重要，如季节性产品、节日产品、礼仪产品，必须在季前、节前做营业推广，否则就会错过时机。推广期限即推广活动持续时间的长短，推广期限要恰当。期限过长，刺激效果减弱，并容易使顾客产生不信任感；期限过短，又达不到足够的推广效果。

（4）预算营业推广费用

推广费用是制定推广方案应考虑的重要因素。企业要衡量推广费用与推广效果之间的关系，尽量选择既能节约推广费用，又能收到预期效果的营业推广方式。

知识拓展

德国大众汽车集团的 4P 策略

在市场营销组合观念中，4P 分别是产品（product）、价格（price）、渠道（place）、促销（promotion）。下面运用大众的实例来讲解 4P 策略的运用。

1. 产品策略应用

丰富产品线，拓宽市场覆盖范围：形成强大的产品体系，形成市场的全面覆盖。发挥科技领先的优势，用全系列先进科技发动机、变速器的合理搭配，形成单一品牌的宽泛的市场覆盖车型。以不同排量的发动机和变速器的搭配组合，构成宽泛的产品市场覆盖。例如，定位于科技领先的商务 B 级轿车的迈腾产品，以 1.4、1.8、2.0TSI 发动机，形成不同价格的宽泛产品覆盖。这一战略不仅大幅度提升了市场产品的竞争能力，还为消费者提供了选择范围，极大地满足了不同层次的消费者需求。

2. 定价策略应用

以下以帕萨特车型为例分析其定价策略。在 2000 年 6 月帕萨特 B5 轿车退出市场之前，上汽大众作为上海大众轿车总经销商，进行了详细而规范的定价研究，确立了综合成本导向、需求导向和竞争导向三种汽车定价方法的定价思想，准确地制定出定价策略。

在成本方面，公司认真核算了帕萨特轿车的各种成本，并对成本变化的各种可能性做出了切实的评估，尤其是对该车型所使用的 110 千瓦发动机的性能价格比、需求弹性做出了分析，得出该产品的保本价格，并使用成本定价法计算出基本价格范围。

在对竞争的研究上，综合了 2000 年该市场的统计数据，描绘了帕萨特轿车替代竞争价格弹性的趋向，得出最终的定价点。考虑到同一档次轿车的市场价格，并避免与最大竞争者的定价完全相同（以免由于正面竞争激化而爆发价格战），对定价点进行适当调整。

市场上推出的帕萨特 B6 轿车的定价方法与帕萨特 B5 轿车的定价方法是基本相同的。

3. 渠道策略应用

目前，大众旗下各品牌轿车采用独立的销售渠道模式，实行产销分离的销售模式。

大众在德国的整车销售主要采用直接销售和经销商销售两种渠道模式，其在德国本土的经销商大多是销售、服务、零件一体模式。此外，大众在德国还有不少仅提供汽车售后服务，不从事整车销售的特约维修店。大众将国内的分销商分级别进行管理，不同级别的经销商经营不同的产品，享受不同的商务管理政策。

在多品牌多渠道销售期，大众渠道模式为品牌—分销商—零售商—用户。目前，大众在中国拥有四个经销商渠道，分别是奥迪、一汽大众、上汽大众、斯柯达；奥迪的进口车已经和国产车并网销售，大众的进口车渠道已经和一汽大众的渠道并网销售，这四个渠道采用销售和服务一体化 4S 店的终端形式。以上海大众为例，其渠道历经演变，由早期产销分离的单一渠道多层次代理制演变为生产、销售、服务一体的多层次代理制。1985 年，大众宣布进入中国市场。同年 9 月，上汽大众正式开业，当时国内轿车市场的规模在全球范围内还微不足道，为规避投资风险，大众通过合资公司上汽大众专司生产，将销售任务推给了中方。上汽大众成立了上海汽车工业销售有限公司，采用多层次代理制销售大众的产品。上汽大众于 1996 年开始做网络调整，建立地区分销中心和地区中转库，渠道模式变为制造商—批发商—零售商—用户。2000 年前，上汽大众一直采用产销分离的营销模式，这使上汽大众远离市场，难以根据市场变化及时调整产品规划及产品策略，对产品的行情在市场中的反映难以全面掌握，不利于产销协调一致。2000 年，上汽大众实现了销售、服务一体化，提升了上海大众的品牌形象。

4. 促销策略应用

（1）国际市场促销组合策略

1）大众早期就在本土采用了推式促销策略，公司将产品推销给批发商，批发商转而推销给零售商，零售商推销给消费者。

2）大众采用了拉式促销策略，通过树立良好的企业形象、品牌形象与产品形象，以及大量的广告、会展等，成功地向市场推销了自己的产品。

（2）国际广告策略

大众采取了国际广告标准化策略和差异化策略综合的广告策略。例如，上汽大众为了推销自己的产品，在中国市场上投入了大量的资金和精力。在国外地区，有适合当地人喜好的广告形式，其广告兼顾情感和理性，而且经常改变部分广告的主题，如斯柯达的早期广告更多地强调了产品的性能，而后来有广告则侧重汽车的动感效果等。

（3）国际市场人员促销策略

大众在选择推销人员上有自己的一套标准，采取的是地区型人员推销结构。例如，上汽大众曾发布文件将旗下 12 个销售服务中心整合为 10 个，同时，重新规划并整合了部分区域，在原来以地理位置划分区域的方式基础上，进一步考虑了区域特征的相似性。

（4）国际公共关系策略

1）大众通过体育营销的方式，为公司进行市场推广和树立企业国际形象。

2）大众把参加各种国际会展作为其促销的重要形式。

总的来说，大众在中国的成功在战略和策略上主要有以下经验：大众品牌在中国市场的准确定位；广告对品牌定位传播到位，不同档次车的定位符合不同消费者；执行力优秀，渠道控制力强；量力而行，滚动发展，在区域内确保市场推广力度处于相对优势地位。

（资料来源：丁鹏辉，2011. 国际营销 STP 战略及 4P 策略分析：以德国大众汽车集团为例[J]. 商业经济，10：85-87.）

知 识 测 试

项目五任务四参考答案

一、多选题

1. 按照企业的营销活动是否有中间商参与，可以将分销渠道分为（　　　）。
   A. 直接渠道　　　　B. 长渠道　　　　C. 间接渠道　　　　D. 短渠道

2. 按照流通环节或层次的多少，可将分销渠道分为（　　　）。
   A. 长渠道　　　　B. 直接渠道　　　　C. 短渠道　　　　D. 间接渠道

3. 国际渠道中间商中的国内中间商的类型包括（　　　）。
   A. 企业自己的机构　　　　　　　　B. 全球零售商
   C. 贸易公司　　　　　　　　　　　D. 国外子公司

4. 麦卡锡提出的 4PS 组合的 4P 包括（　　　）。
   A. 产品策略　　　B. 质量策略　　　C. 价格策略　　　D. 渠道策略
   E. 促销策略

5. 产品策略的类型包括（　　　）。
   A. 产品标准化策略和产品差异化策略
   B. 国际产品品牌策略
   C. 国际产品包装策略
   D. 新产品开发策略

6. 品牌策略的类型包括（　　　）。
   A. 统一品牌策略　　　　　　　　　B. 多品牌策略
   C. 统一品牌与个别品牌相结合策略　D. 单一品牌策略

7. 包装策略的类型包括（　　　）。
   A. 统一包装策略　　　　　　　　　B. 差异包装策略
   C. 配套包装策略　　　　　　　　　D. 再使用包装策略

8. 新产品开发策略的类型包括（　　　）。
   A. 创新策略　　　B. 延伸策略　　　C. 补缺策略　　　D. 差异策略

9. 市场营销管理中的促销策略包括（　　　）。
   A. 人员推销　　　B. 国际广告　　　C. 公共关系　　　D. 营业推广

10. 公共关系策略的使用方法包括（　　　）。
    A. 利用媒体宣传　　B. 企业合作　　C. 游说政府部门　　D. 参与公益活动

二、简答题

1. 国际产品生命周期理论将产品的生命周期分为哪几个周期？它们有何特征？
2. 产品差异化策略如何使用？举例说明。
3. 国际广告策略在使用过程中会受到哪些因素的影响？

任 务 实 施

1. 选择一家已进入中国市场的世界知名跨国企业，查找相关资料，分析其进入中国的国际市场营销策略。

2. 描述你所实习的企业市场营销策略的具体内容（包括产品策略、价格策略、渠道策略和促销策略）。

3. 以 7～9 人为一组完成如下作业：根据本组已成立的虚拟企业的经营现状，设计恰当的国际市场营销产品策略、价格策略、渠道策略和促销策略。给出具体的设计方案，制作 PPT 并在课堂上展示。

项 目 小 结

本项目以案例分析展开，让学生掌握国际市场营销的概念和发展过程，理解企业参与国际市场的驱动力；了解国际市场细分、国际目标市场的选择和进入国际目标市场的方式，理解"企业的目标市场在哪里"这一国际市场营销核心问题；明确企业开展国际市场营销调研的重要性，国际市场营销调研的内容、方法和步骤，使学生能够运用问卷调查法开展市场营销调研。在此基础上，掌握国际市场营销产品策略、价格策略、渠道策略和促销策略，能够结合企业实际情况制定合适的国际市场营销策略。

项目六

国际人力资源管理

▌知识目标

1. 国际人力资源管理的含义与特征。
2. 人力资源管理的主要职能。
3. 工作分析的含义。
4. 人员招聘的渠道。
5. 培训的分类及方法。
6. 薪酬体系设计流程。
7. 常用的绩效管理工具。
8. 员工关系管理的主要内容。
9. 外派人员的选拔与培训。
10. 外派人员薪酬的主要构成与模式。
11. 国际劳动关系与全球性安全。

▌能力目标

1. 能够进行基本的工作分析并编制岗位说明书。
2. 能够选用恰当的招聘渠道招募并选拔人才。
3. 能够依据岗位要求正确设计培训方案。
4. 能够正确设计员工（外派人员）薪酬的构成。
5. 能够设计外派人员绩效管理方案。
6. 能够正确分析并处理劳动争议。

在快速发展的当今社会，企业之间的竞争日益激烈。企业能否获得长期的成长与发展，人是最关键、最重要的因素。尤其是对于跨国企业来说，地域跨度广、人员来源多样，要在全球性的竞争中取得优势，国际人力资源管理工作至关重要，能否拥有一支数量充足、质量高，对企业忠诚的管理、技术人员队伍，已经成为企业实现全球战略目标的关键。因此，如何运用科学的方法优化选择和使用各类经营、管理、技术及服务人员，并且有效地调动他们的积极性、主动性和创造性，最大限度地挖掘他们的潜力，提高经营效率，确保企业总体目标的实现，是企业国际人力资源管理的根本任务。

任务一　国际人力资源管理认知

人力资源管理是 20 世纪 80 年代由国外传到中国的，与中国的人力资源管理并不能一一对应，但任何管理都是根据环境的变化在不断地演变。现在管理学科上强调的权变管理，就是要求管理人员根据不同的内外部环境调整适合自己组织的管理方法。

由于信息技术的发展，互联网和电子商务的应用，人类进入新经济时代，对人的管理变得更复杂，人力资源管理开始从最初的劳动管理、人事管理走向更为规范的人力资源管理的发展道路。

同时，随着经济全球化的发展，企业开始进行全球化布局，世界范围内的人才流动不断加剧。现代企业的人力资源管理不仅要关注国内人力资源管理方式的变化，还要重视不同国度员工的诉求。

本任务通过分析案例中不同国家管理人员对绩效考评指标的意见，引出了人力资源管理由于时间、空间的不同所体现出的不同管理需求，从而进一步讲解了人力资源管理的发展历程，以及美国、欧洲等有代表性人力资源管理的模式、跨国公司的人员配置模式等内容，为跨国公司开展国际人力资源管理提供了依据。

▌ 任务目标

掌握不同国家人力资源管理模式的异同。

▌ 导入案例

跨国公司的考核方式

骏腾股份有限公司是一家从事汽车零部件加工、制造和销售的跨国企业。在进行年终考评指标体系设计的讨论会上，中方和美方管理人员出现了较为严重的分歧。虽然大家都认可需要有个人考核指标和团队考核指标，但对二者的权重的设置却出现了较大分歧。美方管理人员认为，美国是一个注重个人业绩和能力的国家，应该以个人业绩为主要考量指标，团队考核比例应该设置得较小。中方管理人员却认为，团队合作是很重要的，企业要以团队为主要考核对象，团队业绩占比应高于个人业绩占比，个人奖惩应在团队考核的基础上进行。为此，双方争执不下。此外，双方还有一些分歧。例如，在对员工的评价上，中方和外方管理人员常常会有一些差异较大的评价。一次，在讨论一名拟晋升的管理人员时，中方认为该员工工作敬业，有较强的专业能力，能圆满完成领导交办的各项任务，符合晋升条件。外方则认为该员工虽然专业能力强，工作完成较好，但性格内向，平日不愿与人交往，不够幽默健谈，人际关系存在问题。为此，公司的人力资源总监陷入了深深的沉思中。

（资料来源：编者结合校企合作企业的具体实施情况综合编写。）

　　分析：
　　1）什么原因造成中外两方人员对同一件事情和同一个人有不同意见和评判？
　　2）面对这样的问题，跨国公司的人力资源管理者应该如何解决？

　　从上述案例中可以看出，随着世界经济一体化进程的不断深入，企业的国际化程度越来越高，各国企业及企业中各个国家的员工之间有了更多的交流和互动，传统的人力资源管理面临着国际化的挑战，要想在竞争中取得优势，就必须打破固有观念，以开放的心态和国际化的视野制定更加宏观和长远的人力资源管理战略。

一、国际人力资源管理的含义

　　人力资源管理（human resource management，HRM）是指根据企业发展战略的要求，通过对人力资源进行规划、招聘与配置、培训开发、绩效管理、薪酬管理、员工关系管理等一系列工作，调动员工的积极性，发挥员工的潜能，为企业创造价值，确保企业战略目标实现的过程。

　　通常认为，国际人力资源管理与人力资源管理并无本质差别，只是在人力资源管理的基础上加入了跨文化、跨国际的因素。正如美国学者约翰·伊凡塞维奇认为，国际人力资源管理是国际化组织中人员管理的原则和实践。约翰·B.库伦认为，将人力资源管理的功能应用于国际环境时，则成为国际人力资源管理。因此，国际人力资源管理是指企业在成为跨国企业后或者在组织国际化的过程中，渗透了多种文化和国际因素的人力资源管理实践活动。

二、国际人力资源管理产生的背景

1. 全球经济一体化进程加快

　　21世纪以来，全球经济一体化进程越来越快。从世界经济报告的各项调查数据中可以看出，全球贸易量在逐年增长，全球生产迅速一体化，一件产品的各个部件可能由世界不同的国家或地区生产，全球金融交易量急剧增加，跨国经营、价值链全球配置等新的经营管理模式层出不穷，经济发展已超越了国界，各国经济"你中有我，我中有你"，彼此互相依赖、紧密联系的程度正在不断增强。

2. 企业竞争全球化态势明显

经济一体化带来了企业的国际化。19世纪末20世纪初，资本主义进入垄断阶段，资本输出大大发展起来，一些发达资本主义国家的大型企业通过对外直接投资，在海外设立分支机构和子公司，开始跨国经营。

3. 跨国公司在世界范围内不断涌现

跨国公司（transnational corporation），又称多国公司（multi-national corporation），是指具有全球性经营目标和一体化的经营战略，在两个或两个以上国家经营业务、拥有从事生产经营活动分支机构的大型企业。美国的胜家缝纫机公司被学术界认为是全世界第一家跨国公司。第二次世界大战后，跨国公司得到迅速发展。进入21世纪以来，为了应对全球化的企业竞争，跨国公司更是在全世界遍地"开花"。

三、国际人力资源管理的特征

在国际化环境和全球经济竞争加剧的形势下，人力资源管理为了适应这种变化，也表现出新的特征。

1. 人员来源多元化，人力资源管理风险增加

与只在一国经营的公司相比，跨国公司的员工来自不同的国家和地区，他们有着不同的成长环境，价值取向和处事风格有所差异，更容易产生摩擦和矛盾，人际沟通和协调难度更大，人力资源管理面临更加复杂的劳资关系。

各国的劳动法律、工会、管理体系、劳动关系不尽相同。例如，欧洲工人与亚洲工人相比，欧洲工人的工作时间更短、休假更多，拥有更完善的社会保障体系。在西欧国家，企业要解雇员工往往需要支付较高的经济补偿。从工会的组成和作用来看，在一些国家，如墨西哥，工会的影响力非常小，工人信任管理当局非正式的协定，对自身的劳动合同却不关注。在另一些国家，工会的影响力却非常大，如法国，其要求公司董事会中必须有工会或员工代表。因此国际人力资源管理在处理劳资关系时，如果采取的方式不当而不被员工接受，便会面临管理失败甚至触犯所在国法律的风险。

2. 文化背景多样化，人力资源管理难度加大

跨国公司因为在多个国家经营，所以会面临与母国文化不同的文化的冲击。当一种文化跨越了价值观、思维方式、宗教信仰、风俗习惯和心理状态而与另一种文化不同时，就产生了跨文化（inter-cultural）。根据调查显示，1/3的海外经理未能完成任务就提前回到母国，其中一个重要原因就是文化差异的影响。文化已经成为全方位、系统性影响跨国公司经营成败的关键因素。在人力资源管理的过程中，如何处理差异较大甚至冲突的文化模式，如何构建不同文化背景员工之间相互交流、彼此认同的全新的共同文化，可以说，这是一个非常漫长而又艰难的过程。

3. 形势变化复杂化，人力资源管理更具弹性

当今世界处于一个快速变革的时期，这个时期为跨国公司提供了自由和广阔的发展环境及空间，也给跨国公司的人力资源管理提出前所未有的挑战。

1）从外部来看，除了文化因素，世界政治格局的变迁、各国经济法律制度的变化、新技术的诞生和运用等，这一切都使人力资源管理政策的制定和执行更加复杂。

2）从内部来看，传统的组织结构为了适应外部竞争和环境的变化也进行了较大幅度的调整和改变，组织结构趋于扁平化，组织形式趋于多样化，越来越多的组织采用了多维立体结构、网络型组织结构等新兴的组织结构形式。不断变革的内外部环境对人力资源管理提出更高的要求，各项人力资源管理政策和活动只有更加灵活和富有弹性，才能随时应对突如其来的变化。

4. 人力资源管理的战略性地位更加突出，持续学习成为从业者的新要求

近年来，随着更多的企业认识到人是企业的第一资源，人力资源管理工作在企业中也被提升到战略性高度。尤其是在跨国公司中，人力资源管理的水平成为企业能否拥有具有竞争力的员工、能否在市场上取得更大竞争优势的关键因素。为了实现高水平的人力资源管理，就需要跨国公司的人力资源管理人员具有国际化的思维和视野，树立持续学习、终身学习的理念，充分利用企业国际化带来的资源和机遇，掌握先进的管理方法。同时，将这种理念在企业中进行传播和推广，在组织中进行知识管理，使员工具备持续学习能力，将组织打造成为美国彼得·圣吉教授在《第五项修炼》一书中所提到的学习型组织，让组织保持长久的生命力和竞争力。

四、跨国公司员工类型及人员配置模式

（一）跨国公司员工类型

一般来说，跨国总公司所在的国家被称为母国，其在海外建立子公司或分公司的国家被称为东道国（有的也称所在国），除了母国和东道国的他国被称为第三国。因此，根据所属国家的不同，跨国公司的人员可分为三种类型：母国员工（parent-country national，PCN）、东道国员工（host-country national，HCN）和第三国员工（third-country national，TCN）。

1. 母国员工

母国员工指组织总部所在国的公民，他们接受了本国母公司的教育和培训并成长起来。

2. 东道国员工

东道国员工指跨国公司分支机构所在国的公民。例如，一家总部在美国的公司在法国设有子公司，法国公民在其中工作，则被称为东道国员工。

3. 第三国员工

第三国员工指公司聘请的除母国总公司和东道国子公司外的其他国的公民。例如，一个中国公民在意大利为一家德国公司工作。

在此基础上，跨国公司人力资源因为公司经营活动的需要常常进行跨国界的流动，这些由母公司任命的在东道国工作的母国公民或第三国公民，包括在母国公司任命的外国公民，常常被称为驻外人员或外派人员。

（二）跨国公司人员配置模式

基于上述三种主要的员工类型，跨国公司采用的人员配置模式见表 6-1。

表 6-1 跨国公司采用的人员配置模式

人员配置模式	人员来源	人力资源管理侧重点
民族中心主义模式	重要职位均雇用母国人员	为海外业务挑选和培训人员，制定合理的补偿方案，国际委派管理
多中心主义模式	总部重要职位雇用母国人员，子公司雇用东道国人员	与各子公司所在国的人力资源管理人员进行沟通和协调
地区中心主义模式	按地区划分，由地区内任何国家的人员担任职位	与各地区的人力资源管理人员进行沟通和协调
全球中心主义模式	雇用最优秀的人员，不考虑国籍	在全球范围内整合人力资源，实施复杂的人力资源管理

1. 民族中心主义模式

民族中心主义模式是以跨国公司母国为中心的人力资源配置模式，集中表现在跨国公司总部和海外分支机构中的重要职位都由母国人员来担任。

民族中心主义模式认为，总部的看法和问题优于当地的看法及问题，而母国人员可以更好地代表总部的观点。跨国公司将在本国母公司中的政策与工作方法直接移植到海外的子公司，同时母公司对子公司的政策实行严密的控制。正因为如此，子公司的人力资源经理就需要在公司总部的规定与东道国当地的员工可以接受的政策之间进行协调，工作的难度比较大。

民族中心主义模式的优点在于能够通过母国员工的派驻确保子公司与母公司战略、政策和管理方式的一致性，母国人员与总部有良好的沟通合作。但缺点是给东道国员工的晋升设置了"玻璃天花板"，可能会影响员工士气，导致生产率降低，东道国员工流动性增加。此外，这种模式对母国外派人员的选择要求较高，国际委派通常需要支付财务补偿等，给公司增加了成本，同时外派人员自身也需要有较强的环境适应能力。这种模式一般适用于跨国公司在海外开始设立机构和开展业务阶段、海外业务所在的国家

（或地区）的人力资源管理供应质量不能满足跨国公司需要、通过并购方式进入其他国家（或地区）市场等情况。

2. 多中心主义模式

多中心主义模式即人员本土化策略，也就是招募东道国人员管理子公司，公司总部的重要位置由母公司控制。

东道国公民更了解当地市场环境、政治、文化和法律，因此在多中心主义模式中，母公司与子公司基本上是相互独立的，每个海外分支机构中通常都有一个功能齐全的人力资源部门，各个子公司制定适合当地特定环境的人力资源管理政策，人力资源管理人员也由当地员工担任。在这种情况下，子公司的人力资源经理有很大的自主权，因此工作起来就比较简单。

多中心主义模式的优点是能够对东道国员工产生有效的激励，降低了语言和文化障碍，节约了昂贵的培训费用，能帮助公司在东道国建立良好的企业形象，低成本地吸引高质量的求职者，使子公司的管理具有更好的适应性和连续性。缺点在于总部对子公司的控制能力降低，难以制定一套统一的人力资源管理政策。多中心主义模式主要适用于跨国公司的产品或服务需要高度满足海外各个市场差异化需要，不能按照统一的模式经营的情况，也适用于海外各业务单位之间不存在紧密协作关系的情况。

3. 地区中心主义模式

在地区中心主义模式中，子公司按照地区进行分类，各区域自成体系。例如，将一家美国公司划分为三个区域，即亚太区、欧洲区、北美区等。子公司的管理人员由本地区任何国家的员工担任。

各个地区内部的人力资源管理政策尽可能地协调，在地区中心主义模式中，地区性分支机构作为一个单位反映公司的战略，在地区决策制定方面具有一定的自主权。

地区中心主义模式的优点是地区内部的协调与沟通的程度很高，缺点是各个地区与公司总部之间的协调与沟通非常有限。

4. 全球中心主义模式

全球中心主义模式是一种全球整合经营战略指导下的人力资源配置模式，公司会考虑为一个岗位雇用最优秀的人员，而不考虑国籍。

在全球中心主义模式中，公司总部与各个子公司构成一个全球性的网络，该网络被看作一个系统性的经济实体而非母公司与各个子公司的一个简单集合。全球中心主义模式下的人力资源管理政策服务于整体最优化的目标，因此既可以有在整个网络中普遍适用的政策，也可以有局部适用的政策。

全球中心主义模式的优点是具有很强的包容性和较高的适应性，对各种类型的员工都具有激励作用，能够为组织发展选拔优秀人才，同时有利于人员的国际化流动。缺点是这是一种最为复杂的人力资源管理，对管理人员要求非常高，对每个方面都要考虑周到并且处理好，同时需要进行文化的重新整合。全球中心主义模式一般适用于规模和影响力都非常大的全球性公司。

上述四种人力资源模式配置各有优劣，有各自的适用范围，企业可根据自身所处的环境、发展战略、发展阶段寻求最适合的模式，并且根据形势的发展变化，对模式进行动态调整和重新选择。

五、世界主要国家人力资源管理模式

（一）美国人力资源管理模式

1. 人力资源配置的高度市场化

作为一个典型的信奉自由主义的国家，美国的劳动力市场非常发达，企业组织具有很强的开放性，主要依赖外部劳动力市场进行人员招聘，市场机制在人力资源配置中发挥着基础作用。作为需求方企业几乎所需的任何人才都可以在劳动力市场上，通过规范的招聘程序从外部获得。作为供给方，劳动者会根据自身条件选择职业，即使从业后对自己的潜能有了新的认识，或有了更理想的工作，也会从容地进行职业的重新选择。企业和劳动者之间是简单的短期供求关系，没有过多的权利和义务约束。

人员配置的高度市场化的优点是通过双向的选择流动，实现全社会范围内的个人、岗位最优化匹配；缺点是企业员工的稳定性差，不利于长期人力资本的形成和积累。

2. 岗位管理专业化和制度化

美国在人力资源管理上实现了高度的专业化和制度化。美国企业管理的基础是契约、理性，重视刚性制度安排，组织结构上具有明确的指令链和等级层次，分工明确，责任清楚，讲求用规范加以控制，对常规问题处理的程序和政策都有明文规定。

大多数企业通过科学的岗位分析工具和完善的岗位分析问卷，对每项工作都进行了严密的分析，针对工作岗位制定了详尽的岗位说明书，详细描述每个岗位的具体要求，员工必须按照岗位说明书履行岗位职责，并以此作为重要的考核依据。企业分工精细、严密，专业化程度很高，员工在各自岗位上工作，不得随便交叉。这种安排的优点在于，工作内容简化，易胜任，即使出现人员空缺，也能很快填充，而且简化的工作内容也易形成明确的规章和制度，摆脱经验型管理的限制；缺点是员工自我协调和应变能力下降，不利于通才的形成和培养。

3. 员工激励以物质激励为主

美国强调以物质刺激为基础的工资制度。美国公司内部工资制定的基础是职务分工，不同级别的工作、工种、岗位，不同的职业要求有不同的工资水平，表现出强烈的刚性。美国人力资源管理中比较多地偏重于以个人为中心，强调个人的价值，主要是以个人为激励对象。这种刚性的工资制度是建立在员工与企业之间纯理性的基础上的，两者的关系完全是一种契约关系。这种激励的优点在于，企业景气的时候不用考虑对员工有额外的支付，减少了发展成本；缺点是如果经济不景气，企业无法说服员工通过减少工资、降低成本来帮助企业渡过难关，只能解雇员工，导致员工对企业缺乏信任，形成对抗性的劳资关系。

4. 人力资源使用全球化

在人力资源使用上，美国采取多口进入措施。美国企业重能力，不重资历，对外具有亲和性和非歧视性。员工来源多种多样，甚至来自全球各个国家和地区。

由于美国实行比较完全的市场经济制度，竞争环境相对公平、经济发展水平高、具有世界先进的科学技术及完善的教育条件，优秀人才较易得到良好的培育并在科学和技术领域得到良好的发展。在美国以全球化方式引进的优秀人力资源中有很多是世界上一流的科学家和工程师。美国重要的大公司、大企业中外国科学家和工程师已占全部科技人员总数的 1/2 以上。

美国的人力资源全球化引进虽然也在一定程度上加剧了引进人才与本土人才在就业及发展方面的竞争，并产生了一些新的不平衡，有时甚至引发了排斥外国移民的浪潮，但这些不平衡与人力资源全球化引进给美国经济发展所带来的巨大促进作用相比是微不足道的。竞争和开放是市场经济的根本属性，也是市场经济发展的必然选择。

5. 人员晋升的快速提拔

员工进入企业后如果有良好的工作绩效，就可能很快得到提拔甚至破格晋升，不必熬年头、论资排辈。企业的中高层领导可以从内部提拔，也可以选用别的企业中卓有建树者，一视同仁。这种人员晋升机制的优点在于，拓宽了人才选择面，增加了对外部人才的吸引力，强化了竞争机制，创造了人人脱颖而出的机会；缺点是减少了内部员工晋升的期望，削弱了工作积极性。由于忽视员工的服务年限和资历，员工对企业的归属感不强，忠诚度普遍不高。

6. 广泛的人力资源培训

美国的人力资源理念认为，培训是能够产生巨大收益的活动，而非仅仅是企业投入的成本，因此各类用人机构特别是大企业重视开展广泛的人力资源培训。美国的人力资源观认为，学校的普通教育水平难以满足企业经营实际对于工作技能的具体、多元、多变的要求，因此需要采取一系列的措施开展员工培训，以不断提高各级各类人员的工作能力。在美国，企业员工从录用时起，首先需要接受系统的职前培训，以使新员工熟悉和适应新的工作环境，完成组织社会化。此外，在工作中还需要接受各类在职培训，很多企业为此安排了专门的培训费用，以保证劳动力素质得到提升。

（二）欧洲人力资源管理模式

1. 政府积极参与宏观人力资源管理

欧洲国家的文化使欧洲国家政府积极参与人力资源管理，在人员招聘、薪酬制度设计、培训、安全生产、工作环境、工作时间、环境健康和工会管理等诸多方面都有完善的法律规定。就整个世界范围而言，欧洲各国作为一个整体，和世界上其他国家及地区相比，宏观人力资源政策更健全。

2. 员工招聘以内部招聘为主，外部为辅

内部招聘是欧洲企业招聘员工的主要方式，即对现有员工进行排序后选出承担新职位的最佳人选。有研究结果表明，在丹麦和德国，有 1/2 以上的企业先将员工招收为办事员，部分作为学徒工，然后从中为大多数职位谋求合适人选。西班牙国内有 66% 的专业人员是从企业内部雇员中招聘的，瑞典的情况也是如此。西门子有自身的内部晋升制度，重视内部人力资源的开发。公司每遇有空缺职位时，总是先在企业内部发布公告，充分挖掘内部人才潜力，只有当企业在内部招聘不到合适人选时，才向外招聘。外部招聘被作为一种辅助方式，其来源主要是劳动力市场。内部招聘有助于提升员工士气，给员工更多的内部职业晋升通道。

3. 培训注重职业化

欧洲各国企业一般注重培养和提升员工综合素质，强调建立员工的工作责任感和职业道德感，而且欧洲的培训具有很强的职业化特征，注重培养员工的职业能力。例如，德国法律规定，凡是接受 9～10 年义务教育后开始进入职业生活、年龄不满 18 岁的人必须进入职业学校学习，通过法律法规的形式强制公民接受职业教育。还有很多企业实行学徒制，以保证职业技能的传承。事实上，无论是企业还是雇员都愿意参加职业培训来提高工作技能。其他欧洲国家也纷纷效仿德国的做法，通过政府补贴或者强制企业提供培训费用的方法，来保证企业员工能够接受正式的培训，这也是欧洲制造业十分强大的原因之一。

4. 注意培育和谐的劳资关系

21 世纪以来，欧洲各国企业员工之间逐渐由过去的对立关系变成一种建立在忠诚基础上的合作关系。欧洲各国企业普遍认识到人力资源对于企业发展的重要性，对人力资源管理给予充分的重视，鼓励员工参与企业管理和企业文化建设。一些欧洲国家还通过法律规定，在该国经营的所有企业必须对员工公开有关信息，甚至包括董事会的决策决议，以此来达到与员工有效沟通的目的。工会的角色逐渐转化为合作伙伴。在这种互信互利的整体背景下，公司对员工采用了多种激励模式，如工资激励、弹性福利、度假津贴、培训教育、晋升机会等，甚至和谐的劳资关系也是一种重要的激励方式。这一系列的激励策略，使整个欧洲的人力资源发展处于积极的状态。

（三）日本人力资源管理模式

1. 年功序列工资制

年功序列工资制的萌芽可追溯到日本的明治维新后期。由于产业革命浪潮的冲击，当时技术基础薄弱的日本企业，为了稳定企业员工，不得不采取定期加薪、发奖金和晋升等手段，而企业里的员工为了能够有安定的生活保障，也愿意接受这种制度。年功序列工资制认为业务能力和技术熟练程度的提升与员工年龄的增长成正比，随着服务年限的增加，员工对企业的贡献度增加，工资也应逐年增加。

2. 终身雇佣制

日本采用终身雇佣制的企业比较常见。终身雇佣制是指企业的核心员工，除非发生极其特殊的情况，一般会一直供职到退休，不会轻易被解雇。在日本，无论是管理者还是劳动者都希望就业的相对稳定。从管理者来说，因为在员工的培训上投入相对较多，所以一般不愿意让员工离开企业，这一点即使在经济不景气的情况下也是如此。就劳动者来说，也不愿意离开原企业，主要原因：一是日本二次劳动力市场不发达，已经就过业的人较难通过这一市场重新找到工作；二是市场对更换工作者有一定的歧视，人们因为更换工作会在收入上受到极大的影响。正是由于劳资双方都不愿意更换工作，就逐渐形成日本的终身雇佣制。

终身雇佣制使员工和企业成为命运共同体，荣辱与共，员工更加愿意与管理者之间开展合作，共保企业的发展。终身雇佣制最大的优点是有助于企业稳定，提高劳动生产率，促进职工长期发展，稳定就业政策。但对于这一政策也应有客观认识，一是日本并不存在制度化的终身雇佣制，只是一种劳资双方久以来约定俗成的固有心理契约，这种方式在其他国家或企业也有存在；二是这种制度一般适用于日本大型企业或是企业的核心员工，非核心员工的用工也很灵活，没有终身雇佣制。

3. 员工来源的窄入口和晋升的"慢车道"

日本企业的员工来源一般来说渠道较窄，企业并不是需要什么样的人，就到市场上去寻找，而是主要来自大学毕业生的招聘和内部提拔。与美国企业不同，日本企业在人力资源配置的市场化程度方面要低得多。日本企业对员工的进口关把控比较严，对员工的素质要求较高，而日本企业所强调的员工素质主要是指员工的基本素质，而不是一般的具体岗位技能。

日本公司很少公开或正式强调员工在职业生涯的早期就确定其为高潜质经理。在最初的8～10年，经理与其同龄人一起晋升并得到同样的薪资。即使是从外部招聘来的管理人员，无论能力有多强，一般也需要相当长的一段时间来熟悉企业情况，尤其是还要接受企业全方位的培训，为以后的管理工作积累经验和创造条件。这就是员工晋升的"慢车道"。

4. 企业内部工会制度

与西方其他国家不同，日本的工会是按特定企业成立的，设置在企业内部，而不是跨行业的。这样一旦劳资双方发生争议，容易在企业内部协商解决。日本工会常常采取理性的态度，既不和企业闹翻，又注重为员工争取利益，即使矛盾双方一时达不成协议，工会也会动员员工正常工作，以免影响生产，造成两败俱伤。

内部工会深受劳资双方的欢迎，日本很少有旷日持久的罢工，与这一制度不无关系。

知 识 测 试

项目六任务一参考答案

一、单选题

1. 一个跨国总公司的所在的国家被称为（ ）。
　　A．东道国　　　　　　B．母国　　　　　　C．第三国　　　　　D．中介国
2. 国际人力资源管理中的（ ）就是招募东道国人员管理子公司，公司总部的重要位置由母公司控制。
　　A．民族中心主义模式　　　　　　　　B．多中心主义模式
　　C．地区中心主义模式　　　　　　　　D．全球中心主义模式
3. 国际人力资源管理中的（ ）是一种全球整合经营战略指导下的人力资源配置模式，公司会考虑为一个岗位雇用最优秀的人员，而不考虑国籍。
　　A．民族中心主义模式　　　　　　　　B．多中心主义模式
　　C．地区中心主义模式　　　　　　　　D．全球中心主义模式

二、简答题

1. 美国的人力资源管理模式有什么特点？这与它的国家文化有关吗？为什么？
2. 日本的人力资源管理模式有什么特点？它体现了日本的什么文化特征？
3. 欧洲的人力资源管理模式有什么特点？它与我国的人力资源管理有何异同？

任 务 实 施

1. 跨国公司能否成功地存在和发展取决于很多因素，而跨文化的管理和融合实施的好坏是其中一个重要因素。分别寻找一个成功的跨国公司和一个失败的跨国公司的案例，了解其成功和失败的原因，并说说自己的收获。
2. 你是一家总部在中国的跨国公司的人力资源总监，公司进行业务拓展，在美国、日本、德国都设立了分公司，你打算对这些分公司的管理人员、技术人员等核心成员和普通员工分别采用什么样的人员配置方式。分小组进行讨论并将讨论结果以 PPT 形式进行分享。
3. 阐述你所实习的企业的人力资源管理特色。

任务二 人力资源管理策略运用

本任务在分析具体企业实例中的人力资源管理方法、过程及成效的基础上，遵循人力资源管理工作的逻辑顺序，介绍了人力资源管理六大模块（人力资源规划、招聘与配置、培训与开发、薪酬与福利、绩效管理、劳动关系管理）的具体工作内容，从而使学生能够正确运用人力资源管理策略，实施企业的人力资源管理。

▌ 任务目标

搭建人力资源管理六大模块的基本框架。

▌ 导入案例

吉利的人力资源管理

吉利控股集团（以下简称吉利）成立于 1986 年，在开始的 10 年间并不生产汽车，而是生产电冰箱、电冰柜，直到 1997 年，它才进入汽车行业。作为一家民营企业，它连续 7 年入围《财富》杂志世界 500 强榜单，2017 年营业收入达到 2 782.6 亿元人民币，它在中国上海、杭州、宁波，美国加利福尼亚州，瑞典哥德堡，英国考文垂，西班牙巴塞罗那建有研发设计中心，研发设计、工程技术人员超过 2 万，产品销售及服务网络遍布世界各地。

2009 年之前，吉利内部人力资源管理是粗放式管理，没有人力资源管理体系，各子公司都是根据自己的需求招聘。后期，企业意识到这种粗放式的管理越来越不能满足企业快速发展的需要，人力资源管理亟需进行变革。

2009～2013 年，吉利花费 4 年时间，逐步搭建了现代人力资源管理体系，整个体系包括若干子模块，如招聘、培训、薪酬福利、干部管理、员工关系等，通过人力资源信息化建设，推动整个管理体系的实施。

2014 年，人力资源三支柱模型席卷全国各地。吉利也提出了利用 HR 三支柱模型来深化服务业务，通过建立人力资源共享服务中心（HR Shared Service Center，HRSSC）及专家中心（Center of Expertise，COE）全面推进人力资源业务伙伴（HR business partner，HRBP）模式，将人力资源重心调整为业务驱动创新。为了配合集团未来的发展战略，吉利希望利用文化与人才来驱动业务的快速发展。

一是吉利在主要业务的地方建立了人力资源共享中心，利用信息化互联网技术，实现员工自助服务，建立了高效、统一的共享服务平台，形成有市场竞争力的高效运营团队。

二是建立招聘共享中心。招聘共享中心是根据人力资源的业务需求，将招聘市场化。有了这个中心，吉利对外部猎头的依赖程度就会降低。仅 2018 年上半年，招聘共享中心在成本上就为集团节省了 4 000 万元，招聘共享中心大大提高了各个业务人才供给效率，也建立了大量的人才共享数据库。

三是建立企业大学。企业大学的使命主要有几个方面：①人才培养；②智慧碰撞；③文化传播。企业大学是一个国际化交流平台，能够把中西方所有员工、专家集中在一起，共享智慧资源。

四是企业文化建设，吉利秉承"快乐人生，吉利相伴"的核心价值理念，形成四个文化支柱：①奋斗者文化；②对标文化；③问题文化；④合规文化。

五是激励机制建设，吉利有一个"2521"原则。绩效排名前20%的员工，被认为是高绩效的奋斗者，吉利要给予高奖励；对胜任的50%给予常规激励；对一般的20%的员工不激励；对不积极、业绩差、不胜任的10%的员工给予负激励，对于该部分员工，吉利有一个培训再激活的机制，被称为"追赶"计划。除了高压力、高激励外，吉利实践尊重人、成就人、幸福人的人力资源管理理念，认为关爱是非常重要的。公司为员工拿出几亿元来购买保险，保险覆盖范围除了员工自己，还包括员工的配偶、父母、子女。

（资料来源：根据网络资料整理。）

分析：

1）什么是人力资源管理？人力资源管理工作主要包括哪些内容？

2）吉利是怎样对人力资源管理进行改革的？它采取了哪些有特色的人力资源管理举措？

一、人力资源管理基本理论

"人力资源"一词是由当代著名的管理学家彼得·德鲁克于1954年在其《管理的实践》一书中提出的。人力资源是指能够推动整个经济和社会发展的具有智力劳动和体力劳动的人的总和，它反映了一个国家或地区人口总体所拥有的劳动能力，包括数量与质量两个主要指标。有效的人力资源管理工作有助于提高组织效率，有利于科学地选人、育人、用人和留人，有助于建立新型的企业文化，是企业生存、发展和创新的保证。一般认为，人力资源管理工作有五项基本任务和六大工作模块。

（一）人力资源管理的基本任务——5P模型

组织的人力资源管理是一项系统性的工作，郑晓明在《现代企业人力资源管理导论》一书中提出人力资源管理的5P模型：识人（perception）、选人（pick）、育人（professional）、用人（placement）、留人（preservation），概括了人力资源管理的主要任务。

1. 识人

识人是基础。人才识别是指以科学的人才观念为指导，借助科学的人才测评技术和手段，识别符合企业需求的真正人才。

2. 选人

选人是先导，必须在识人的基础上进行。首先，围绕岗位胜任模型，在工作分析的基础上建立并完善岗位说明书，并定期进行岗位评价，实施动态管理。其次，采用现代化的手段和工具，引入多样化的人才测评手段和工具，提高选人的科学性。

3. 育人

育人是动力，必须以战略为导向，既注重满足当前需求的培训，更注重满足未来需求的开发，着力建立一套科学的培训与开发体系。同时，育人要将企业培训和员工职业生涯规划相结合，做到企业与员工的双赢。

4. 用人

用人是核心，企业的人力资源管理的出发点和落脚点在于用人，通过对人力资源的合理配置和使用，达到人尽其才、才尽其用，同时达成组织既定的目标。

5. 留人

留人是目的，要解决"留什么人，怎样留人"的问题，必须围绕"持续激励人"这个核心，建立科学的考核与薪酬体系。

（二）人力资源管理的主要职能——六大模块

在上述五项基本任务的基础上，人力资源管理的职能被划分成六大模块，即人力资源规划、招聘与配置、培训与开发、薪酬与福利、绩效管理、员工关系管理。

1. 人力资源规划

人力资源规划是指根据企业发展战略，制订相应的人力资源整体计划、长远计划和宏观计划的过程，包括进行工作分析、编制岗位说明书、进行人力资源供给和需求分析、组织结构设计等。

2. 招聘与配置

招聘与配置是指组织为了发展需要，根据人力资源规划和工作分析的要求，寻找、吸引那些有能力又有兴趣的人员到本组织任职，从中选出适宜人员予以录用，并将其安排到合理岗位的过程。

3. 培训与开发

培训与开发不仅包括企业各层次员工培训需求的调查、培训项目和课程的设计、培训方式的选择、培训活动的组织实施、培训效果评估等工作，还包括对员工进行贯穿职业生涯发展全过程的职业开发、打造学习型组织等内容。

4. 薪酬与福利

薪酬与福利包括薪酬福利调查、方案设计、预算、发放、数据分析、员工社保公积金办理等相关工作。薪酬与福利制度是否科学合理、是否让员工满意，不仅关系到员工个人的切身利益，还直接影响到企业的人力资源效率和劳动生产率，从而进一步影响到企业战略目标的实现。

5. 绩效管理

绩效管理包括根据组织目标进行绩效计划制订、绩效辅导沟通、绩效考核评价、绩效结果应用、绩效目标提升等内容。

6. 员工关系管理

员工关系管理的内容包括劳动纪律管理、劳动合同管理、就业管理、组织内部劳动规则管理、职工民主管理及工作时间和休息休假管理、劳动安全卫生和劳动保护、劳动争议管理、企业文化建设、和谐工作关系营造等内容。

二、人力资源规划

人力资源规划的目的在于结合企业发展战略，通过对企业资源状况及人力资源管理现状的分析，找到未来人力资源工作的重点和方向，并制订具体的工作方案和计划，以保证企业目标的顺利实现。

一般来说，人力资源规划过程可以分为四个关键步骤：工作分析、人力资源需求预测、人力资源供给预测、具体制度设计。

（一）工作分析

1. 工作分析的含义

工作分析也称岗位分析、职位分析，是一切人力资源管理的起点和核心工作，只有在客观、准确的工作分析基础上，才能进一步建立科学的招聘、培训、绩效考核及薪酬管理体系。工作分析需要做的是对组织中每个具体岗位、某项工作或任务进行全面分析，主要包括针对岗位职责、任职条件、设置目的、权力和隶属关系、工作条件和环境、绩效薪酬等相关信息进行收集与分析，并对其做出明确的规定。

2. 工作分析的方法

（1）面谈法

面谈法是指工作分析人员就某一职务或者岗位面对面地询问任职者、主管、专家等对工作的意见和看法。

（2）观察法

观察法是指工作分析人员直接到工作现场，针对特定对象（一个或多个任职者）的作业活动进行观察，收集、记录有关工作的内容、工作环境、条件等信息，并用文字或图标形式记录下来，然后进行分析与归纳总结的方法。

（3）问卷调查法

问卷调查法是工作分析中较常用的一种方法。这种方法由有关人员拿出设计好的一套职务分析问卷，再由被调查岗位工作的员工来填写问卷，最后将问卷加以归纳分析，并据此写出工作职务描述。这些问卷除了可以根据企业情况进行设计，还有很多专家和学者设计好的较为科学的分析量表，常用的如职位分析问卷、管理人员职务描述问卷、职能工作分析法等。

（4）工作日志法

工作日志法又称工作写实法，是指任职者按时间顺序详细记录自己的工作内容与工作过程，然后经过归纳、分析，达到工作分析目的的一种方法。

（5）资料分析法

资料分析法是指为降低工作分析的成本，可尽量利用企业原有资料，如责任制文本等人事文件，以对每项工作的任务、责任、权利、工作负荷、任职资格等有一个大致的了解，为进一步调查、分析奠定基础。也可借助网络、查阅其他资料对职位进行分析，作为信息来源的补充。

（6）关键事件法

关键事件法也称典型事件法，该方法要求本岗位员工将工作过程中的关键事件详细地加以记录，可在大量收集信息后，对岗位的特征要求进行分析研究。

（7）工作实践法

工作实践法是分析人员从事所要分析的工作，并根据其所掌握的一手资料进行分析的方法。这种方法能获得真实有针对性的资料，但仅适用于短期内可以掌握的工作。

3. 工作分析的结果——岗位说明书

工作分析的结果是形成岗位说明书，也称职务说明书。岗位说明书是记录工作分析结果的文件，它把所分析岗位的职责、权限、工作内容、任职资格等信息以文字形式记录下来，以便管理人员使用。详尽、完备、科学的岗位说明书有助于员工了解工作内容，理顺组织工作流程，提高生产效率。

岗位说明书有多种形式，表 6-2 是岗位说明书的一个示例。

表 6-2　行政人事经理岗位说明书

岗位	标识信息	岗位名称	行政人事经理	隶属部门	行政人事部
		岗位编码	HX05	岗位定员	1 人
		直接上级	副总经理	直接下级	部门员工
工作概述		全面负责公司行政人事事务的管理，确保公司各项工作正常运作			

续表

岗位职责与任务	① 负责制订公司行政事务管理计划和实施。 ② 监控公司办公经费的使用和费用审核。 ③ 负责组织制定完善的公司管理制度体系。负责组织有关部门和人员进行公司管理策划，及时制定有关管理制度和方案，推进公司的管理。 ④ 负责人力资源的招聘、使用、管理、开发和人力成本的控制。做好组织结构的设计与调整，合理配置工作岗位；做好公司各部门人员的定编工作，结合实际需要，及时组织劳动额的控制、分析、修订、补充。 ⑤ 负责定期主持召开本部门工作例会，布置、检查、总结工作，并组织本部门员工的业务学习，提高行政人事管理水平和业务技能，保证各项工作任务能及时完成。 ⑥ 负责组织监督、检查公司管理制度落实情况，维护办公秩序。 ⑦ 负责组织公司对外形象宣传，代表公司与有关部门和机构保持良好的公共关系。 ⑧ 负责组织公司重要会议、重大活动的筹备工作；接待公司重要来访客人。 ⑨ 完成领导安排的其他任务	
工作权限	① 所属人员工作岗位调动权、工作指导权、分配权、监督考核权。 ② 对所属人员的违纪、违规纠正权、事实处理权或处理申报权。 ③ 行政事务经费的审核权或额度内审批权。 ④ 办公用品采购计划的审核权。 ⑤ 公司车辆的调度权	
工作时间	早上 9 点至下午 5 点，周末双休。有时需要加班	
工作环境	主要在办公室，偶尔会出差和进行对外学习交流	
任职条件	知识及教育水平要求	① 拥有行政管理、人力资源管理、经济法及公共关系等方面的专业知识。 ② 熟悉计算机的应用及操作技能。 ③ 全日制硕士及以上学历
	技能要求	行政事务分析处理能力、公关能力、人力资源管理能力
	工作经验要求	5 年以上相关工作经验
	基本素质要求	抗压力强，精力充沛，有强烈的责任心，仔细、认真

（二）人力资源需求预测

在工作分析的基础上，要对企业人力资源需求进行预测。常见的预测方法有以下几种。

1. 现状预测法

现状预测法是一种最简便的预测方法，适用于短期的预测。这种方法假定组织的员工总数与结构完全能适应预期的需求，管理者只需要安排适当的人员在适当的时间内去补缺即可，如替补晋升和补充跳槽者的工作岗位。

2. 经验预测法

经验预测法是根据以往的经验进行预测的方法，简便易行。有些组织常采用这种方法进行预测。例如，某公司在 3 年中的销售额每年上升 5%，员工人数上升 2%，那么按照这个规律，就可以预测未来所需的人数。

3. 德尔菲法

德尔菲法也叫专家函询法，是一种专家决策的方法。德尔菲法一般采用问卷调查或小组面谈或发送函件等形式，听取专家对未来有关因素趋向的分析意见和人力资源需求建议，并通过多次反复，以达到专家在人员需求问题上取得较为一致意见和看法的目的。

4. 回归分析法

回归分析法是借助数理统计和计算机，找出变量之间相互关系的一种统计方法。这种方法中，最简单的是一元线性回归分析，也可以是多元线性回归分析和非线性回归分析。一般而言，人力资源需求量变化起因于多种因素，故可考虑用多元线性回归分析。

5. 转换比率法

转换比率法是根据已确定的各类人员之间、人员与设备之间、人员与产量之间的各种科学的比例关系来预测人力资源需求的一种方法。例如，某大学 2019 年有硕士研究生 1 500 人，2020 年计划增加招生 660 人，2019 年每个教师平均承担 15 名研究生的工作量，2020 年，计划每个教师增加 3 名研究生的工作量，那么按照比率转换，2020 年该学校应增加 36 名教师。

（三）人力资源供给预测

企业的人力资源供给主要来源于外部供给和内部供给，因此可以从外部和内部这两个方面进行预测。

1. 人力资源外部供给预测

外部供给预测主要指外部宏观劳动力市场。很多因素会影响到外部人力资源供给，如人口变动、经济发展状况、人员的教育文化水平、对专门技能的要求、失业率等。

2. 人力资源内部供给预测

人力资源内部供给预测的方法主要有以下几种。

（1）职位替换卡法

职位替换卡法也叫管理人员接替法，指对现有管理人员的状况进行调查评价后，列出未来可能的管理者人选，又称为管理者继承计划。该方法被认为是把人力资源规划和企业战略结合起来的一种较有效的方法，在许多公司里运用取得了较好的结果。

（2）技能清单法

技能清单法即员工信息记录卡法，也叫员工档案资料分析法，主要追踪、记录反映员工的工作经验、受教育程度、特殊技能、竞争能力等与工作有关的信息，以帮助估计现有员工调换工作岗位的可能性，决定哪些员工可以补充当前空缺的职位。

（3）马尔可夫分析法

马尔可夫分析法最早在荷兰军队里被使用，后扩展应用于企业中，其基本思想是找出过去人事变动的规律，以此推测未来的人员状况。马尔可夫分析法可以和任何预测人力资源需求的方法一起运用，企业可根据最后得出的供求状况及时制定人力资源规划方案。

此外，在人力资源规划中，德尔菲法也同样适用于人力资源供给预测。

（四）具体制度设计

进行人力资源供需分析后，就需要在供需之间取得平衡，并且根据供需是否平衡做出招聘、培训、绩效考核、薪酬福利等各项配套制度设计，也就是人力资源规划的具体编制。若是长期的人力资源规划，可以长达 5 年以上；若是短期的人力资源规划，如年度人力资源规划，则为 1 年。制定人力资源规划后，还要进行定期与不定期的评估，及时进行修正，使其更符合实际，更好地促进组织目标的实现。

三、招聘与配置

招聘是指组织根据人力资源规划和岗位需求，招募及甄选优秀人才的过程。配置是指优秀人才被招进来后，只有将其放到最合适的岗位，才能使其发挥最大作用，因此招聘与配置是两个紧密联系的环节。招聘合适的人才并把人才配置到合适的地方才算完成一次有效的招聘。

> **案例阅读**
>
> ### WR 公司的人才招聘
>
> WR 公司一直将人视为最大的"财产"，并要求其员工个人的价值观须和企业的价值观一致，否则无论应聘者多么优秀，WR 公司也不会雇用。
>
> 公司实行内部招聘与外部招聘相结合的方法，广开人才招聘的渠道。WR 公司的招聘信息必须先在内部登载，供内部员工选择。如果一个月内内部招聘不到满意的人员，人力资源部就可以考虑通过集团外部的招聘渠道招聘。
>
> WR 公司招聘人才的主要渠道有以下几个。
>
> 1）实习生招聘。WR 公司一直非常重视选拔优秀的实习生。WR 公司的实习生计划特别注重实地培训和公司文化与政策宣传，"眼见为实，耳听为虚"，WR 公司认为最好的办法就是让实习生来公司工作和生活一段时间。
>
> 2）校园招聘。WR 公司认为，相对于从社会雇用的人才，校园招聘的人才有很多优点，如对公司忠诚度更高，人才可塑性强，最愿意全力以赴办事，愿意积累多部门经验，不怕风险等。
>
> 3）员工推荐。WR 公司非常鼓励公司员工推荐优秀人才。如果公司录用了由员工推荐的候选人，那么推荐的员工将得到公司的奖励。
>
> 4）用户。WR 公司编有专用程序，在成千上万的用户进行联机检索时，WR 公司就会得到他们检索的有关信息，并由此可以分析哪些用户的技能较高或可被列为公司招聘的对象。这种方法对于招聘合适的人才非常有用。

5）网站招聘。WR 公司的广告大多宣传公司的产品和性能、员工工作及每年的收益等。尽管广告与人才招聘并不直接相关，但是这样的宣传累积了 WR 公司招聘人才的品牌优势。

此外，WR 公司并不认为员工跳槽是一件坏事，对于离开公司的优秀员工，公司也会对他们的工作情况进行追踪，并会在合适的时间再把他们招聘回来。

（资料来源：根据网络资料整理。）

分析：人员招聘有哪些渠道？它们各有哪些优劣势？

（一）人员招聘

1. 人员招聘的渠道

人员招聘主要有两大渠道，即内部招聘和外部招聘。

（1）内部招聘的方法

1）员工推荐：由企业员工向人力资源管理部门推荐候选人，通过对候选人的审查、考核、岗前培训等一系列程序，把符合条件的人员安排在新的工作岗位上。

2）员工档案：人力资源管理部门应备有员工的个人档案，建立内部储备人才库。当出现岗位空缺时，可通过查阅内部储备人才库寻觅合适人选。

3）工作公告：也叫布告法，当出现岗位空缺时，通过在公司内部各种信息平台，如通过公告板、网站、内部 OA（office automation，办公自动化）系统等公布公告，令全体员工了解职位空缺。有兴趣的员工在限定时间内向人力资源部提交申请，进入选拔流程。

（2）外部招聘的方法

1）媒体招募：通过报纸、杂志、电台等大众媒体及专业刊物发布招聘信息以吸引人才。

2）招聘会招募：通过参加各地人才招聘会或组织专场招聘会进行人员招募。

3）校园招聘：将招聘信息及时发往高校就业信息网，并有选择地参加专业对口的院校人才交流会或到高校组织专门的招聘宣讲活动。

4）就业机构推荐：通过社会上的就业机构，发布信息并进行人员招聘。

5）网络招聘：通过公司网站、专业人才网站或其他网站向社会大众发布招聘信息。这是现在常用的招聘方法。

6）委托猎头公司招聘：委托猎头公司有针对性地进行招聘，此渠道主要针对公司高端管理岗位或个别稀缺技术人才。整个招聘过程讲求保密性。

7）人才租赁：也叫劳务派遣，是指由劳务派遣机构与派遣劳工订立劳动合同，把劳动者派向其他用工单位，再由其用工单位向派遣机构支付一笔服务费用的一种用工形式。

8）新兴的招聘渠道：近年来，随着新型社交媒体的发展，微博、微信、自媒体等各类新的招聘渠道不断出现。

（3）内外部招聘的对比

内外部招聘各有其优劣，需要结合企业情况进行选择使用，在很多时候，两者可以结合起来综合运用，以便为企业寻找到最合适的人力资源。二者的对比见表 6-3。

表 6-3　内外部招聘优劣对比

渠道	内部招聘	外部招聘
优点	① 了解全面，准确性高。 ② 可鼓舞士气，激励员工。 ③ 可更快地适应工作。 ④ 使组织培训投资得到回报。 ⑤ 招聘费用低	① 来源广，余地大，利于招到一流人才。 ② 带来新思想、新方法。 ③ 可平息或缓和内部竞争者之间的矛盾。 ④ 人才现成，节省培训投资费用
缺点	① 来源局限、水平有限。 ② "近亲繁殖"。 ③ 可能造成内部矛盾	① 进入角色慢。 ② 对企业了解少。 ③ 可能影响内部员工积极性。 ④ 招聘费用高

2. 人员招聘的程序

（1）制订招聘计划和策略

招聘计划是组织根据发展目标和岗位需求，对某一阶段招聘工作所做的安排，包括招聘目标、信息发布的时间与渠道、招聘员工的类型及数量、甄选方案及时间安排、财务预算等方面。

（2）发布招聘信息及获取候选人信息

组织要将招聘信息通过多种渠道向社会发布，向社会公众告知用人计划和要求，确保有更多符合要求的人员前来应聘。

（3）甄选

甄选是指通过简历筛选、笔试、面试、测评、背景调查、健康体检等方式对应聘者的情况进行审查，同时根据企业要求选拔人才的过程。

1）简历筛选。简历是应聘者发送给企业的求职资料，企业根据应聘者简历中反映出的关键信息考查求职者与岗位的匹配程度，并据此作为能否进入下一步甄选的依据。

2）笔试。笔试是在大规模招聘、应聘者较多的情况下，企业为了迅速确定符合条件的应聘者、缩小选择范围而采取的，了解应聘者的岗位知识和综合能力的一种甄选形式。笔试可以用纸笔进行，而更多公司则通过计算机或者网络实施笔试。

3）面试。面试是使用范围最广也是最常见的一种人员甄选方式。根据面试的标准化程度，可分为结构化面试、非结构化面试和半结构化面试。结构化面试又称为规范化面试，是依照预先确定的题目、程序和评分标准进行的面试。非结构化面试是指在面试中事先没有规定框架结构，也不使用有确定答案的固定问题的面试。半结构化面试是介于结构化面试与非结构化面试之间的一种面试形式。根据面试的实施方式，面试又可分为单独面试与小组面试。根据面试题目的内容，面试可分为情景性面试和经验性面试。在情景性面试中，面试题目主要是一些情景性的问题，即给定一个情景，观察应聘者在特定的情景中是如何反应的。在经验性面试中，主要是询问一些与应聘者过去的工作和学习经验有关的问题。企业可根据自身情况选择适合的面试方式，或将各种面试方式综合运用。

4）测评。现在越来越多的企业在面试基础上增加了五花八门的测评，如人格测试、笔迹测试、兴趣测试、能力测试、职业倾向测试、心理测试、智力测试等，全方位地考查应聘者的素质和能力。

5）背景调查。背景调查是指通过咨询应聘者曾经服务的组织、就读的学校、推荐人等，核查应聘者的过往经历和证明材料等的真实性及有效性，具有补充选拔过程中不足的资料，有助于证实或取得关于应聘者资料的功能，是一种能直接证实应聘者事实信息的有效方法。

6）健康体检。甄选的最后一步是对应聘者进行入职体检，确保应聘者没有患有岗位不允许的生理及心理疾病。

（4）录用

企业最终对应聘者做出录用决定，以及进行合同签订、新员工的安置、岗前培训、试用、正式录用等几个阶段的工作。

（5）评估

招聘评估主要指对招聘的结果、招聘的成本和招聘的方法等方面进行评估，目的是对招聘进行总结和评价，提高下次招聘工作的效率和效果。

（二）人员配置

人力资源管理要做到人尽其才，才尽其用，人事相宜，最大限度地发挥人力资源的作用。合理的人力资源配置应遵循以下原则。

1. 要素有用原则

要素有用原则认为任何人都是有用的，没有无用之人，只有没用好的人。人员配置的根本目的是为所有人员找到和创造其发挥作用的条件。

2. 优势定位原则

人的能力发展是不平衡的，每个人都有自己的优势和劣势，同时也有自己的专业特长及工作爱好。优势定位内容有两个方面：一是指人自身应根据自己的优势和岗位的要求，选择最有利于发挥自己优势的岗位；二是指管理者也应据此将人安置到最有利于发挥其优势的岗位上。

3. 能级对应原则

企业岗位有层次和种类之分，它们占据着不同的位置，处于不同的能级水平。每个人也都具有不同水平的能力，在纵向上处于不同的能级位置。岗位人员的配置应做到能级对应，即每个人所具有的能级水平与所处的层次和岗位的能级要求相对应。

4. 动态调整原则

动态调整原则是指当人员或岗位要求发生变化的时候，要适时地对人员配备进行调整，以保证始终使合适的人在合适的岗位上工作。

5. 互补增值原则

由于每个个体都具有多样性、差异性，因此在人力资源整体中具有多方面的互补性。互补包括很多方面，如年龄、性别、气质、思维方式、能力、学历、工作方式等，通过取长补短可以发挥个体优势，并形成整体功能优化。

四、培训与开发

为帮助员工胜任工作并发掘员工的最大潜能，组织必须进行员工的培训与开发。很多时候人们把培训与开发混为一谈，其实二者是有一定区别和不同侧重点的。培训是向员工传授其完成本职工作所必需的相关知识、技能、价值观念、行为规范的过程。开发则是增加和提高员工的知识及能力，以满足将来的工作需求。二者的区别见表6-4。

表6-4　培训与开发的区别

区别	培训	开发
时间	侧重短期	侧重长期，甚至员工整个职业生涯
关注点	目前	未来
内容	与当前工作紧密相关	不仅包括当前工作要求，还包括更加广泛的内容
视角	微观	宏观
目的	提升现有能力	挖掘未来潜能
强制性程度	多为强制性参加	需要尊重员工个人意愿

（一）员工培训

员工培训是指组织为开展业务及培育人才的需要，采用各种方式对员工进行有目的、有计划的培养和训练的管理活动，其目标是使员工不断更新知识，提升技能，改进员工的动机、态度和行为，以便更好地胜任现职工作或担负更高级别的职务，从而促进组织效率的提高和组织目标的实现。

1. 培训的分类

培训从不同维度可以进行不同的分类。

（1）按培训对象划分

按照是否是新入职，可分为新员工培训和现有人员培训；按照人员层级和类别，可分为高层管理人员培训、中层管理人员培训、普通职员培训等。

（2）按培训时间划分

按培训时间划分，可分为长期、中期、短期培训。一般一年以内的培训为短期培训，一至五年的培训为中期培训，五年以上的培训为长期培训。

（3）按培训形式划分

按培训的形式划分，可分为岗前培训、在职培训和脱岗培训。岗前培训主要是新员工在正式上岗前的培训；在职培训是在实际工作中边工作边培训；脱岗培训是指现有在职人员离开工作岗位，到其他学校或培训机构进行的培训。

（4）按培训内容划分

按培训的内容划分，可分为知识性培训、技能性培训、行为规范性培训、价值观理念培训、心理培训等。

（5）按培训组织的地点划分

按培训组织的地点划分，可分为企业内培训、企业外培训及远程网络培训等。

2. 培训的方法

企业员工培训的方法多种多样，常常采用的有以下几种。

（1）直接传授型培训

直接传授型培训主要通过培训讲师的直接讲解向培训对象传授知识，主要适用于理论知识类的培训。这种类型的培训主要有以下两种形式。

1）讲授法，也称课堂演讲法，属于传统的培训方式，优点是运用方便，便于培训者控制整个过程。缺点是采用单向信息传递，反馈效果差。讲授法常被用于一些理念性知识的培训中。

2）专题讲座法，是培训教师围绕某一特定主题向学员传授知识的方法。该法和讲授法类似，只是内容上有差异。讲授法一般是系统的知识传授，每节课一个主题，连续多次讲授，讲授主题具有连贯性；专题讲座法一般针对某特定知识，每次安排一个主题、一次培训。

（2）参与型培训

参与型培训注重调动受训者的参与积极性，是一种在培训的互动中进行学习的方法。这种类型的培训主要有以下形式。

1）自学法。这一方法适合于较简单的知识性内容的学习。

2）操作示范法，是指由技术能手担任培训员，现场向受训人员讲授操作理论与技术规范，然后进行标准化的操作示范表演，再由学员反复模仿实习，教师及时指导，使操作逐渐熟练直至符合规范的程序与要求。

3）案例研讨法，是用集体讨论方式进行培训的方法。受训者针对特定案例进行分析、辩论，有利于集思广益、共享集体的经验与意见，有助于他们将受训的收益在未来实际业务工作中思考与应用，建立一个有系统的思考模式。

4）管理游戏法，是当前一种较先进的高级训练法，培训的对象是企业中较高层次的管理人员。与案例研讨法相比较，管理游戏法具有更加生动、更加具体的特点。案例研讨法的结果是受训人员在人为设计的理想化条件下，较轻松地完成决策。管理游戏法则因游戏的设计使学员在决策过程中面临更多切合实际的管理矛盾，决策成功或失败的可能性都同时存在，需要受训人员运用有关的管理理论与原则、决策力与判断力对游戏中所设置的种种遭遇进行分析研究，以争取游戏的胜利。

5）头脑风暴法，指在没有受到任何限制的氛围中，用会议的形式来进行讨论或者座谈，轻松的氛围让所有人员可以打破常规，积极思考和畅所欲言，不能轻易否定他人的观点，让众人充分发表自己的看法，同时互相启发产生思维火花的方法。

（3）态度型培训

态度型培训主要针对价值观、态度、行为调整和身体、心理素质训练，主要包括以下两种方法。

1）拓展训练法。拓展训练法是专业机构通过模拟探险活动对员工进行的一种情景式心理训练、人格训练、管理训练，它以外化型的体能训练为主，使参训人员置身于各种艰苦环境中，在面对挑战、克服困难和解决问题的过程中，使心理素质得到改善和提高的培训方法。拓展训练法通常利用户外的自然环境，通过精心设计的活动，如高空索桥、空中单杠、扎筏泅渡、背摔、断桥、攀岩、电网、求生、盲阵、结伴等，达到磨炼意志、陶冶情操、完善人格、融入团队的培训目的。

2）角色扮演法，又称职位扮演法，是一种模拟训练方法。角色扮演法适用的对象为实际操作人员或管理人员，由受训人员扮演某种训练任务的角色，使他们真正体验到所扮演角色的感受与行为，以发现及改进自己原先职位上的工作态度与行为表现。

（4）现代培训方法

随着现代科技的发展和信息技术的进步，大量的新技术被运用到培训领域，出现了一些新兴的培训方法。

1）网络培训法，即网上培训法，指企业通过内部或外部因特网进行培训的方法。这种方式的优点在于使用灵活，符合分散式学习的新趋势，节省学员集中培训的时间与费用。这种方式信息量大，新知识、新观念传递优势明显，因此为很多企业所青睐，也是培训发展的一个必然趋势。

2）虚拟培训法。虚拟培训法是运用虚拟现实技术生成具有三维信息的人工虚拟环境，受训者通过运用某些设备来驾驭环境、操作工作，通过身临其境的感官刺激，达到提高技能水平和学习知识的目的。

（二）员工开发

员工开发是指根据企业长远发展需要和员工个人发展需要，对员工整个职业生涯乃至人生进行的一整套持续、长远、系统的设计和谋划。员工开发的主体有两个，一个是员工自身，另一个是企业，因此包括员工的个体开发和组织的职业生涯管理。

1. 员工的个体开发

首先，职业生涯规划是员工人生中的一件大事，职业生涯规划的好坏必将影响整个生命历程。对于个体开发，常常用到的是 5W 模式，即从问自己是谁开始，然后顺着问下去，共有以下五个问题。

1）第一个问题"你是谁"（Who are you）。对自己进行一次深刻的反思，有一个比较清醒的认识，将优点和缺点一一列出来。

2）第二个问题"你想干什么"（What do you want）。这是对自己职业发展的一个心理趋向的检查。每个人在不同阶段的兴趣和目标并不完全一致，有时甚至是完全对立的。但随着年龄和经历的增长而逐渐固定，并最终锁定自己的职业理想。

3）第三个问题"你能干什么"（What can you do）。这是对自己能力与潜力的全面总结，一个人职业的定位最根本的还要归结于其能力，而职业发展空间的大小则取决于自己的潜力。对于一个人潜力的了解应该从几个方面着手去认识，如对事情的兴趣、韧力、判断力，以及知识结构是否全面、是否能及时更新等。

4）第四个问题"环境支持或允许你干什么"（What environment can support you）。一个人的职业发展受到所处环境的影响，这种环境不仅包括经济发展、企业制度、职业空间等，还包括同事关系、领导态度等。有时我们在选择职业时常常忽视环境的影响，因而不能达成职业目标。

5）第五个问题"自己最终的职业目标是什么"（What can you be in the end）。明晰了前面四个问题，就会从各个问题中找到对实现有关职业目标有利和不利的条件，列出不利条件最少的、自己想做而且又能够做的职业目标，那么自然就有了一个清楚、明了的框架。最后，将自我职业生涯计划列出来，并设计完成目标需要努力的途径和步骤。

2. 组织的职业生涯管理

组织的职业生涯管理是指企业从员工个人的职业发展需求出发，有意识地将之与企业的人力资源需求和规划相联系、相匹配，为员工的职业成长提供机会和帮助、支持员工职业生涯发展所实施的各种政策措施和活动的过程。开展职业生涯管理工作是满足员工与企业组织双方需要的一种方式，好的职业生涯管理能达到组织与个人"双赢"的效果。

组织的职业生涯管理的出发点是"以人为本"，从研究员工的心理发展和各阶段需要出发，尊重员工的权利和意见，切实围绕调动员工的主动性、积极性和创造性展开。对处于职业发展不同阶段的员工来说，组织的职业生涯管理的侧重点也有所不同。

（1）新员工职业管理侧重点

实践证明，对于新员工来说，企业能够做的重要事情就是争取为其提供一份符合个人最初意愿和具有挑战性的工作，给予新员工足够的培训和信任，给予他们磨炼自己的机会，让其迅速成长和积累经验，缩短适应新环境和新工作的时间，迅速地找到自己的位置。

（2）中期员工职业管理侧重点

对于职业发展中期的员工来说，给予其提拔晋升的机会和足够的职业发展空间，让其清晰地找到个人发展方向，是对员工最大的吸引和动力。职业通路畅通能够让有培养前途、有作为的员工努力去争取，也是企业留住人才的关键。同时，安排富有挑战性的工作和使用岗位轮换的方式让员工摆脱职业疲惫和瓶颈，保持新鲜感，或者安排探索性的职业工作也是一种实在而有效的方法。

（3）后期员工职业管理侧重点

到职业发展后期阶段，员工会面临退出职业生涯的状况。在此阶段，要做好员工社会保险、退休等事宜的安排，同时这些员工的经验丰富，有意愿的人员仍可以在退休后作为企业培训导师、顾问等，通过各种方式发挥"余热"，助力企业发展。同时，企业还应为退休员工安排适合他们的丰富多样的活动，让他们晚年的生活更加幸福。

五、薪酬与福利

薪酬是员工因向所在的组织提供劳动而获得的各种形式的酬劳。狭义的薪酬指货币和可以转化为货币的报酬。广义的薪酬除了包括狭义的薪酬，还包括各种非货币形式的报酬。薪酬与福利是对员工激励的有效的方法之一。

▶ 案例阅读

HW 集团的薪酬体系

1. 岗位职级划分

HW 集团所有岗位分为六个层级：一层级（A）——集团总经理；二层级（B）——高管级；三层级（C）——经理级；四层级（D）——副经理级；五层级（E）——主管级；六层级（F）——专员级，见表6-5。

表 6-5　具体岗位与职级对应

序号	职级	对应岗位
1	A	集团总经理
2	B	各分管副总、总监
3	C	集团总经理助理、各部门经理、分公司总经理
4	D	集团各部门副经理、分公司副总经理
5	E	集团及各子公司承担部门内某一模块的经理助理、主管
6	F	集团及各子公司承担某一具体工作事项的执行者

注：A、B、C岗位层级分别为八个级差（A1、A2、…、A8），D、E岗位层级分别为六个级差。

2. 薪酬组成

HW 集团的薪酬组成为基本工资、岗位津贴、绩效奖金、加班工资、各类补贴、个人相关扣款、业务提成、奖金。

1）基本工资：薪酬的基本组成部分，根据相应的职级和职位予以核定。正常出勤即可享受，无出勤不享受。

2）岗位津贴：对主管以上行使管理职能的岗位或基层岗位专业技能突出的员工给予的津贴。

3）绩效奖金：员工完成岗位责任及工作，公司对该岗位所达成的业绩而予以支付的薪酬部分。

4）加班工资：员工在双休日、节假日及 8 小时以外为了完成额外的工作任务而支付的工资部分。公司 D 职级（包含 D 级）以上岗位及实行提成制的相关岗位实行不定时工作制，工作时间以完成固定的工作职责与任务为主，所以不享受加班工资。

5）各类补贴。

①特殊津贴：集团高级管理岗位人员基于员工的特长或特殊贡献而协议确定的薪酬部分。

②其他补贴：包括手机补贴、出差补贴等。

6）个人相关扣款：包括各种福利的个人必须承担的部分、个人所得税及按照公司相关规定而被处的罚款。

7）业务提成：公司相关业务员享受业务提成，按公司业务提成管理规定执行。

8）奖金：公司为了完成专项工作或对做出突出贡献的员工的一种奖励，包括专项奖、突出贡献奖等。

3．试用期薪酬

1）试用期间的工资为基本工资和岗位津贴的80%。

2）试用期间被证明不符合岗位要求而终止劳动关系的或试用期间员工离职的，不享受试用期间的绩效奖金。

3）试用期合格并转正的员工，正常享受试用期间的绩效奖金。

（资料来源：根据网络资料整理。）

分析：

1）员工薪酬由哪几个部分组成？

2）企业职级通常按照哪些标准进行划分？

（一）薪酬

1．薪酬体系设计流程

（1）薪酬支付策略确定

薪酬从本质上来说是一种激励方式，因而首先要根据激励的导向确定企业薪酬分配的整体原则、倡导的价值观、薪酬结构等。同时，还应分析竞争对手的情况，决定企业相对于当地市场薪酬行情和竞争对手薪酬水平的自身薪酬水平策略。

（2）工作分析

通过工作分析，确定企业各岗位完成工作所需的技能和能力、知识和价值观要求，以及需要承担的责任。

（3）职位评价

职位评价是确保组织内薪酬系统达到公平的重要手段。进行职位评价能确定企业内各个职位的相对重要性，得出职位序列，同时能通过建立统一的职位评估标准，使不同职位之间具有可比性。进行职位评价必须以职位说明书为依据，在进行时可采用的方法多种多样，常用的有以下一些方法。

1）岗位排列法。这是在不对工作内容进行分解的情况下，由评定人员凭借自己的经验和判断，将各工作岗位的相对价值按高低次序进行排列，从而确定某个岗位与其他岗位关系的方法。

2）因素比较法。这是一种量化的岗位评价方法，它实际上是对岗位排列法的一种改进。因素比较法与岗位排列法的主要区别：岗位排列法是从整体的角度对岗位进行比较和排序，而因素比较法是选择多种报酬因素，如责任、工作的复杂程度、工作压力水平、工作所需的教育水平和工作经验等，按照各种因素分别进行排序，再进行比较。

3）岗位分类法。这种方法是将企业的所有岗位根据工作内容、工作职责、任职资格等方面的不同要求，将所有岗位分为不同的类别，一般可分为管理工作类、事务工作类、技术工作类及营销工作类等，然后给每类确定一个岗位价值的范围，并且对同一类的岗位进行排列，从而确定每个岗位不同的岗位价值。

4）配对比较法。配对比较法是将所有要进行评价的岗位列在一起，两两配对比较，其价值较高者可得一分，最后将各岗位所得分数相加，分数最高即等级最高，按分数高低将岗位进行排列，由此划定岗位等级。

5）要素计点法，又称点数加权法、点数法，是目前大多数国家常用的方法。这种方法是先选定若干关键性评价要素，并确定各要素的权数，将每个要素分成若干不同的等级，然后给各要素的各等级赋予一定分值，这个分值也称为点数，最后按照要素对岗位进行评估，计算出每个岗位的加权总点数，便可得到岗位相对价值。

（4）薪酬调查

进行薪酬调查时，要选择与自己竞争实力相当的企业或同行业的类似企业进行。调查的数据要有上年度的薪资增长情况、薪酬结构比较、不同职位和不同级别的薪酬数据、奖金和福利状况、长期激励措施及预测未来薪酬走势等。

（5）薪酬定位

在分析了同行业的薪酬数据之后，要根据国家宏观经济情况、通货膨胀情况、行业特点、外部劳动力市场状况及公司的情况确定公司的薪酬水平。常见的薪酬定位策略有如下几种。

1）市场领先策略：薪酬水平在同行业的竞争对手中处于领先地位的策略。

2）市场跟随策略：采用薪酬水平与同行业或标杆企业持平的策略。

3）滞后策略：也称成本导向策略，即企业在制定薪酬水平策略时不考虑市场和竞争对手的薪酬水平，只考虑节约成本，低于同行业薪酬水平的策略。

4）混合薪酬策略：在企业中针对不同部门、不同岗位、不同人才，采用不同的薪酬策略。

（6）设计薪酬结构

通过工作分析、职位评价和薪酬调查等基础性工作，就可以进行薪酬结构的设计。首先，确定薪酬构成，如货币性薪酬、非货币性薪酬及其占比；其次，确定基本工资、绩效工资、加班工资、补贴、津贴、奖金等的水平及比例。

（7）薪酬体系的实施和完善

将制定的薪酬体系应用到实际中，并不断与员工进行沟通，了解薪酬体系中不合理的地方，及时进行修正，不断将该薪酬体系进行完善。

2. 薪酬的两个公平性

在薪酬模块的工作中，常常提到两个公平性，即外部公平性和内部公平性。一个有效的薪资福利体系必须具有公平性，保证外部公平性和内部公平性。外部公平性也称外部竞争性，指企业薪酬福利在市场上具有竞争力；内部公平性则需要体现薪酬的纵向区别，体现出内部岗位差异和员工个体业绩能力的差异。

公平性并不是进行简单的绝对收入比较，"均贫富""大锅饭"式的单纯的结果公平，实际上是追求平均主义。真正的公平性，一是关注职位相对价值，同工同酬，不同工则不同酬；二是关注个人绩效，按绩分配，区别同一职位上的胜任者、合格者和不合格者，将这些差异在薪酬制度中加以体现；三是强调薪酬制度的有效执行，只有这样，才能公平地对待每位员工。

（二）福利

福利是指企业为了保留和激励员工，采用的非现金形式的报酬。广义的福利泛指在支付工资、奖金之外的所有待遇，包括社会保险。狭义的福利是指企业根据劳动者的劳动在工资、奖金及社会保险之外的其他待遇。福利的形式多种多样，福利项目的多少、福利水平的高低能够体现企业对员工的关怀程度。

1. 福利的分类

（1）法定福利与非法定福利

1）法定福利，亦称基本福利，是指按照国家法律法规和政策规定必须发生的福利项目，其特点是只要企业建立并存在，就有义务、有责任且必须按照国家统一规定的福利项目和支付标准支付，不受企业所有制性质、经济效益和支付能力的影响。法定福利包括以下几种。

① 社保和公积金。社保即社会保险，包括生育保险、养老保险、医疗保险、工伤保险、失业保险等。公积金指住房公积金。国家规定了社保和公积金的缴费比例，费用由个人和企业共同承担。

② 法定节假日及带薪休假。法定节假日按照国家公布的休假时间确定。《职工带薪年休假条例》规定，职工累计工作已满1年不满10年的，年休假5天；已满10年不满20年的，年休假10天；已满20年的，年休假15天。

③ 特殊情况下的工资支付，是指除属于社会保险，如病假工资或疾病救济费（疾病津贴）、产假工资（生育津贴）外的特殊情况下的工资支付，如婚丧假工资、探亲假工资。

④ 特殊补贴项目，如计划生育独生子女补贴、冬季取暖补贴等。

2）非法定福利，也称补充福利，是指在国家法定的基本福利之外，由企业自定的福利项目。非法定福利的项目多种多样，如交通补贴、房租补助、免费住房、工作午餐、女工卫生费、通信补助、互助会、职工生活困难补助、财产保险、人寿保险、法律顾问、心理咨询、贷款担保、内部优惠商品等。

（2）集体福利与个人福利

集体福利主要是指全部职工都可以享受的公共福利设施。例如，职工集体生活设施，如职工食堂、托儿所等；集体文化体育设施，如图书馆、阅览室、健身室、体育场（馆）；医疗设施，如医院、医疗室等。个人福利是指在个人具备国家及所在企业规定的条件时可以享受的福利，如探亲假、子女医疗补助、生活困难补助、房租补贴等。

（3）经济性福利与非经济性福利

经济性福利，如各类补贴、免费午餐、工作服、体检、保险、短期培训等能够以货币形式体现，或者能为员工节省某项支出的福利；而有的福利并不能被换算成货币形式进行衡量，如企业为员工提供的咨询性服务（如心理健康咨询等）、平等就业权利保护、隐私权保护咨询、工作环境保护、实行弹性工作时间、员工参与民主化管理、提供广阔的职业发展空间等，这些就属于非经济性福利。

2. 弹性福利

随着社会的进步和发展，员工的需求是多元化和不断变化的，因此在福利制度设计方面要有弹性，即弹性福利（flexible benefit）。这种福利制度的设计理念是企业在对每个员工福利的投入方面，员工有一定的自主选择权，由员工在福利菜单中选择适合自己的福利，因此也叫菜单式福利。这样企业既控制了总体成本，又使投入的每分钱都达到效用最大化。弹性福利的出现，在很大程度上解决了企业成本管理和员工满意度的矛盾。

六、绩效管理

绩效管理是指各级管理者和员工为了达到组织目标共同参与绩效计划制订、绩效辅导沟通、绩效考核评价、绩效结果应用、绩效目标提升的持续循环过程。国内许多企业将绩效管理等同于绩效考核，其实是不科学的，绩效考核只是绩效管理中的一个环节。完整的绩效管理是一个循环流程。两者最大的不同在于，绩效考核是对过去绩效情况的回顾，针对的是"点"；而绩效管理则是向前看，侧重过程，通常需要一年或者更长时间才能完成整个流程。

> ┌─▶ **案例阅读**
>
> ### 华为的绩效考核体系
>
> 绩效考核体系有利于评价员工工作状况，是进行员工考核工作的基础，也是促进员工工作效率和质量的重要依据。华为的绩效考核体系的主要情况如下。
>
> 1. 以结果为导向的评价原则
> 华为绩效考核遵循实用主义，主要采用以结果为导向的评价原则。这也是华为绩效考核最大的特点。以华为的研发人员为例，任正非就强调，重要的是看其结果和贡献，而不是凭技能涨工资、凭考试涨工资，也不能仅以加班多少来评价员工。

2. 运用 PBC 设计绩效考核目标

华为将 PBC（personal business commitment，个人业务承诺）引入内部绩效管理中，成为绩效考核的有力手段。华为的 PBC 个人绩效考核的组成主要包括 W、E、T 三个部分。

1）W（winning）是赢的承诺，也叫结果目标承诺，即要做什么、做到什么程度。员工承诺本人在考核期所要达成的绩效结果目标，在本职工作的基础之上，要支持项目组或部门总目标的实现。结果目标承诺要能体现岗位或部门的核心能力，以加强岗位或部门对公司的整体贡献。PBC 目标的设定所依据的绩效内容有以下四个来源：公司长期目标和部门整体目标、业务流程的目标、该职位的职责、相关部门之间协作的要求。绩效目标自上而下、层层分解，将企业目标分解到各个部门，将各个团队的目标分解到个人。个人、团队和部门之间需要进行有效的沟通与协作。绩效目标只有融入日常的工作、管理之中，才能发挥其存在的价值。

2）E（execution）是执行措施承诺，代表如何做才能支撑结果目标承诺。仅仅靠承诺结果目标是不够的，还需要采取重点举措来保障。重点举措是针对如何保证 KPI（key performance index，关键绩效指标）达成的一些关键动作或过程措施。如果这些举措到位，可以认为 KPI 基本达成。这需要承诺者对未来一段时间内的工作做基于逻辑的、周密的分析和安排。为达成绩效目标，员工与考核者对实现目标的方法及执行措施要达成共识，并将执行措施作为考核的重要部分，以确保结果目标的达成。

3）T（teamwork）是团队承诺，表示配合谁、需要谁的支持。为保证团队整体绩效的达成，更加高效地推进关键措施的执行和结果目标的实现，员工需要就参与、交流、理解和相互支持等方面进行承诺。

以上三个部分权重的分配并不固定，华为一般按照岗位的特性来进行不同的安排与设计。

3. 以任职资格标准考核员工实际能力

华为在绩效考核评价过程中，业务部门有评价权、人力资源部门有建议权、主管有审核权，这三权协调配合，基于各级职位按任职资格标准进行考核，从而成功考核员工的实际能力。

华为根据员工的表现与考查结果来确定任职资格结果的应用。任职资格是从事某一工作的任职者所必须具备的知识、经验、技能、素质和行为的总和，只有符合要求的任职者才是合格的任职者，不符合要求的任职者应该调换工作岗位或继续学习。

4. 以关键事件法考核员工劳动态度

华为的劳动态度考核使用的是关键事件法，靠关键事件来推出你是否有一个非常好的考核。例如，一个员工说："我特别有责任心。"但是主管拿出关键事件记录，某月某日交给该员工一个任务，但该员工忘了，造成了损失，这就是没有责任心。华为就是用这种关键事件法对员工进行态度考核。

（资料来源：根据网络资料整理。）

分析：
1）华为的绩效考核目标有哪些？
2）企业绩效目标设计的依据是什么？

（一）绩效管理的流程

1. 设立绩效目标

设立绩效目标着重贯彻三个原则：第一，导向原则，即依据公司总体目标及上级目标设立部门目标或个人目标；第二，SMART 原则，即目标要符合具体的（specific）、可衡量的（measurable）、可达到的（attainable）、相关的（relevant）、基于时间的（time-based）五项原则；第三，承诺原则，即上下级共同制订目标，并形成组织与个人的共同承诺。

2. 记录绩效表现

设立绩效目标后，管理者和员工都需要花大量时间记录绩效表现。一方面，为绩效管理环节提供依据，让绩效管理有据可依、有据可查；另一方面，记录绩效表现本身对工作是一种有力的推动，能够督促员工提高工作效率。

3. 实施绩效考核

实施绩效考核即绩效考核或评价环节。在绩效管理过程中，绩效考核是依据设定的评估方法和标准进行的正式评价。鉴于绩效结果一般需要较长时间才能体现出来，并且绩效评估等级在企业中具有敏感性，大多数企业有比较固定的绩效考核周期，一般是每季度、6 个月或一年考核一次。

4. 进行绩效反馈及辅导

绩效考核结果确定后，不是直接告知员工其结果，而是需要主管与员工进行深入的绩效反馈面谈。反馈面谈不仅是主管和下属对绩效评估结果进行沟通并达成共识，更重要的是分析绩效目标未达成的原因，从而找到改进绩效的方向和措施。

5. 制订绩效改进计划

主管和下属根据反馈面谈达成的改进方向，制订绩效改进目标、个人发展目标和相应的行动计划，并落实在下一阶段的绩效目标中，从而进入下一轮的绩效管理循环。

（二）绩效考核的分类

就上述流程中的绩效考核环节而言，有很多考核方式。绩效考核方式的分类见表 6-6。

表 6-6 绩效考核方式的分类

分类维度	分类
考核周期	定期考核、不定期考核
考核主体	上级考核、自我考核、同事考核、下属考核、客户考核、多主体的 360° 考核
考核内容	业绩考核、工作态度考核、能力考核
考核目的	例行考核、晋升考核、职称考核
考核指标的表现形式	定性考核、定量考核

（三）常用的绩效管理工具

1. 目标管理

目标管理（management by objective，MBO）是管理专家彼得·德鲁克在其《管理的实践》一书中最先提出的。目标管理是以目标为导向，以人为中心，以成果为标准，使组织和个人取得最佳业绩的方法。目标管理强调目标上下结合进行分解、细化，并使员工在将目标内化的基础上，依靠自己的积极性去完成目标。

2. KPI

KPI 是在目标管理的思想影响下产生的，是把企业的战略目标分解为可操作、可量化指标的绩效考核工具。KPI 依据"二八法则"，即 80% 的工作任务是由 20% 的关键行为完成的，抓住这 20% 的关键行为，对之进行分析和衡量，就能抓住业绩评价的核心，这些关键行为就成为考核的 KPI。KPI 可以使部门主管明确部门的主要责任，并以此为基础，明确部门人员的业绩衡量指标。

3. 平衡计分卡

平衡计分卡（balanced score card，BSC）来源于 20 世纪 90 年代美国学者罗伯特·卡普兰和戴维·诺顿所主持并完成的"未来组织绩效衡量方法"研究计划。该计划的目的在于找出超越传统以财务计量为主的绩效衡量模式。平衡计分卡从财务状况、客户管理、内部运营、学习与成长四个角度，将组织的战略落实为可操作的衡量指标。

4. 目标与关键成果法

目标与关键成果法（objectives and key results，OKR）是一套明确和跟踪目标及其完成情况的管理工具和方法，由英特尔公司发明。OKR 的主要目标是明确公司和团队的"目标"，以及明确每个目标达成的可衡量的"关键结果"。目标是设定一个定性的时间目标（通常是一个季度）。关键的结果是由量化指标形式呈现的，用来衡量在这段时间结束时是否达到目标。在目标时期结束时，要特别注意对每个目标的每个关键结果进行评估。OKR 被多个公司，如 Uber、Google 等采用。

七、员工关系管理

员工关系管理是各级管理人员和人力资源管理人员，通过拟订和实施各项人力资源政策及管理行为，以及其他的管理沟通手段，调节企业与员工、员工与员工之间的相互关系，从而实现组织目标的过程。

（一）员工关系管理的主要内容

员工关系管理包含的内容非常广泛，大致可分为以下几类。

1. 劳动关系管理

劳动关系管理包括劳动争议处理，员工入职、离职面谈及手续办理，处理员工申诉，人事纠纷和意外事件等。

2. 员工人际关系管理

员工人际关系管理是指引导员工建立良好的工作关系，组织员工进行人际交往、沟通技巧等方面的培训，创建有利于良好关系的企业环境等。

3. 员工纪律管理

员工纪律管理是指引导员工遵守组织的各项规章制度、劳动纪律，提高员工的组织纪律性，对员工行为起到规范和约束作用。

4. 沟通管理

沟通管理是指保证组织内外部沟通渠道的畅通，引导企业上下级及时进行双向沟通，完善员工建议制度。

5. 企业文化建设

企业文化建设是指建设积极有效、健康向上的企业文化，引导员工树立企业倡导的价值观，维护企业的良好形象。

6. 员工服务与支持

员工服务与支持包括员工满意度调查、为员工提供有关国家法律、法规、公司政策、个人身心等方面的咨询服务，协助解决员工关心的问题，实施员工援助计划等。

（二）劳动争议的处理程序

在我国，主要规范劳动关系的法律为《中华人民共和国劳动法》《中华人民共和国劳动合同法》《中华人民共和国劳动合同法实施条例》等。这些法律对企业和劳动者之间的权利义务关系、劳动合同的签订、劳动争议的处理等方面进行了明确规定。

劳动争议是指劳动关系双方当事人因实现劳动权利和履行劳动义务发生分歧而引起的争议。根据《中华人民共和国劳动法》第七十七条规定："用人单位与劳动者发生劳动争议，当事人可以依法申请调解、仲裁、提起诉讼，也可以协商解决。调解原则适用于仲裁和诉讼程序。"我国目前处理劳动争议的机构有三种：企业劳动争议调解委员会、地方劳动争议仲裁委员会和地方人民法院。

1. 协商

劳动争议发生后，双方当事人应自行协商解决。通过协商方式自行和解，是当事人应首先争取解决争议的途径。协商是以双方自愿为基础的，不是处理劳动争议的必经程序，不愿意协商或者经过协商不能达成一致意见，当事人可以选择调解程序或仲裁程序。

2. 调解

当事人可以向本用人单位劳动争议调解委员会申请调解。调解程序是自愿的，不是劳动争议解决的必经程序，只有双方当事人都同意申请调解，调解委员会才能受理该案件；当事人不愿意调解或调解不成，可不经过调解而直接向劳动争议仲裁委员会申请仲裁。另外，工会与用人单位因履行集体合同发生争议，不适用调解程序，当事人应直接申请仲裁。

3. 仲裁

劳动争议发生后，当事人一方或双方均可向当地劳动争议仲裁委员会申请仲裁。仲裁程序是强制性的必经程序，也就是说，只要有当事人一方申请仲裁，且符合受案条件，仲裁委员会即予受理；当事人如果要起诉到法院，必须先经过仲裁程序，未经过仲裁程序的劳动争议案件，人民法院将不予受理。仲裁裁决具有法律效力，自送达之日起具有法律约束力，当事人必须自觉履行，当事人一方不履行的，当事人另一方可向人民法院申请强制执行。

4. 诉讼

当事人如果对仲裁裁决不服，可以向当地基层人民法院起诉。目前法院是由民事审判庭依据民事诉讼程序对劳动争议案件进行审理，实行两审终审制。也就是说，当事人若不服一审判决，仍可向上级法院上诉。经二审审理做出的裁决是终审裁决，自送达之日起发生法律效力，当事人必须执行。法院审判程序是劳动争议处理的最终程序。

（三）劳动保护

劳动保护是国家和单位为保护劳动者在劳动生产过程中的安全及健康，所采取的各项组织和技术措施，以消除危及人身安全健康的不良条件和行为，防止出现事故和患上职业病，保护劳动者在劳动过程中的安全与健康，其内容包括劳动安全、劳动卫生、女工保护、未成年工保护、工作时间与休假制度等。

（四）员工援助计划

员工援助计划（employee assistance program，EAP）也称员工帮助计划或员工援助项目，是组织为帮助员工及其家属解决职业心理健康问题，由组织出资为员工设置的一套系统的服务项目，以提高员工在企业中的工作绩效。EAP最初由美国人发明，用于解决员工酗酒、吸毒和不良药物影响带来的心理障碍。EAP内容包括压力管理、职业心理健康、理财问题、裁员心理危机、灾难性事件、法律纠纷、健康生活方式、家庭问题、职业生涯发展、情感问题、饮食健康、减肥等各个方面，全面帮助员工解决个人问题。

EAP计划是一个全面、系统的服务过程，包括发现、预防和解决问题的整个过程。根据EAP服务提供者的不同，有内部和外部两种形式。一个完整的EAP计划包括组织调研、建立项目、制定方案、项目实施和效果评估五个步骤。

人力资源管理六大模块的工作各有侧重点，但又不可分割，形成人力资源管理工作一个有机的整体，各个环节的工作都必须到位，同时要根据不同的情况不断地调整工作重点，保证人力资源管理保持良性运作，并支持企业战略目标的最终实现。

知识拓展

人力资源三支柱模型

人力资源三支柱模型是全球知名人力资源管理咨询专家、密歇根州立大学商学院教授代维·尤里奇于1997年提出的，于2001～2002年间进入中国。

人力资源管理六大模块是按照职能板块划分的，而三支柱模型本质上是基于对企业人力资源组织和管控模式上的创新，它整合了原来分散的事务性模块，重新设计出人力资源的三个支柱，即 HRCOE（人力资源领域专家中心）、HRSSC（人力资源共享服务中心）、HRBP（人力资源业务伙伴）。

HRCOE的主要职责是为业务单元提供人力资源方面的专业咨询，包括人力资源规划、培训需求调查及培训方案设计、人事测评、绩效管理制度设计、薪酬设计和调查等专业性较强的工作，同时帮助HRBP解决在业务单元遇到的人力资源管理方面的专业性较强的难题，并从专业角度协助企业制定和完善HR方面的各项管理规定，指导HRSSC开展服务活动。

HRSSC将企业各业务单元中所有与人力资源管理有关的基础性行政工作统一处理，如将员工招聘、新员工培训、人事档案、人事信息服务管理、薪酬福利核算与发放、社会保险管理、员工投诉与建议处理、劳动合同管理、咨询服务等集中起来，建立一个服务中心来统一进行处理。

HRBP是人力资源内部与各业务经理沟通的桥梁。HRBP既要熟悉HR各个职能领域，又要了解业务需求；既能帮助业务单元更好地维护员工关系，处理各业务单元中出现的较简单的人力资源问题，也能利用其自身的HR专业素养来发现业务单元人力资源管理中存在的种种问题，然后将发现的问题交付给人力资源专家，采用专业和有效的方法加以解决，或设计更加合理的工作流程完善所在业务单元的运营流程。

目前有企业使用三支柱模型，但不是所有企业都适用，其成功的推行有一定条件。因此目前以功能划分的人力资源管理仍然是大多数企业采用的人力资源管理模式。

（资料来源：根据网络资料整理。）

知 识 测 试

项目六任务二参考答案

一、多选题

1. 招聘方式中的内部招聘的渠道有（　　　）。
   A. 员工档案　　　　　　　　　　　B. 人力资源中介推荐
   C. 员工推荐　　　　　　　　　　　D. 工作公告
2. 招聘方式中的外部招聘渠道有（　　　）。
   A. 招聘会招募　　　B. 网络招聘　　　C. 人才租赁　　　D. 就业机构推荐
3. 人力资源管理中的人员配置原则有（　　　）。
   A. 要素有用原则　　　　　　　　　B. 优势定位原则
   C. 能级对应原则　　　　　　　　　D. 动态调整原则
4. 绩效考评按照考核内容分为（　　　）。
   A. 定性考核　　　B. 工作态度考核　　C. 能力考核　　　D. 业绩考核
5. 绩效考评按照考核目的分为（　　　）。
   A. 例行考核　　　B. 晋升考核　　　　C. 能力考核　　　D. 职称考核
6. 工作分析的方法主要包括（　　　）。
   A. 面谈法　　　　B. 观察法　　　　　C. 问卷调查法　　D. 工作日志法
7. 人力资源需求常见的预测方法有（　　　）。
   A. 现状预测法　　B. 经验预测法　　　C. 德尔菲法　　　D. 回归分析法

二、简答题

1. 谈谈内部招聘和外部招聘各自的优缺点。
2. 薪酬体系的设计流程是什么？

任 务 实 施

1. 结合吉利的人力资源管理案例，并查阅该企业的相关人力资源管理信息，小组讨论并列出吉利的招聘方式、培训内容与形式、绩效管理模式及薪酬的构成模式。

2. 分小组组建公司，在此基础上，成立符合公司经营业务需要的人力资源部，设置相应的岗位并撰写各岗位的工作职责，讨论公司的人力资源规划，思考公司拟采用的招聘方式、培训方式、绩效考核方式、薪酬体系和员工关系管理的措施，并将讨论结果制作成PPT进行课堂分享。

3. 阐述你所实习的企业人力资源管理六大模块的内容。

4. **小组任务**：从人力资源管理六大模块中选择自己感兴趣的一个模块，结合该模块所学的内容，查找一个具体企业在这个模块方面成功的案例，了解其具体做法，分小组讨论这些措施和方法有什么优势和不足，如何改进。

任务三　外派人员与国际劳工管理

本任务在分析具体企业的国际化人力资源管理方式的案例基础上，进一步学习跨国企业的外派人员的选拔、培训、薪酬管理、绩效管理及国际劳动关系与全球性安全等工作内容，从而使学生能够正确地实施跨国企业的国际化人力资源管理。

▌▌任务目标

为跨国企业设计外派人员的选拔、培训、薪酬管理、绩效管理的基本方案。

▌导入案例

联合利华的国际化人才培养与管理方式

联合利华是世界上最大的日用消费品公司之一，在全球 100 个国家和地区拥有约 15 万名雇员。公司强调将人才派往各地而实现他们的国际化，因为联合利华的人才发展管理必须获得国际化的历练，这是其人力资源管理工作的重要部分。

"如果英国没有，就去荷兰找，如果荷兰没有，就去……"如果联合利华某个新开发的市场里需要一位经验丰富的技术人员，而当地又不能马上找到合适的人选的话，那么联合利华就会在周围已开发的市场里物色。

在联合利华拥有的一整套人才培养和发展体系中，最独特也是使联合利华获得竞争优势的一点是，它提出并实施了国际化人才发展的主题目标。联合利华非常重视人力资源，并且在所有地区和国家市场都建立了一个专注于发展内部人才和未来热门领导人的组织。这样形成的结果是，联合利华 300 位高层管理者中 95%完全是由内部培养的。通过外派任务及工作内容，将国际化理念和视野灌输给经理人。1989 年以来，联合利华就将 75%的管理职位贯之以"国际"名称，并倍增了外派经理人的数量。

联合利华通过培训课程帮助经理人获得国际化的视野，其发展规划体系包括教育训练计划（由初、中、高三个阶段的课程组成。内容侧重于商业认识、专业能力和综合素质三个方面的提升），以及国内轮调计划、海外轮调或参与跨国项目计划、绩效考评和教练支持。

联合利华建立了一个内容宽泛的人才库系统。从职位描述和人员档案开始，档案中涉及的内容包括经理人的主要文化关系、课外活动、语言技能、兴趣爱好、去过的国家。联合利华共有五级人才库，他们认为对于每位员工都应有发展的机会。正是因为一系列成功的国际人力资源管理措施的实施，联合利华这个大型跨国企业得到了长足的发展和进步。

（资料来源：根据网络资料整理。）

分析：

1）联合利华是如何开展国际化人才培养的？

2）企业的人才库如何搭建？应包括哪些内容？

一、外派人员的选拔

公司国际化战略实施的成功与否，与外派人员的选拔有至关重要的关系。据统计，跨国企业外派人员的失败率为30%～70%，其中派往发展中国家和相对文化距离较远的国家的失败率更高。外派失败，不仅给企业带来直接经济损失，还有可能因失去东道国的业务和市场及优秀人员而遭受惨重的间接损失。外派失败的原因有很多，其中很重要的一点是许多企业在外派中没有选好人。实践表明，使用恰当的流程和方法挑选出合适的外派人员是保证外派成功的关键因素。

（一）外派人员选拔的流程

1. 成立专门的外派人员管理机构，确定选拔目标

外派人员的选拔应该是一个系统工程，因此，一般来说，国际企业应成立专门的外派人员管理机构，负责组建专业的选拔委员会或人才测评中心。外派人员选拔委员会成员需要具有丰富的国际工作经历，以帮助确立国外指派成功所需的关键素质。许多先进的跨国企业成立了国际人才测评中心，组建了一支由国际人力资源专家、心理学专家、跨国公司中具有丰富国际工作经验的高层管理者等专业人士组成的专门的人才测评团队。

选拔委员会负责选拔程序的确立、人员选择范围的确定、对派驻人员的要求制定及具体测评模型的搭建和实施等一系列工作。外派人员管理机构可以附属于人力资源部门，也可以独立建制，视管理范围的宽窄确定。在此基础上，要明确选拔目标，以确保能满足全球指派的需要和选拔能按时、按质、按量地完成。

2. 对外派人员进行人力资源规划

（1）进行岗位分析和人员供需分析

人员选拔需要进行科学的规划，而规划的核心是进行岗位分析和人员供需分析。首先，指派岗位和任务的不同会直接导致外派人员素质要求的不同，因此必须对拟任岗位进行科学的分析，明晰岗位职责和任职条件。其次，要进行外派人员供需的计划与预测。有价值的外派人员计划应当既具有外部一致性，又具有内部一致性。外部一致性是指外派人员计划应同企业的整体战略计划相配合，内部一致性是指外派人员计划应同其他的

人力资源功能，如招聘、培训、考核等计划一致或相互协调。外派人员供需计划一般包括外派人员需求预测、外部候选人供给预测、内部候选人供给预测。

（2）做好外派人才的储备和培养工作

为了避免选拔的盲目性，提高选拔的效率，减少岗位空置的时间，应在日常工作中根据外派岗位需求，建立外派岗位的后备人才库。后备人才库的选择范围应该放在整个跨国公司范围内，不能仅把目光集中在总部。这样不但有利于建立公司员工的归属感，增强企业凝聚力，而且由于选择范围扩大，更有利于发现和选择合适的人选。后备人才库不仅可以及时提供备选人才，为企业岗位输送合格人选，还有助于进行员工职业生涯管理，丰富员工职业生涯规划的内容。

3. 对候选人进行选拔与测评

对候选人进行选拔与测评是外派人员选拔流程中最关键的一步，是外派人员选拔的主体部分。一些人力资源经理认为，企业的经营管理模式及成功因素在国内市场和海外环境中应该是一致的，他们相信在国内优秀的员工在海外也会出色，因此在人员选派时主要考虑其专业能力和东道国的工作需要。

然而，跨文化冲击对员工生活和工作的影响是多方面的：一个优秀的工程师可能因为无法适应东道国的气候和饮食而不得不提前回国；一个在国内业绩出色的部门经理也可能因为不了解东道国的风俗习惯和文化特征而丢失客户，甚至触怒重要的供应商。因此，只看重专业技能和知识等硬素质，忽视员工在语言、社交、适应性、敏感性及学习新知识等方面的软素质，必然不能挑选出合适的外派人选。

为此，许多企业建立了科学、系统的企业外派人员胜任力模型，兼顾人员的软硬素质，在实际选拔过程中，选拔委员会或人才测评中心以本企业的外派人员胜任力模型为基础，根据每个测评指标的特性和具体的选拔需要，对测试内容进行必要的修改并选择合适的甄选技术。

4. 确定外派人选，进行一系列准备工作

经过测评流程后，可以初步确定外派人选，此时要进一步与外派人员及其家属进行沟通，明确外派任务的内容，分析外派的环境及面临的挑战、风险等，并根据测评结果为外派人员量身制订相应的培训计划，做好外派工作的准备。

（二）外派人员的胜任力模型

为避免"在国内干得好，在国外必然也会干得好"的习惯思维，以及只重视硬素质，忽视软素质的现象，企业在选拔外派人员时，应借鉴先进企业的探索经验，在企业总体战略目标的指导下，构建适合自身企业的外派人员胜任力模型。许多著名跨国企业已将胜任力理论应用于国际人力资源管理，他们针对不同外派职业、不同外派岗位建立相应的胜任力模型，并以此为基础进行人才选拔、绩效考核、薪酬管理、员工培训与发展等人力资源管理实践，取得了良好效果。

1. 胜任力模型的内涵

胜任力模型（competency model）是指要完成某一特定的任务角色需要具备的胜任力要素的总和。在很大程度上，它是人力资源管理与开发的各项职能得以有效实施的重要基础和技术前提。

胜任力模型的理论基础主要是冰山模型（iceberg competency model）和洋葱模型（onion competency model）。冰山模型认为，各种胜任力特征可以被描述为在水中飘浮的一座冰山。水上部分代表表层的特征，如知识、技能等；水下部分代表深层的特征，如社会角色、自我概念、特质和动机，这些是决定人们的行为及表现的关键因素。洋葱模型认为，人具备的素质和能力就像洋葱一样，可以分层，最外面的是知识，代表最表层的东西，也是最容易发展的部分；而最里面的是核心人格，如动机、特质，这些都是相对稳定、不容易变化和发展的。

在外派人员选拔的人力资源管理实践中，人们往往比较重视对知识技能的考查，却忽视了对自我概念、特质和动机等方面的考查；知识、技能固然重要，但仅仅是招聘选拔的基本要求。自我概念、特质和动机等内核的部分长期、深刻、有效地影响着表层的内容，这也是胜任力模型比传统的智力测验更加有效的原因之一。

2. 外派人员面临的挑战

外派人员面临的挑战是胜任力模型搭建需要考虑的重要因素。

（1）工作和任务挑战

即使身在海外，外派人员基本的职责也是确保岗位职责的履行和工作任务的达成，因此员工首先需要面对的是完成工作的要求。

（2）个人挑战

个人挑战包括：语言和生活方式的变化；面对远离家人和朋友、生活单调、远离总部的心理与生活适应问题；面对的问题更复杂，需要独立解决；个人言行代表组织和国家等。

（3）文化挑战

文化挑战包括：宗教信仰、文化、习俗的不同带来的误解或工作方式的不一致；语言或表达方式带来的沟通问题；文化的不认同或不尊重等。

3. 胜任力模型的主要指标

每个公司的胜任力模型有各自的内容和指标，但总的来说，主要的选拔指标有以下几个。

（1）专业技术能力

外派人员必须具备专业的知识、管理能力和行政技能。外派人员在远离母国的地区工作，没有国内工作时的咨询和顾问环境，较强的专业知识和技能就显得尤为重要。

（2）接受海外任命的动机

外派人员的甄选不但与企业的战略有关，而且与被派人员的个人意愿有关。首先，他们要有较强的到海外工作的愿望，并且确信海外工作会对自己的职业生涯产生正面影响，对海外工作及东道国文化具有兴趣。一般来说，当外派经理对海外工作有很强的欲望和新鲜感时，外派会调动其工作的积极主动性；反之，就会适得其反。

此外，还要考虑这种意愿背后的动机。一般来说，出于获取新经验、晋升机会，寻求个人良好的职业发展等动机都是积极的，而逃避国内繁重的工作、不和谐的家庭问题及追求享受等动机都是消极的。积极的动机更容易取得外派的成功。

（3）年龄、性别和教育背景

一般来说，年轻人更乐于去海外供职，有更开放的心态，更愿意了解外国文化，有更强的可塑性和环境适应能力。另外，年长的管理者更有经验、更加成熟，因此在年龄上如何选择是选拔需要考虑的因素。性别是最具有争议的选拔标准之一，有些学者认为男性比女性更能适应新环境，有些学者则反对这种观点。从教育背景的角度来看，学历对于外派人员还是很重要的，但也不是学历越高越适合外派，还要综合其他因素进行考量，如果有国外留学或学习的经历会成为外派的加分因素。

（4）跨文化适应能力

由于跨国工作因素的影响，外派人员必须具有跨文化适应能力。在跨文化技能上，主要要求具备以下几个方面的能力。

1）文化移情能力，是指能从对方的文化角度考虑，体会对方的情感。对于外派人员来说，不应该有太强的本土优越感，特别是在那些较不发达的国家。

2）文化差异敏感性，是指能够清晰而敏感地认识到文化差异，只有准确地理解和把握不同国家及地区的文化内涵，才能更好地理解当地的一些做法，发现问题所在，利于解决冲突。

3）文化素养。外派人员应当有较好的文化素养，熟知国际规范与惯例，了解东道国的历史文化。

（5）语言能力

外派人员的语言能力是驻外任命的基础。驻外管理人员应当精通东道国语言及其他国际通用的语言，不要让语言成为工作的障碍。

（6）沟通能力

沟通能力是指拥有良好的沟通技巧和方法，善于构建良好的社会关系，能够和不同文化、不同行业、不同层级的人相处，处事具有灵活性，有较强的适应性能力等。

（7）独立性

因为外派人员在远离母国的新环境中生活、工作，社会关系简单，支持系统较少，所以其在工作和生活上应具备较强的独立性。

（8）领导力

领导力是以特定方式影响他人行动的能力。领导力是选拔外派管理人员的一个重要标准，确定一个在母国优秀的领导者在海外环境中是否同样优秀是很困难的，所以要注重良好的沟通能力、独立性、创造性、身心健康等具体特性。

（9）家庭支持

和谐的家庭关系是外派成功的重要保证。

二、外派人员的培训

许多成功的跨国公司非常重视外派人员的培训，在外派培训上的投入很大，甚至培训的对象不仅包括拟派人员，还包括其家庭成员。近年来，很多公司在外派人员培训与开发方面积累了一定的经验，目前主要的培训方式有以下几个。

（一）行前培训

组织需要对外派人员在赴任前进行充分的培训。除了传统的管理能力、专业知识培训，行前培训的主要内容还集中在外派前的文化培训上，包括以下四个主要方面。一是向外派人员解释国家间的文化差异带来的影响，旨在提高外派人员对这种差异的认知能力，同时使他们了解这种差异会对经营成果产生的影响。二是让外派人员了解人的态度是如何形成的，以及态度是如何对人的行为产生影响的。例如，一位新任管理人员对于外国人原有的不良看法可能会在潜意识中影响其外派时对待新下属的方式。三是向外派人员提供有关拟派驻国家的一些实际知识。四是在语言及调整和适应能力等方面提供相关的技能培训。

（二）所在国的现实培训

所在国的现实培训是指当外派员工到达东道国后进行的跨文化培训，或者是针对外派职员所碰到的突发事件而进行的针对性培训。

所在国的现实培训主要有两种基本培训方式：传统的集体培训和现实的个体培训。

1. 传统的集体培训

传统的集体培训方式是指把到达东道国的外派人员聚集在一起，为他们提供比外派前培训更具体的、更复杂的关于东道国文化的深层次知识培训。传统的集体培训的一个缺陷就是所有的外派人员都接受同样的培训内容，假如一些外派人员是面临非常具体的需要帮助的跨文化题目而来参加培训的，培训的内容又没有涉及他们所关注的独特题目，那么这种培训的效果就会大打折扣，使培训缺乏针对性和个性化。这种培训的优点在于效率高、成本较低。

2. 现实的个体培训

外派人员在东道国工作和生活中碰到突发事件是很正常的现象，这时候他们需要制定具体的解决方案，正是这种需要催生了现实的个体培训（real-time training），它通过专业的外部咨询人员对外派人员针对具体问题进行分析，并协助其找到恰当的处理策略，类似个人辅导。和传统的集体培训相比较，现实的个体培训具有下列特点。

1）高度个性化。辅导过程开始于对外派人员技能和态度的评估，进而针对具体问题进行分析并寻找解决办法，能够考虑到不同人的个性化需求。

2）任务导向性。个人辅导的目的并不是集中在未来是否有用的能力发展上，而是主要为外派人员提供解决目前具体题目的策略。

3）保密性。由于多数时候是企业选取外部专业咨询和辅导公司进行培训，因此对于外派人员个人隐私的保护来说会更好。

事实上，现实的个体培训并不否认传统的集体培训，二者是互补的。例如，假如一家公司的培训者发现外派人员面临的问题是相似的，就可以组织所有的外派人员参加传统的集体培训。在培训过程中，培训者会涉及外派人员共同关注的内容，从而帮助外派人员采取合适的策略。面对一些不能用共同方法解决的个别性问题，则采用现实的个体培训。

（三）离任培训

外派人员离任前的指导和培训也是非常重要的。离任是指驻外人员归国的过程。离任培训可以帮助外派人员及其家庭更快、更好地回归母国生活和工作，减少环境转换带来的不适。

（四）全球性心智模式培训

全球性心智模式培训的根本目的是拓宽个体的思路，以便超越过往地区的狭隘界限，从而形成一个具有全球视野的包容性的培训模式。全球性心智模式培训有下列三种主要方式。

1. 借助公司回派员工进行培训

回派员工是指在外派到期后，从所在国返回公司总部的人员。由于这些人员一般具有较好的全球化视野、丰富的海外市场经验和良好的外语能力，所以，对公司形成全球性心智模式具有重要的作用。这些回派员工可以为公司即将外派的人员和他们的家庭传授海外生活的经验及实践，分享其心得。

借助公司回派员工进行培训有三大主要优点：一是为国际外派的候选人提供在标准的跨文化培训中很难提供的内容，如国外分支机构关键人物的角色、配偶的工作机会分享等；二是为国际外派人员和他们的家庭提供一定的工作建议和生活经验等；三是通过回派员工分享跨文化技能、经验，有助于公司整体形成全球性思考的企业文化。

2. 海外实地实习

海外实地实习的核心思想是把员工置于东道国一段时间进行实地实习工作，既能保证员工学到当地人们的行为方式，又可以考查拟派者在东道国的适应能力和实际工作能力。这种方法的优点是具有非常强的模拟性，能让受训人员在陌生的环境中有效地整合不同的资源，处理文化多样性，帮助员工形成全球性领导技能，减少主观偏见、拓宽视野和提升人际交往能力，同时，对于实习考查不令人满意的人选可以及早终止外派并另觅人选，减少外派失误带来的损失。缺点是费用通常较高，以至于在一些公司中这种方式仅限于一部分执行官和有潜力的员工使用，也是由于这一原因，一般来说，跨文化实地实习的时间都不会太长。

3. 评价中心的运用

近年来，人们设计了特殊的评价中心技术，其中，多文化评价中心（intercultural assessment center，IAC）就是其一，其方法是运用很多跨文化角色扮演、案例研究、小组讨论和国际谈判模拟来测评候选人对不确定的容忍度、目标导向、交际能力和多元沟通技能等，以此来评估外派候选人的多文化胜任能力。根据评价中心的评估结果，人力资源部门可制定具体的培训项目，以符合这些外派人员的具体需要。与其他的培训和测评方式相比，评价中心技术比较复杂，其开发和实施比较耗时，其优点在于测评更加科学和准确，能够针对每个被测者提出详细的培训参考意见，使培训具有较强的针对性和目的性。

当然，随着科技的发展，网络和计算机的应用使人们在日常生活中学习更加方便、快捷，大量的软件被开发出来帮助公司进行外派人员培训。同时，互联网也使培训突破了时间和地域的界限，在全世界有网络的地方都可以开展在线培训，使培训在时间和方式上更加灵活和多样。

三、外派人员的薪酬管理

（一）外派人员薪酬制定的原则

1. 具有竞争力

外派人员的薪酬具有竞争力，具体表现在两个方面：一是内部竞争力，即外派人员的薪酬水平要高于总部同级人员的薪酬，一方面是对外派人员的鼓励，另一方面也是对外派人员在外工作、生活上的困难的补助，这样员工才愿意接受外派工作；二是外部竞争力，即外派人员的薪酬水平要高于东道国的薪酬水平，否则，可能会使外派人员跳槽，因为外派人员一般为公司的核心员工，在其成长过程中公司会投入很多，跳槽对公司的损失是非常大的，但外派人员的薪酬水平也不能过高，否则可能会使本地员工感觉到不公平，或者使外派人员拒绝接受未来重新分派的任何任务。

2. 包含长期激励

在外派人员的薪酬中设计股权等长期激励对公司来说具有以下好处：第一，因为外派人员的工作成果可能需要较长的时间才能显现出来，因此长期激励便于把外派人员的薪酬与其较长一段时期内的绩效挂钩，使薪酬更加合理；第二，长期激励对外派人员具有约束性，能更有效地留住外派人员，即"金手铐"作用；第三，从财务的角度来看，长期激励有利于公司节省成本。

3. 建立在有效的绩效评估基础上

外派人员的薪酬设计要建立在有效的绩效评估基础上。外派人员的绩效评估指标有其特殊性,当很难了解某个地方的环境或者对远在他乡的外派人员很难做出准确的绩效评估时,许多企业以子企业的绩效表现作为外派人员的绩效评估标准。但是,由于企业的性质不同、所属行业不同,外派的目的存在差异,对外派人员绩效考核的侧重点也不同。如何将外派人员的绩效与薪资挂钩,支付合理的薪酬,这也是外派人员的薪酬需要考虑的重要因素。

4. 考虑员工需求

以往的薪酬制度大都由管理者单方面制定,员工只能无条件遵循,导致薪酬体系往往很难符合员工的需求,会导致员工将不良情绪带到工作中,影响外派任务的达成。因此在设计外派薪酬时,应与拟派人员进行充分沟通,了解其薪酬福利需求,并且在可能的情况下,在薪酬制度中对不同地区、不同层级、不同人的需求体现出一定的差异化和个性化设计,以激励他们接受和做好外派工作。

(二)外派人员薪酬的主要构成

一般来说,外派人员薪酬的主要构成包括以下几个部分。

1. 基本工资

基本工资也称基薪,指外派人员薪酬中固定的部分,与员工的业绩好坏没有直接的关系。确定基本工资是外派人员薪酬的首要工作,外派人员的基本工资通常与其在母国类似职位的基本工资水平相同,以母国货币或当地货币支付,或两种方式结合使用。

2. 激励报酬

激励报酬可分为短期激励报酬和长期激励报酬。

(1)短期激励报酬

短期激励报酬主要是绩效奖金。绩效奖金一般是以分支机构的经营业绩及个人的绩效考评结果为依据来计发,是薪酬中浮动较大的部分。

(2)长期激励报酬

长期激励报酬主要是指通过股权方式,使外派人员的薪酬与企业的股票价格和长期的经营业绩密切相关,从而避免外派人员的短期行为。长期激励报酬一般包括赠送股份、虚拟股票、股票期权等形式。

3. 津贴

(1)住房津贴

提供住房津贴是为确保外派人员能够维持在母国的居住水准,这种津贴通常是根据估算或实际的数额发放的。

(2)教育津贴

对于有子女的外派人员来说,通常由母公司支付这些员工的子女在东道国的学费,即教育津贴。

（3）探亲补贴

探亲补贴是指为外派人员提供每年一次或多次的回国费用，目的是帮助外派人员回母国与家人和亲友团聚，缓解工作或生活压力。

（4）安家补贴

安家补贴主要用来弥补外派人员因到海外工作发生的重新布置家庭的费用，包括搬家费用、运输费用、购买汽车的费用，甚至包括加入当地俱乐部的费用等。

4. 福利

母公司应保证其外派人员在国外的医疗、养老金等福利水平与在母国一致。此外，跨国公司一般给予外派人员额外的假期和特殊的休假。福利中还包括外派保险，如为外派人员购买额外的安全、重大事故保险，可根据实际情况选择合适的保险种类。

5. 国外服务奖金

国外服务奖金是外派人员由于在本国以外工作而得到的额外报酬，是激励员工接受国外任命的手段。

6. 纳税

除非东道国与外派人员的母国间有互惠纳税协议，否则外派人员必须向母国和东道国政府双重纳税。当没有互惠纳税协议时，公司一般要为外派人员支付在东道国的所得税。此外，当东道国较高的所得税税率减少了外派人员的净收入时，公司会对此差别做出补偿。

（三）外派人员薪酬的主要模式

1. 平衡表模式

跨国公司在第二次世界大战后开始对外派人员的薪酬发生兴趣。平衡表模式是在20世纪 50 年代首先使用的，最早被应用于美国石油公司的外派人员。大多数的北美洲、欧洲和日本的跨国公司使用平衡表模式设计外派人员的薪酬制度。

平衡表模式借鉴了会计学的方法，即借贷平衡法。平衡表模式通过外派人员的收入与母国收入相联系，并且尽力平衡外派人员在母国和东道国之间的购买力来设计薪酬。使用平衡表模式有以下三个原则：确保外派人员的基本工资与激励工资不减少的原则、确保外派人员的购买力不下降的原则、确保公司支付外派人员的各种津贴合理的原则。平衡表模式通常适用于海外业务较多、需大量外派人员的公司。

2. 一笔总付模式

鉴于平衡表模式过多介入外派人员的个人经济状况，跨国公司开始采用一笔总付模式。通常是将按照原平衡表模式一一支付的各项津贴和福利汇总后与基本工资、激励报酬一起按月发放。在这种模式下，只要公司确保薪酬总数不会削减，公司和外派人员之间就容易形成高度信任。

3. 当地化模式

当地化模式也叫现行比率模式，即外派人员的工资报酬是基于当地劳动力市场比率设计的。该方法的特点是以当地劳动力市场薪酬水平为基准，通过对分支机构所在地劳动力市场的调查确定外派人员的薪酬水平。这一方法的缺点是使同一外派人员在不同分支机构工作，薪酬待遇会出现较大波动，不利于外派人员的自由调配。

4. 自助模式

自助模式类似自助餐，公司提供菜单式的薪酬项目，供外派人员根据自己的情况和偏好进行自由选择，并且各种可选项可根据各国的征税情况而做出相应的调整。有不少公司，尤其是专业从事服务业的公司开始对该模式产生兴趣。总体上，该模式对于薪酬水平很高的外派人员会更合适。

5. 谈判模式

有的公司在确定外派人员的薪酬时，采用薪酬谈判的模式。该模式主要是用人单位和外派人员通过协商的方式就外派薪酬达成一个协议。该模式适用于那些海外业务很少的公司，使用该模式通常意味着公司要支付外派人员较高的外派薪酬，而且谈判非常耗时。不过这种方法的灵活性较强，有利于吸引高端人才。

四、外派人员的绩效管理

外派人员的绩效管理是指跨国企业对照工作目标或绩效标准，采用科学的方法，评定外派人员的工作目标完成情况、工作职责履行程度、发展情况等，并将上述评定结果反馈给外派人员的过程。外派人员的绩效考核工作比本国员工的考核更加复杂，除要考虑日常常规的考核指标外，还要考虑外派工作的特殊性。

（一）影响外派人员绩效评估的因素

1. 企业的跨国战略

企业进入国际市场常常是出于战略方面的考虑，而不是由于特定跨国经营所带来的直接利润。一些子公司积极地服务于企业的总体目标，但在开拓新市场初期需要较长的一个过程，或者当地已有的竞争对手非常强劲，导致子公司在短期内还处于亏损状态。在这种情况下，如果采用如投资收益率这样的经营业绩考核指标，那么当地经理的业绩就会显得十分糟糕，对外派人员的积极性也是较大的打击，因此应该从企业的宏观战略来进行考虑，考虑对企业战略的贡献程度和达成程度。

2. 员工来源多样化

跨国公司的员工来源多样化，有母国员工、东道国员工和第三国员工，他们初始的就业契约、报酬和福利待遇、职业发展道路与机会、业绩期望等可能有很大的不同。管理这样一个多样化的员工队伍需要进行绩效评估政策和程序的相应调整，以适应被评估者的组成。绩效评估的方法，评估双方的价值观、标准、态度和信仰也将给绩效评估带来很大的影响，在评估过程中必须考虑到这些差别。

3. 评价主体的选择

评价主体的选择也是外派人员绩效管理中一个复杂的影响因素。一般来说，当地的管理层在外派人员的绩效评价中应起到一定作用，但不同国家之间的文化差异可能对绩效评价产生一定的扭曲。

4. 当地环境状况

国内外的环境存在着巨大差异。例如，在文化方面，各国在可接受的工作方式上差别很大，诸如休假的数量、期望工作的时间、对当地工人的培训及当地现有人员的类型等诸多因素会直接或间接地影响外派人员的业绩。好的国际绩效评估必须适应与工作有关的当地文化期望而做出调整。

5. 不可靠的数据

绩效评估必须是基于可比较的数据和标准。在国外的子公司和国内总部的数据可能有极大的差异，通常用以衡量当地下属单位业绩的数据可能并不具备与母国单位数据或其他国际经营数据的可比性。例如，当地会计准则会改变财务数据的含义。

（二）外派人员绩效评估体系的设计

设计一个有效的外派人员绩效评估体系必须考虑评估目的、外派职位和任务、环境状况、支持系统、定性和定量的评估几个方面。

1. 评估目的

对外派人员绩效评估的目的不应当是单方面的，而应当是多方面的总和。因为国际经营环境的复杂性，外派人员总是对职业发展担心，所以需要将绩效评估定位在能改善经营业绩的领域，而不仅仅看重营业收入指标。

2. 外派职位和任务

绩效管理要考虑职位层次，一般是将职位分为高、中、低三个层次，对于不同的层次所运用的评估指标可能不相同。例如，对于高层次外派人员的评估，通常需要较粗象的定性的评估。此外，还要考虑所承担的任务。外派人员的工作任务有不同的类别，每项任务都有不同的能力要求，包括基本技能、人际关系能力、语言能力、文化适应能力、判断能力等。这些能力要求并不是同等重要的。例如，对于经理人员，判断能力更重要；而对于操作性的普通成员，基本技能更重要。

3. 环境状况

环境状况包括企业的内部环境和外部环境。内部环境包括企业分权程度、企业文化、企业战略、所有权、企业内部各组织单元之间的联系等。外部环境主要指经济发展水平、与母国的文化差异、基础设施条件、政府干预程度等。东道国的环境与母国的环境差别使外派人员的考核指标要进行必要的调整。

4. 支持系统

支持系统主要是指国外组织中的管理系统、人员类型和胜任能力、计算机系统、人事政策及相关的支持运营的基础设施。这些支持系统将影响外派人员的经营业绩，若对其不加以重视，就不可能进行公平的评估。

5. 定性和定量的评估

对外派人员的评估有定性和定量的方法。虽然定量的绩效评估更加科学和准确，但为了避免评价方法中的一些衡量问题和可能的文化差异的影响，确保评估结果的公正和一致，外派人员的绩效评估需要至少有一部分评价是定性的。在外派人员评价中运用定性评价的一个技巧是增加被评估人关于公正和准确的观点，并关注那些被评估人难以控制的因素。国际经营环境越复杂，越需要增加对评估方法的调整，避免评价的主观性。

五、国际劳动关系与全球性安全

每个国家在职业安全和健康、童工、流动员工、工作利益、生产效率的提升、劳资关系、雇佣标准、在工作场所男女平等，以及员工、管理层和政府之间的合作形式等方面都有自己的制度和规定，如果违反将受到相应的制裁。例如，一些国际公司向一些发展中国家的工人所提供的工作条件不佳、劳动时间过长、工资水平过低等都会影响公司的公众形象。因此，跨国公司应了解东道国各类用工政策，确保人力资源的合理合法使用。

此外，工作中的安全和健康问题也是十分重要的。在安全的环境下工作并且健康状况良好的员工比那些在不理想的环境下工作的员工更有效率，从而会为组织带来长期利益，因此跨国公司需要着重制订有关人员安全和健康的计划。尤其是对于外派人员来说，更需要公司制定各种政策，确保雇员的职业安全性。例如，当一名员工在海外生病或受伤时，或者所在地发生自然灾害、种族冲突甚至战争时，或被派往的是落后和欠发达地区时，如何确保外派人员的医疗照顾、紧急撤离和人身安全。一般来说，跨国公司有时会把这些安全事宜委托给其他专业的公司来做，也有的会采用购买完善保险的形式来提供保障，有的甚至采用为外派人员提供保镖服务的形式，以确保外派人员及其家人的安全。

知识拓展

八 个 关 键

美国学者、人力资源管理专家韦恩·蒙迪提出了驻外人员全球人力资源管理的八个关键，他认为国际人力资源管理是一项复杂而艰巨的任务，遵循八个关键可以使全球人力资源管理变得简单，这八个关键如下。

1）每个有关的人必须对全球性商务计划有全面的理解，这种理解有助于确定现有的人力资源政策如何向着实现全球性目标的方向调整。

2）公司的外国服务政策应该是一套指导方针，而不是严格的规则；在将员工及家庭派往世界各地的同时，应保持国内的公司文化。

3）应开发一个全球性预算程序，从而可以对每项全球性委派任务的总成本进行估算。这一成本代表着巨大的投资，应该在谨慎考虑的基础上决定驻外人员、东道国人员或第三国人员是否应该被雇用。

4）候选人及其家庭应该接受评估，以确定其是否可能是一项全球性委派任务的有效人选。

5）应该事先清晰地说明全球性委派任务的期限和条件。驻外人员应得到对任务期限和条件的口头及书面介绍，以确保他们对任务的利益和责任有全面的理解。

6）驻外人员和他们的家庭必须接受就任前的指导及培训，包括语言培训、文化培训，以及关于日常生活和当地习俗的综合指导。

7）必须设计并执行一个继续培训程序，以利用员工的全球性经验，包括全球性任期内的职业计划和母国发展。

8）离任人员及他们的家庭必须接受离任指导和培训，帮助员工及其家庭为回归母国文化做好准备，同时也帮助驻外人员归国后新的下属和上司做好准备。

知 识 测 试

一、多选题

项目六任务三参考答案

1. 外派人员胜任力的主要指标包括（ ）。
   A. 专业技术能力
   B. 接受海外任命的动机
   C. 跨文化适应能力
   D. 年龄、性别和教育背景

2. 跨国企业外派人员面临的挑战包括（ ）。
   A. 工作和任务挑战
   B. 个人挑战

    C. 文化挑战   D. 家庭挑战

  3. 外派人员薪酬的主要构成包括（   ）。

    A. 基本工资   B. 激励报酬   C. 津贴和福利   D. 奖励

  4. 外派人员薪酬制定的原则包括（   ）。

    A. 具有竞争力   B. 当地工会的力量

    C. 包含长期激励   D. 薪酬设计应考虑员工需求

  5. 影响外派人员绩效评估的因素包括（   ）。

    A. 企业的跨国战略   B. 员工来源多样化

    C. 评价主体的选择   D. 当地环境状况

二、简答题

  1. 外派人员选拔的流程有哪些？

  2. 短期激励报酬的内容有哪些？它的作用是什么？

  3. 外派薪酬的模式有哪些？

任 务 实 施

    1. 随着现代科技和互联网的发展，对外派人员的培训也可以借助一些专业网站、软件或 App 的帮助以丰富培训内容、提升培训效果。试寻找一些这样的资源，了解其内容，并与同学分享。

    2. 以小组为单位查找资料，选取一个跨国公司，了解其外派人员的选拔工作是如何开展的，有什么选拔标准，有什么收获，并做成 PPT 与同学分享。

    3. 跨国企业要高度关注各国的用工政策及相关的劳动保护法律法规。根据兴趣选取 1~2 个国家，去查阅和了解这个国家相关的劳动政策，并谈论如果在这个国家设立子公司，在用工上应该注意哪些方面的问题。

项 目 小 结

    本项目首先从宏观上介绍了国际人力资源管理的概况、当前的形势和特征、跨国公司员工类型及主要人员配置方式、世界各主要国家人力资源管理模式；其次，从人力资源的五项主要任务出发，分别介绍了人力资源规划、招聘与配置、培训与开发、薪酬与福利、绩效管理、员工关系管理等人力资源管理职能；最后，分析了跨国公司外派人员的选拔、培训、薪酬、绩效管理及国际劳工关系管理等内容，为学生掌握和实施人力资源管理工作打下了坚实基础。

项目七

国际财务管理

MEMO

▌知识目标

1. 财务管理工作内容。
2. 国际企业筹资。
3. 国际营运资金管理。
4. 国际税收管理。
5. 外汇风险管理。

▌能力目标

1. 合理选择筹资策略。
2. 正确实施营运资金管理。
3. 掌握不同税收管理策略的区别。
4. 正确判断并防范外汇风险。

财务管理是国际商务管理的重要内容。企业的所有业务活动，其过程和成果最终都要反映到账务上，财务管理贯穿企业经营活动的始终，从企业筹建、经营，到最终的清算都离不开财务管理。

国际财务管理作为一种跨越国界的财务管理活动，在复杂的国际经营环境中进行，因而面临着与纯粹的国内财务管理完全不同的各种风险，但相应地，也有更多的选择和机会。

任务一　财务管理职能认知

财务管理作为一项管理活动，一般指企业和事业单位的财务管理。从本质上说，企业财务管理是企业中的一项经济管理工作。作为经济管理工作的一种，财务管理既具有与其他经济管理工作相同的共有职能，又具有不同于其他经济管理工作的独特职能。那么，财务管理的职能究竟应该由哪些部门或岗位实施呢？

本任务以问题为引领，在讨论某跨国公司的财务管理职能的实施环节和分析彗星公司财务部部门职能的基础上，通过进一步介绍财务活动、财务关系、财务管理目标等内容，掌握财务管理工作内容，为开展具体的财务管理工作奠定基础。

▌任务目标

明确企业财务管理工作内容，分析国内企业财务管理职能与跨国企业财务管理职能的异同。

■ 导入案例

彗星公司财务部部门职能

1）负责公司的财务管理、成本管理、预算管理、会计核算、会计监督、审计监察、存货控制等全面管理工作。

2）根据公司发展战略和公司的实际情况制定财务管理及内部控制工作，完成公司财务计划；利用财务核算与会计管理原理为公司经营决策提供依据，协助总经理制定公司战略，并主持公司财务战略规划的制定工作。

3）根据公司发展战略和工作流程，拟定与完善公司财务管理制度，编制与修订部门职责和岗位说明书，对部门的业务流程和表单设计进行梳理与规范。

4）根据公司发展战略和资金需求，制订公司资金运营计划，监督资金管理报告和预算、决算；对公司投资活动所需要的资金筹措方式进行成本计算；筹集公司运营所需资金，保证公司战略发展的资金需求，审批公司重大资金流向；主持对重大投资项目和经营活动的风险评估、指导、跟踪及财务风险控制。

5）参与公司投资、融资重要经营活动，对投融资方案进行审核和监督。

6）对公司对外投资、产权转让、资产重组、工程项目建设、贷款、抵押担保、资金调度、重大经济合同签订等涉及财务收支的重要经济事项的决策和执行，从其合法性、真实性、效益性方面进行审查，为公司管理层科学决策，提供政策依据和有关财务数据。

7）根据国家法律规定和企业发展情况，筹划公司的涉税事项，并协调公司同银行、工商、税务等政府部门的关系，维护公司利益。

正太集团财务部门的组织结构

财务部门的基本任务是做好各项财务收支的计划、控制、核算、分析和考核工作；参与经营投资决策；有效地利用公司各项资产；努力提高经济效益。各个企业可以依据自己的经营范围和规模设置财务部门的组织结构。图7-1为正太集团财务部门的组织结构，由于企业规模大、业务种类多，因此设置了较多的财务部门管理层次和工作岗位。

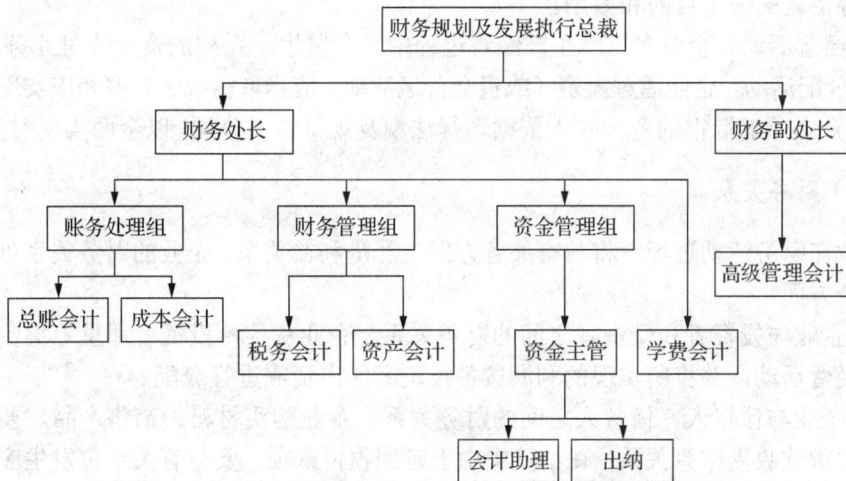

图7-1 正太集团财务部门的组织结构

（资料来源：编者从校企合作企业获得资料。）

分析：参照以上两个案例中的内容，分析企业财务部门的工作职能有哪些？它与企业财务管理职能有哪些区别和联系？企业的财务管理职能应该分布在哪些部门或岗位？

一、财务管理

财务管理是企业为了达到既定目标所进行的一项经济管理活动。

企业投入资金，用来进行产品生产和经营，要考虑投资的效益；企业投入的资金以一定的方式从各种来源获得，必须注意资金的成本；产品售出，收回货币资金，产生利润，需要确定资金增值的分配政策，这就组成财务管理的主要活动，它包括筹资决策、投资决策和利润分配决策。同时，企业进行财务活动时，必然集中反映一定的财务关系。所以，企业财务管理的主要职能就是在协调好各类财务关系的前提下，实施各项财务活动，围绕企业财务目标，开展各项管理工作。

（一）财务活动

财务活动是指资金的筹资、投资、经营活动和分配活动等一系列行为。从整体上讲，财务活动包括以下四个方面。

1）筹资活动。企业的成立和从事生产经营，必须筹集一定数量的资金。筹集资金是企业财务管理的基础，也是企业财务管理活动的开始。

2）投资活动。企业取得资金后，必须将资金投入使用，以谋求最大的经济效益。否则，筹资就失去了目的和效用。

3）经营活动。企业在日常生产经营过程中，会发生一系列的资金收付业务。

4）分配活动。企业通过投资（或资金营运活动）应当取得收入，并相应实现资金的增值。企业必须对取得的各种收入依据现行法规及规章做出分配，以全面实现财务目标。

（二）财务关系

企业在财务活动过程中将与有关各方发生经济利益关系。企业的财务关系可概括为以下几个方面。

1）企业与投资者和受资者之间的财务关系。企业从各种投资者那里筹集资金，进行生产经营活动，并将所实现的利润按各投资者的出资额进行分配。

2）企业与债权人、债务人之间的财务关系。企业购买材料、销售产品，要与购销客户发生货款收支结算关系；在结算中由于延期收付款项，要与有关单位发生应收账款和应付账款关系；在资金借、贷中要发生财务关系。

3）企业与税务机关之间的财务关系。企业应按照国家税法的规定缴纳各种税款，包括所得税、流转税和计入成本的税金。

4）企业内部各单位之间的财务关系。企业内部各部门、各级单位之间与企业财务部门都要发生领款、报销、代收、代付的收支结算关系。

5）企业与职工之间的财务关系。企业要用产品销售收入向职工支付工资、津贴、奖金等，从而按照职工提供的劳动数量和质量进行分配。

（三）财务管理目标

企业财务管理是要围绕各种财务关系人开展财务活动，最终实现财务管理目标。企业财务管理目标包括以下几个方面。

1）利润最大化。利润最大化包括以下几个指标。①利润总额。一般所讲的利润最大化，是指反映在企业利润表中的税后利润总额的最大化，在提法上并不特别标明"总额"二字。②权益资本利润率（或每股利润）。针对利润总额最大化目标存在的问题，在我国和西方，分别提出了以权益资本利润率和每股利润作为考查财务活动的主要指标。核心就是确保企业股东的投资利润率。

2）股东财富最大化，即股票的价值最大化。股票市场价格的高低体现着投资大众对公司价值所做的客观评价。

3）企业价值最大化，是指确保企业相关利益人的价值最大。与企业有关的利益集团除了股东，还有企业债权人、企业职工、社会及管理者。

4）人力资本所有者价值最大化，是指企业管理者及员工的利益最大化。虽然企业契约中各要素所有者都有权参与企业目标的制订，但随着一般工人的数量相对减少，技术人员、管理人员和企业家的数量相对增加，尤其是生产能力和管理能力的增强，其在企业发展中的相对重要性将日渐显著，起着影响甚至决定企业行为的作用。

（四）财务管理工作内容

财务管理工作内容包括以下几个方面。

1. 财务预测

财务预测是指根据财务活动的历史资料，考虑现实的要求和条件，对企业未来的财务活动和财务成果做出科学的预估及测算。财务预测，是提高财务管理的预见性、避免盲目性、争取最优财务成果的重要措施。

2. 财务决策

财务决策是指按照财务目标的总体要求，利用专门方法对各种备选方案进行分析对比，并从中选出最佳方案的过程。

1）确定决策目标。根据企业经营目标，以预测数据为基础，确定财务决策所要解决的问题，如筹资决策、投资决策、股利分配决策。

2）拟订备选方案。根据决策目标，提出各种备选的行动方案，如筹资时有发行股票、发行债券、借款等不同的方案。

3）选出最优方案。提出备选方案后，根据一定的评价标准，采用科学的评价方法，经过分析性论证和对比研究，评定出各方案的优劣或经济价值，做出最优方案的选择。

3. 财务预算

财务预算是指运用科学的技术手段和数量方法，对未来财务活动的内容及指标所进行的具体规划。财务预算一般由企业财务管理职能部门负责组织，会同有关部门，充分调动职工的积极性，协同编制。不同的单位和部门预算的项目是不一样的，预算的内容要紧密结合单位或部门的实际工作需要来编制。数据要和实际的执行情况基本一致，不能差异太大。

4. 财务控制

财务控制是指在财务管理的过程中，利用有关信息和特定手段，对企业财务活动施加影响或调节，确保财务活动按照既定的目标和方向发展。

5. 财务分析

财务分析是指根据核算资料、运用指定方法，对企业财务活动过程及其结果进行评价和分析的一项工作。财务分析的目的就是总结经验，研究和掌握企业财务活动的规律性，不断改进财务管理。财务分析的主要依据是企业的财务报表中的各个数据，包括利润表、资产负债表和现金流量表等。

综上可见，财务管理的各项工作是相互衔接的，财务预测是财务决策的依据，财务决策是财务管理的核心，财务预算是财务预测和财务决策的具体化，财务控制是实施财务预算的保证，财务分析可以改善财务预测、财务决策、财务预算和财务控制，完善企业财务管理水平，提高企业经济效益。财务管理是让五大工作环节相互联系、相互配合，形成周而复始的财务管理循环过程，构成完整的财务管理工作体系。

二、国际财务管理

国际财务管理是现代财务管理的一个新领域。由于世界各国经济活动的国际化，国际垄断企业的出现和发展，各国之间产品与技术的交换、对外投资等活动，必然产生国际之间的资金运动，从而推动了国际财务管理工作。

国际财务管理是指从企业的全球整体利益出发，对资金的筹措、调拨、运用、外汇风险防控等问题所进行的规划、协调、组织和控制等一系列活动。它的实质就是跨国界的财务管理活动。

（一）国际财务管理特性

1. 资金流动的国际性

生产经营的国际化使跨国公司的资金以多种货币形式存在，并在国家间流动。因此，国际财务管理必须努力避免资金流动中的外汇风险、各国资金管理政策及通货膨胀给企业带来的财务风险，通过在全球范围内合理地配置资金，以取得更大的经济效益。

2. 资金筹集和融通的多样性

跨国公司由于其体制上的便利，可以利用各种方式在国际上广开融资渠道，在全球范围内统一筹集和融通资金，并且根据跨国公司的全球性经济目标，以及各国的资金、外汇、税收管理上的差异与特点，制定相应的财务政策，选择适当的时间、地点和方式融通资金。

3. 财务收益的整体性

国际财务管理不是只考虑一时一地的局部利益，它做出决策的出发点是整体利益的最大化。本着这一根本原则，跨国公司可以通过制定适当的价格策略、机构设置策略等，调节公司内部的成本、利润，从而达到转移资金、降低税负总量、避免外汇风险等一系列财务目标，以实现企业整体财务收益的最大化。

（二）国际企业财务管理的组织形式

国际企业财务管理的组织形式有多种，主要表现为财务管理权限在公司总部和海外子公司之间的分配不同，即财务管理权限的集中程度存在差异。集权式管理和分权式管理是其中两种极端的组织形式，它们之间还存在着若干种选择。

1. 集权式管理

集权式管理是指财务决策及财务活动几乎都集中在国际企业的总部，由母公司对集团的财务预算进行统一的规定，并提出实现财务目标的具体措施。各子公司实行完全一致的财务制度，并接受母公司的指导。

1）集权式管理的优点：高度集中化管理便于母公司在全球范围内寻求低成本的资金来源，降低经营成本；外汇头寸统一安排有利于降低公司整体的外汇风险；专业化理财有利于提高公司的财务管理水平。

2）集权式管理的缺点：财务决策权的全部集中，必然在一定程度上削弱各子公司的经营管理自主权，挫伤子公司的积极性；而且集中化的管理强调公司整体利益，很可能与具体子公司的直接利益发生冲突，也不利于考核各子公司的真实绩效。

2. 分权式管理

分权式管理是指国际企业的总部和各子公司之间在财务决策及财务活动组织等方面分享权力，各个海外子公司有较多的财务决策权，但涉及全局性的问题须提请公司总部批准。

1）分权式管理的优点：子公司能够根据当地市场情况灵活决策，因而更有效率和竞争力。

2）分权式管理的缺点：跨国公司总部的力量被削弱，而且不同的海外子公司之间存在竞争，从而降低了公司的总体盈利水平。

3. 综合性管理

财务管理的综合性组织形式，通常是依据跨国企业的发展需要，对某些管理职能采取集权方式，而对另一些管理职能采取分权方式。例如，将那些影响企业集团长期发展战略的财务权力集中到母公司，而将那些非关键的权力下放给子公司；又如，对于发达国家的子公司，母公司主要通过控股公司的形式进行分权式管理；对于位于发展中国家的子公司，则一般实行集中式管理。

实践表明，公司国际财务管理的组织形式，应根据公司国际化经营的发展阶段做出选择。公司处于初级阶段时，公司规模小、国际业务少、资金往来少，可采取分权式管理。随着国外业务的拓展，公司具有一定的规模时，跨国公司倾向于采用集权式管理。随着跨国经营业务的进一步扩大，也可能依据海外子公司的分布采用集权与分权相结合的财务管理组织形式。

知识拓展

跨国企业的财务职能

1. 欧洲企业（代表国家是德国、法国等）的财务职能

欧洲 MNC（multinational company，多国公司）这个词在外企的英文招聘启事里常见，如要求求职者有 MNC 的工作经验的下属子公司里，财务部门的日常工作通常分为两条线：会计核算（accounting）与财务控制（controlling），可以大致理解为，前者是财务会计，负责日常会计交易处理、结账、出具财务报告和管理报告、税务申报和缴纳、出纳、资金结算与银行关系，后者是管理会计，负责预算、预测、财务分析、决策支持。

2. 美国公司的财务职能

美国的 MNC 里财务岗位的分工与欧洲公司不同的是没有"controlling"的称谓，而是称"financial analyst（财务分析）"或"financial planning analyst（财务计划与分析，FP&A）"，现在很多国内企业招聘财务分析岗位人员也喜欢称其为 FP&A。FP&A 的职责和欧洲公司"controlling"的职责类似，也是管分析不做账的，但美国 MNC 里的 FP&A 更注重计划，也就是各种短期预测，即滚动预测（rolling forecast）或业绩展望（outlook）。这些短期预测频率至少是月度，有的为每周预测，所以在美资上市公司的 MNC 里做 FP&A 的感触是不仅包括财务部门，还包括业务部门，预测的功能都很强，而且做得很细，这也从侧面反映出美国公司的管理会计水平是前沿的。

有的美国公司喜欢把会计这条线称为"controller"，也就是说美国企业不仅把会计职能定位为经济活动的记录者，还是内部控制的执行者，所以美资 MNC 的 CFO（chief financial officer，首席财务官）下面一般会有一个"corporate controller"，职责是管会计与报告，还管制定全球统一的会计政策和内部控制制度，以及上市公司的《萨班斯法案》及各种合规性（compliance）要求。但欧洲公司的"controller"不是这个含义，欧洲公司的"controlling"是管理会计，美国公司的"controller"偏向财务会计。

3. 会计核算类岗位

不论欧洲还是美国的 MNC，会计这条线的内部分工都比较类似，除了要满足内部控制基本的不相容职责分离的要求，在头衔称谓和职责描述上与国内很多企业不同。因为 MNC 通常信息化程度较高，ERP 系统都是由业务与财务模块高度集成的，所以会计组的分工也常常是基于业务循环而不是基于科目或会计要素。在外企，不论欧资还是美资，都会把应收账款（accounts receivable，AR）和应付账款（accounts payable，AP）分开设岗，一切与采购到付款这个业务循环相关的业务都被归为 AP 组来核算，所以费用会计就是外企的 AP 会计。

4. 公司职能型财务岗

公司职能型财务岗（corporate function）在 MNC 的中国企业中不多，主要集中在一线城市大型外企的中国区或亚太区总部。一些美国公司习惯把这些职能统称为

"infrastructure"，字面上的意思是基础设施，大概意思是与一线业务运营不直接相关的辅助部门。这些财务职能主要包括司库（treasury）、税务筹划与咨询、内部审计（internal audit，IA）等。

（资料来源：根据网络资料整理。）

知 识 测 试

项目七任务一参考答案

一、多选题

1. 企业的财务关系包括（　　）。
   A. 企业与投资者和受资者之间的财务关系
   B. 企业与债权人、债务人之间的财务关系
   C. 企业与税务机关之间的财务关系
   D. 企业内部各单位之间的财务关系
   E. 企业与职工之间的财务关系
2. 企业财务管理目标有（　　）。
   A. 利润最大化　　　　　　　　B. 股东财富最大化
   C. 企业价值最大化　　　　　　D. 社会贡献最大化
   E. 人力资本所有者价值最大化
3. 财务管理工作内容包括（　　）。
   A. 财务预测　　B. 财务决策　　C. 财务预算　　D. 财务控制
   E. 财务分析
4. 国际财务管理的组织形式包括（　　）。
   A. 集权式管理　　B. 分权式管理　　C. 地区式管理　　D. 综合性管理

二、简答题

1. 什么是财务管理？它包括哪些内容？
2. 国际财务管理的组织形式有哪些？它们各有何特点？
3. 企业需要协调的财务关系有哪些？
4. 国内财务管理的职能与国际财务管理职能有哪些区别和联系？

任 务 实 施

1. 结合图 7-2 完成如下任务。
1）该企业的财务管理部门应该设置在哪些环节？其中，开展国际财务管理的部门应该设置在哪个或哪些环节？
2）分析国际财务管理与国内企业财务管理的异同。

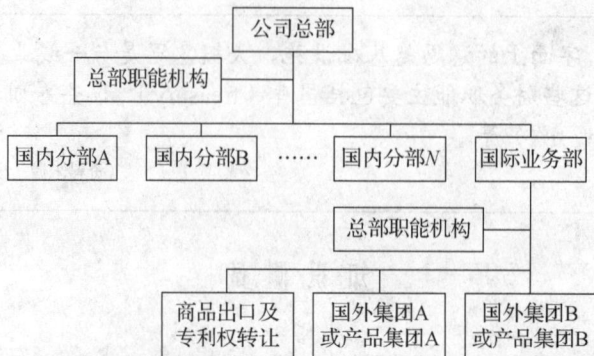

图 7-2　某跨国公司的组织结构

2．从网络平台或身边的企业中各搜集一个跨国企业的集权式管理、分权式管理、综合性管理的国际财务管理的组织形式，并说明这些不同的组织形式的优缺点及其与该企业经营特性的关系。

3．描述你所实习的企业的财务组织形式及其财务部门的主要职能。

任务二　筹资策略选择

企业的生产经营、资本经营和长远发展离不开资金。如何有效地进行融资就成为企业财务管理部门一项极其重要的基本活动。

本任务在分析企业筹资案例的基础上，通过学习国内企业和国际企业的筹资方式及渠道，从而让学生能够依据企业的实际情况科学地选择筹资策略。

▌任务目标

为企业选择最佳的筹资策略。

▌导入案例

城市基础建设项目筹资

JN 市×××调蓄水库工程是 JN 市大型城市基础设施建设重点项目，于 1998 年 5 月开工建设，2000 年 4 月底建成并投入使用。工程总投资 8.2 亿元，从资金市场上成功筹集到 6.1 亿元资金用于工程建设，其中包括世界银行贷款 2.0 亿元，JN 市城市建设投资开发总公司投资借款 6 000 万元，国内商业银行贷款 2.0 亿元，发行供水企业债券 1.5 亿元。

1）利用世界银行贷款。该工程是世界银行资助建设的山东环境项目子项目，根据世界银行的贷款原则只资助工程总额的 30%～40%，从 1999～2002 年上半年利率情况来看，平均借款成本率为 3.18%。

2）发行供水企业债券。由于当时国内银行存款利率逐年走低，贷款利率相对偏高的实际情况，按照我国《公司法》《企业债券管理条例》的规定，经中国人民银行批准，以 JN 市自来水公司为主体发行供水企业债券 1.5 亿元，供水企业债券成本率为 3.95%。

3）使用国内商业银行贷款。国内商业银行贷款 2.0 亿元，据国内商业银行的管理规定，平均借款成本率为 4.35%。

4）JN 市城市建设投资开发总公司投资借款。本工程利用 JN 市城市建设投资开发总公司投资借款 6 000 万元，使用该项投资借款须在 22 年内分 45 期按每年固定回报率 14.86% 支付资金占用费，其借款成本率为 6.968%。本项筹资方式回报率较高，加大了项目筹资成本，因此只有在项目资金非常困难时才会适当采用该种筹资方式。

（资料来源：根据网络资料整理。）

分析：结合本案例思考企业的筹资渠道有哪些，应该如何选择。

一、筹资管理概述

企业的经营离不开相应的资金，所以企业财务管理的首要任务就是运用筹资管理策略，明确企业的筹资方式和数量。

1. 企业筹资的含义和动机

企业筹资是指企业根据生产经营、对外投资及调整资本结构的需要，通过一定的渠道和资金市场，采取适当的方式，获取所需资金的一种行为。

企业筹资的主要动机有设立性动机（企业设立）、扩张性动机（企业需要扩大规模或增加投资）、调整性动机（企业需要调整资金结构）、混合性动机（企业需要扩张和调整资金结构）。

2. 企业筹资的渠道

企业筹资的渠道是指企业资金的来源方向和通道。一是国家财政资金（如企业聘用下岗工人由国家给予补贴、企业的环保或高科技项目由国家给予专项拨款等），二是银行信贷资金（企业按照生产经营的需要，通过办理严格的贷款手续从银行取得的资金），三是非银行金融机构资金，四是其他企业资金，五是企业内部资金，六是社会资金，七是境外资金。

3. 企业筹资的方式

企业筹资的方式包括两个方面，一是筹集权益资金，包括吸收直接投资、发行股票、利用留存收益等方式；二是筹集负债资金，包括向银行借款、发行债券、利用商业信用、融资租赁等方式。

企业的筹资渠道与筹资方式相互衔接,保证了企业筹资的实现,它们的关系见表 7-1。

表 7-1　筹资渠道与筹资方式的关系

项目	吸收直接投资	发行股票	向银行借款	发行债券	利用商业信用	融资租赁
国家财政资金	√					
银行信贷资金			√			
非银行金融机构资金	√	√		√		√
其他企业资金	√	√		√	√	√
企业内部资金	√					
社会资金	√	√		√		

4. 企业筹资的基本原则

筹资对企业的重要性不言而喻,筹资的过程必须科学合理,筹资的基本原则包括以下几个。

1) 规模适当原则,是指既要保证实际需要的合理必需资金,防止筹资不足的出现,又要防止筹资过多造成的资金浪费和风险增加。

2) 筹资及时原则,是指根据资金需求,合理安排筹资时间并适时获取。筹资过早,会形成资金闲置,增加资金成本;筹资过迟,会错过投资的最佳时间,甚至造成投资项目的失败。

3) 方式经济原则,是指选择经济、合理、可行的筹资方式,确定合理的资金结构,从而降低资金成本,减少财务风险。

4) 来源合理原则。企业应研究资金来源渠道和资金市场,充分考虑收益和成本的对比。企业还必须遵守相关法律和规定,实行公开、公平、公正的原则,维护各方的合法权益。

5. 企业资金需要量预测

企业资金需要量预测是筹资活动的一项基础工作。企业筹集资金应以需定筹,科学、合理地预测资金需要量,使企业清楚资金的状况,做好筹资计划和准备工作,避免筹资失败或资金周转不灵的现象发生。

综上可见,筹资管理就是依据企业经营需要,准确核算企业的资金需要量,联系合适的筹资渠道,运用合理的筹资方式为企业筹集资金的管理过程。

二、筹资决策

筹资决策是指根据企业的整体发展规划进行的资金安排或筹划。筹资是指企业通过发行股票、发行债券、取得借款、赊购、租赁等方式筹集资金的行为。筹资决策要解决的问题是如何取得企业经营发展过程中所需要的资金，包括向谁、在何时、筹集多少资金。筹资与投资、股利分配密切相关，所需资金的数量多少取决于投资的需要，同时要兼顾利润分配时保留盈余的多少。总的来讲，企业的筹资方式包括权益资金筹集和负债资金筹集两种方式。

（一）权益资金筹集

权益资金筹集包括吸收直接投资、发行股票、留存收益几种方式。

1. 吸收直接投资

吸收直接投资是指企业按照"共同投资、共同经营、共担风险、共享利润"的原则，直接吸收国家、法人、个人、外商投入资金的一种筹资方式。吸收直接投资不以股票为媒介，无须公开发行证券。吸收直接投资中的出资者都是企业的所有者，他们对企业拥有经营管理权，并按出资比例分享利润、承担损失。

1）吸收直接投资的渠道：吸收国家投资、吸收法人投资、吸收个人投资、吸收外商投资。

2）吸收直接投资的出资方式：现金投资、实物投资、工业产权投资、土地使用权出资。

3）吸收直接投资的程序：确定吸收直接投资所需的资金数量—寻求投资单位—商定投资数额和出资方式—签署投资协议—取得所筹集资金。

4）吸收直接投资的优点：筹资方式简便、筹资速度快；有利于增强企业信誉；有利于尽快形成生产能力；有利于降低财务风险。

5）吸收直接投资的缺点：资金成本较高；会造成企业控制权分散。

2. 发行股票

股票是股份公司为筹集主权资金而发行的有价证券，是持股人拥有公司股份的凭证，它代表持股人在股份公司中拥有的权利和应承担的义务。

3. 留存收益

留存收益是指企业的盈余公积、未分配利润等。留存收益的实质是投资者对企业的再投资，但这种筹资方式受制于企业盈利的多寡及企业的分配政策。

（二）负债资金筹集

负债资金筹集包括银行借款、发行债券、融资租赁和商业信用形式。

1. 银行借款

银行借款是指企业根据借款合同向银行或非银行金融机构借入的需要还本付息的款项。

1）银行借款的优点：筹资速度快（只要办完银行借款手续，款项会立即到账）、筹资的成本低（银行利息较其他方式的成本低）、借款的灵活性大（借款时间由企业自主）。

2）银行借款的缺点：筹资数额有限（筹资额度要符合银行规定的信用或担保条件下的数额）、较多的限制条款（如要有信用评估或担保抵押等条件）、财务风险大（如果借款不能及时归还，银行可能采取变卖抵押物等强制措施）。

2. 发行债券

债券是债务人依照法定程序发行的、承诺按约定的利率和日期定期支付利息，并到期偿还本金的书面债务凭证。国有企业、股份公司、责任有限公司只要具备发行债券的条件，就可以依法申请发行债券。

1）债券的发行方式：委托发行（指企业委托银行或其他金融机构承销全部债券，并按总面额的一定比例支付手续费）、自行发行（指债券发行企业不经过金融机构直接把债券配售给投资单位或个人）。

2）债券发行必须符合的条件：①股份有限公司的净资产不低于人民币 3 000 万元，有限责任公司的净资产不低于人民币 6 000 万元；②累计债券总额不超过公司净资产的40%；③最近 3 年平均可分配利润足以支付公司债券一年的利息；④筹集的资金投向符合国家产业政策；⑤债券的利率不超过国务院限定的利率水平；⑥国务院规定的其他条件。

3）债券筹资的优点：资金成本较低、保证控制权、发挥财务杠杆的作用。

4）债券筹资的缺点：筹资风险高、限制条件多、筹资数量有限。

3. 融资租赁

融资租赁是承租人向出租人交付租金，出租人在契约或合同规定的期限内将资产的使用权让渡给承租人的一种经济行为。

4. 商业信用

商业信用是指商品交易中的延期付款或延期交货而形成的借贷关系，是企业之间的一种直接信用行为，也是商品运动与货币运动相脱离后形成的一种债权债务关系。

商业信用的形式有应付账款、应付票据、预收货款等。

（1）应付账款

应付账款是企业赊购货物而形成的短期债务，即卖方允许买方在购买货物后一定时期内支付货款的一种形式，是一种典型的商业信用形式。应付账款的产生通常源于卖家急于推销商品，所以把商品先交给买家，而买家收到商品之后并不立即付款，而是延迟一段时间再付款。

（2）应付票据

应付票据是在应付账款的基础上发展起来的，是企业进行延期付款商品交易时开具的反映债权债务关系的票据，是指由出票人出票，并由承兑人允许在一定时期内支付一定款项的书面证明。应付票据分为商业承兑汇票和银行承兑汇票。

（3）预收货款

预收货款是指卖方按照购销合同或协议的规定，在发出商品之前向买方预收部分或全部货款的信用行为。它等于卖方向买方先借一笔款项，然后用商品偿还。

1）商业信用筹资的优点：①商业信用使用方便；②商业信用的限制少；③商业信用的弹性好；④如果没有现金折扣或企业不放弃现金折扣或者使用不附息的应付票据，则利用商业信用的筹资成本是比较低的，有时筹资成本甚至是没有的。

2）商业信用筹资的缺点：①商业信用的时间较短，如果企业取得现金折扣，则时间会更短；②如果企业放弃现金折扣，则要付出较高的资金成本。

综上所述，筹资决策就是依据企业的筹资目标，科学地采用吸收直接投资、发行股票、留存收益等方式筹集企业的权益资金；合理采用银行借款、发行债券、融资租赁、商业信用等方式筹集负债资金，满足企业的经营需要，实现企业的经营目标。

三、国际企业筹资

国际企业筹资是指国际企业为实现理财目标，跨越国界在全球范围内筹措其所需资金的财务管理活动。国际企业筹资主要有国际信贷筹资、吸收外国直接投资、国际证券筹资、国际租赁筹资和国际补偿贸易筹资。

国际企业与国内企业相比，在筹资活动及其管理方面既有共同点，又有不同点。就筹资管理的基本原理和它们在本国的筹资活动而言，两者相差无几。从它们在国外筹资方面来看，却存在着很大的差异。这是由国际企业跨国经营的特征所决定的。

（一）国际企业筹资的特性

与国内企业相比，国际企业筹资的特性主要表现为以下几个方面。

1. 资金需要量大

由于国际企业为实施其全球战略在世界范围内从事各种生产经营活动，其所需资金较多。

2. 资金来源多

由于国际企业所需资金较多，因而不是公司集团内部相互融通资金所能解决的，也非一般银行或其他单一组织能完全满足的。通常，国际企业需要跨越国界在地区性市场或国际市场上筹措资金。因此，国际企业有更广泛的资金来源。

3. 筹资风险大

由于国际企业不但在公司集团内部融通资金，而且更多地在公司集团外部，尤其是在国际资本市场上筹措资金，筹资的机会相对较多。与此同时，筹资中所受的影响因素也较多，如各国的政治气候、法律环境、经济条件及文化背景等，而且大部分因素处于不断的变化中，其不确定性较大。因此，国际企业的筹资风险也较大。

4. 影响因素多

无论在筹资渠道及筹资方式的选择上，还是在筹资结构及综合成本的设定上，抑或是在筹资方案的选择及筹资风险的防范上，国际企业所需考虑的因素都较多，其难度较大，要求也较高。

（二）国际企业筹资的渠道

国际企业所需资金不仅数量庞大，还涉及众多国家和诸多币种，因此，其筹资渠道广泛而多样。归纳起来，国际企业筹资的渠道主要有以下四个方面。

1. 国际企业内部资金

国际企业内部资金是指母公司与子公司之间、子公司与子公司之间相互提供的资金。除了在国外子公司创建初期，母公司投入足够的股权资本，以保持对该子公司的所有权和控制权，有时母公司还以贷款形式向国外子公司提供资金，因为这样做汇回的利息可以免税。国际企业内部资金不仅包括未分配利润，还包括国际企业内部积存的折旧基金。内部相互融通资金，对于国际企业的重要性已越来越明显，通过这种渠道所筹集的资金，国际企业不需要支付筹资费用，可以降低筹资成本。

2. 国际企业母国资金

国际企业可以利用其与母国经济发展的密切联系，从母国银行、非银行金融机构、有关政府机构、企业甚至个人处获取资金。具体来说，国际企业母国资金主要有以下三条获取途径。

1）从母国金融机构获得贷款。这是国际企业从外部获取资金的重要途径之一。特别是一些跨国银行，通常与其母国的主要国际企业存在着极为紧密的关系，因此它们会以支持这些公司的业务活动作为它们的国际战略目标。德国、日本和瑞士的银行就是突出的代表。

它们的跨国经营，其目的不仅仅是扩张其国际资产，占领国际金融市场，还是在全球范围内支持其本国国际企业的业务活动。国际企业与跨国银行的这种关系，不仅表明国际企业是跨国银行资金的主要供应者，还表明国际企业也是跨国银行信贷的最大获得者。

2）从母国资本市场发行债券筹资。这是国际企业一种传统的筹资渠道。例如，美国投资银行、英国商业银行都为其本国国际企业经办这类业务。它们不仅对本国国际企业提供银行信贷业务，还为其承办债券发行筹资业务，在母国资本市场上发行债券筹资所筹措的资金数量较多。

3）从母国有关政府机构或经济组织获得贸易信贷。这条获取资金的途径，会随着贸易保护主义的增加而日益扩大。

3. 国际企业东道国资金

当来源于国际企业内部及其母国的资金不能满足生产经营的需要时，国际企业东道国（母国以外的子公司所在国家和地区）的资金也是重要的补充来源。由于各国的经济状况与条件不同，因而国际企业利用东道国资金的情况也因国别而异。

在发达国家和地区，由于经济基础较好，资本市场发育程度较高，因而资本相对充裕。但各国的金融环境存在着一定的差异，国际企业的筹资渠道也有所不同。例如，在美国，证券市场较为健全，是国际企业最重要的资金来源；在德国，金融业务较为发达，因而银行业是提供各种资金的主要机构。

在发展中国家和地区，由于经济发展相对落后，证券业务起步较晚，资本市场不健全，因而通过资本市场筹措资金相当有限，主要依赖银行提供资金，但银行也只是向国际企业提供中短期贷款的主要组织。

4. 来自国际间的资金

来自国际间的资金是指除了上述三种渠道的第三国或国际组织获取的资金，它是国际企业筹措资金的又一主要渠道，具体来说，主要有以下两种方式。

（1）向第三国或国际金融机构借款

当国际企业向第三国购买货物时，一般可向该国银行获取出口信贷。目前，许多国家设立了进出口银行，为本国或他国国际企业办理进出口融资业务。此外，国际企业还可向国际金融机构，如世界银行、亚洲开发银行、国际金融公司等借款。

（2）向国际资本市场筹资

向国际资本市场筹资的对象主要是一些大型跨国银行或国际银团。例如，国际企业可在国际股票市场上发行股票，由一些银行或银团购买；也可在国际债券市场上发行中长期债券筹资。此外，国际企业还可以在国际租赁市场上融资。

四、国际融资战略应用

企业融资战略（corporate finance strategic）是指企业为了有效地支持投资所采取的融资组合，融资战略选择不仅直接影响企业的获利能力，还影响企业的偿债能力和财务风险。搞好企业的融资战略，可以降低企业的融资成本，实现企业的理财目标，提高企业的经济效益。因此，分析融资环境，选择企业的融资方式，衡量融资成本和融资风险，实现融资结构的最优化，是企业融资战略研究的重点。

知识拓展

国际融资策略的方案

1. 建立合理的财务结构

合理财务结构的建立，应该是在现有各种限制条件下，通过合理的股权资本和债务资金比例，以及债务资金中公司内部筹集资金与外部筹集资金（包括东道国、母国和国际资金来源）比例的安排实现。

2. 降低筹资成本策略

要达成筹资成本最低化，必须注意运用以下策略。

1）降低税负，以控制资金的税收成本。有以下两种方法可供使用：第一，调整融资方式，降低税负；第二，实施区位选择策略。

2）降低利息和风险支出。国际企业可以从以下两个方面考虑：第一，争取各类优惠性贷款；第二，优化借款币种的选择和整体债务结构中的币种配置。

3）绕过信贷壁垒，争取当地信贷配额。

3. 避免和降低风险策略

1）降低外汇风险。

2）避免和降低政治风险。企业可以从以下三个方面着手：第一，尽可能地在政治环境稳定的国家投资；第二，尽量利用负债筹资；第三，坚持以国外投资项目或子公司的生产盈利归还贷款，减轻对母公司的依赖。

3）保持和扩大现有融资渠道。在全球范围内拓展融资渠道，提高融资的灵活性，保持和扩大融资渠道的策略，具体包括资金来源多元化和保持合理的透支额度。

（资料来源：根据网络资料整理。）

知 识 测 试

项目七任务二参考答案

一、多选题

1. 企业筹资的动机有（　　）。
   A. 设立性动机　　　　　　　　　B. 扩张性动机
   C. 调整性动机　　　　　　　　　D. 混合性动机

2. （　　）是企业常用的筹资方式。
   A. 吸收直接投资　B. 利用留存收益　C. 向银行借款　　D. 融资租赁

3. 筹资的基本原则包括（　　）。
   A. 规模适当原则　B. 筹资及时原则　C. 方式经济原则　D. 影响扩大原则
   E. 来源合理原则

4. 国际企业筹资的特性包括（　　）。
   A. 资金需要量大　B. 资金来源多　　C. 筹资风险大　　D. 影响因素多

5. 企业的国际融资来源包括（　　）。
   A. 国际企业内部资金　　　　　　B. 国际企业母国资金
   C. 国际企业东道国资金　　　　　D. 来自国际间的资金

二、简答题

1. 什么是筹资管理？它包括哪些内容？
2. 国内企业的筹资管理与国际企业的筹资管理有哪些联系和区别？
3. 企业开展国际筹资有哪些资金来源？可采用哪些筹资方式？

任 务 实 施

1. 从网络平台搜集中粮集团或身边的跨国企业在国内的筹资方式有哪些？这些筹资方式与跨国企业采用的国际筹资方式相比有哪些优缺点？
2. 描述你所实习的企业的筹资策略。

任务三 国际营运资金管理

本任务在分析具体企业的营运资金管理案例的基础上，以讨论公司营运资金管理的内容和措施为引领，进一步学习了国内公司与跨国公司的现金管理、应收账款管理、存货管理的内容与策略，使学生能够正确地实施国际营运资金管理。

▌任务目标

如何控制营运资金的规模和选择营运资金管理策略。

▌导入案例

正华公司营运资金管理问题分析

正华公司最近开展对公司内部存在问题的调研，其中关于营运资金管理工作的问题主要有以下几点。

采购部门提出：财务部门现金管理有问题，采购资金经常不能足额及时提供，导致不能进行大批量采购，不仅无法正常取得供应商给予的数量折扣，还得和供应商争取赊购。

仓储部门提出：销售部门的营销计划有问题，导致公司有些产品类型生产那么大的量，已经储存很长时间也卖不出去，不仅产品占用资金，而且每个月管理费用特别高。

销售部门提出：生产部门总是让人担心，有些类型的产品都是临到合同截止期才能交货，一旦哪次没有及时完成生产，订单就泡汤了，还会让顾客不信任我们的交货能力，从而影响合作。

生产部门提出：仓库对一些紧缺原料经常不能及时发料。

　　财务部门提出：销售部门回款太慢，有些应收账款逾期都过半年了，销售部也不催收。

（资料来源：根据网络资料整理。）

　　分析：
　　1）针对公司以上各部门提出的问题，请分析正华公司日常营运管理存在哪些问题？企业的营运资金管理工作包括哪些方面的管理？
　　2）假设你是公司财务总监，你会采取哪些办法来加强公司的营运资金管理？

　　营运资金管理是对企业流动资产及流动负债的管理。企业要维持正常的运转就必须拥有适量的营运资金，因此，营运资金管理是企业财务管理的重要组成部分，它包括现金管理、应收账款管理和存货管理。

一、现金管理

　　现金是广义的概念，包括库存现金、银行存款和其他货币资金（支票、汇票和 3 个月内可变现的有价证券）等。在现实生活中我们可以看到，有的企业虽然账面盈利颇丰，却因为现金流量不充沛而倒闭；有的企业虽然长期处于亏损中，但它可以依赖自身拥有的现金流得以长期生存。企业的持续性发展经营，靠的不是高利润而是良好、充足的现金流。

　　现金管理是企业财务部门按照国家现金管理制度，对现金的收入、支出和库存余额进行监督和管理。

　　1. 现金持有的动机

　　1）交易性动机，是指企业要产生买和卖的商务交易活动需要现金，这是企业日常业务需要。
　　2）预防性动机，是指企业为了预防意外事件而做的现金准备。
　　3）投机性动机，是指企业应持有足够的现金，以抓住随时可能出现的盈利机会。

　　2. 现金持有的成本

　　1）机会成本，是指企业因持有一定数量的现金而丧失的再投资收益。
　　2）管理成本，是指企业因持有一定数量的现金而发生的管理费用，如管理人员工资及必要的安全措施费，这部分费用在一定范围内与现金持有量的多少关系不大，一般属于固定成本。
　　3）短缺成本，是指在现金持有量不足而又无法及时通过有价证券变现加以补充的情况下给企业造成的损失。
　　4）转换成本，是指企业用现金购入有价证券及转让有价证券换取现金时付出的交易费用，如委托买卖佣金、委托手续费、证券过户费、交割手续费等。

3. 现金管理的主要内容

现金管理的内容主要包括以下几个。

1) 编制现金收支计划，以便合理地估计未来的现金需求。

2) 对日常的现金收支进行控制，力求加速收款，延缓付款。

3) 使用特定的方法确定最佳现金余额，当企业实际的现金余额与最佳的现金余额不一致时，采用短期融资策略或归还借款和有价证券投资策略来达到理想状态。

4. 现金收支的日常控制

现金控制就是对现金的收、付、存等各环节进行的控制。企业进行现金控制，一般要制定企业的现金管理条例。企业现金管理工作主要包括现金回收管理、现金支出管理、闲置现金投资管理和现金收支的综合控制等内容。

（1）现金回收管理

现金回收管理的目的是尽快收回现金，加速现金的周转。

（2）现金支出管理

现金支出管理的关键是尽可能延缓现金的支出时间。

（3）闲置现金投资管理

企业应在确保资金安全和及时回收的前提下对暂时闲置的现金进行合理的短期投资。在保证主营业务的现金需求的前提下，企业应将闲置资金投入流动性强、风险性低、交易期限短的金融工具中，以期获得较多的收入。

（4）现金收支的综合控制

尽量使企业的现金流入与流出同步，这样可以使企业的可使用现金余额趋于平稳。对于库存现金的收支应做到日清月结，确保库存现金的账面余额与实际金额相符。企业的现金超过库存现金限额时，应存入银行，由银行统一管理，并且严格遵守国家规定的库存现金的使用范围。

5. 跨国公司的现金管理

跨国公司的现金管理是指对包括所有子公司在内的整个公司系统内的现金流量进行综合控制。它的目标是在有效控制公司的现金资源的同时，使整个公司的现金余额降到足以维持公司正常营运的最低水平。它的管理意义在于：可使多余的资金用于短期投资，增加经营利润；现金余额的减少能降低流动资金总额，节省利息支出，从而降低经营成本；减少各子公司的资产流失现象；在保证整体利益的基础上制定现金政策，防止各子公司从次优观点出发盲目增大现金余额。

跨国公司的现金管理一般实行集中管理，即各海外子公司平时只需保留日常经营所需的最低现金余额，将其余部分均转移到总公司的专门管理机构，一般是现金管理中心进行统一调度和运用。现金管理中心一般位于国际金融中心，如纽约、伦敦、香港、苏黎世等，也可位于国际避税地。跨国公司现金集中管理的优点如下。

1) 由于现金管理中心一般位于国际金融中心，因此对国际金融市场上各种货币的汇率走向与利率、各个金融市场的操作程序与方法等都非常熟悉，有利于安排最佳的现金组合方式。

2）由高度专业化的现金管理中心实行集中管理，有利于提高管理效率，便于集中信息和统筹运用资金。

3）现金管理中心全面掌握了各子公司所需资金的动态情况，能确定各子公司应付各种情况所需的现金余额，从而将公司总体必须持有的现金余额保持在尽可能低的水平，有利于减轻利息负担。

4）减少在国外暴露的总资产，从而可以减少东道国发生政治风险或外汇管制时遭受损失的可能性。

5）现金管理中心熟悉各个市场的资金成本情况，因而知道在现金不足时应从何处借款最有利，在现金过剩时应将现金投放在何处最受益。

6）为跨国公司利用转移定价机制增加总体盈利提供方便，有利于公司全球战略的设计与实施。

为便于进行现金集中管理，跨国公司一般要设立多边净值结算系统。多边净值结算是指跨国公司在全球范围内对其内部所有子公司之间的收付款进行抵销结算，最后支付抵销后的净值。为此，跨国公司要在特定地点设立中心结算账户，并授权其监督实施各子公司债务清偿必需的资金转移。在多边净值结算中，首先要计算各子公司在多边交易中对其他所在子公司的债权、债务净值，净欠款的子公司将被要求向中心结算账户支付欠款，而那些拥有净债权的子公司则从这一中心结算账户中得到资金。在一般情况下，结算中心要求每月从各子公司收到交易信息，据以确定各子公司的债权债务净值，之后便可以实施必要的资金转移。

多边净值结算在使用中可能受到限制：一是许多国家政府规定企业只能对贸易往来进行资金结算，这就使跨国公司利用多边净值结算转移资金的能力受到限制；二是多边净值结算要求各个子公司管理人员必须充分合作，中心结算账户必须全面掌握跨国公司内部发生的所有交易，但对于那些现金流出大于现金流入的子公司来说，他们并不愿意进行这种合作，因为这样他们就无法像以前那样，将偿债拖延至现金流动状况好转或实现了营业利润后再还债。

综上可见，国际现金管理就是要在掌握基本的现金管理策略的基础上，还需要掌握跨国企业在经营活动方面的政治、经济等环境因素，运用有效地适应跨国企业经营活动的现金管理策略，有效控制现金在国际间的收、付、存。

二、应收账款管理

应收账款是指企业在正常的经营过程中因销售商品和产品、提供劳务等业务，应向购买单位收取的款项，包括应由购买单位或接受劳务单位负担的税金、代购买方垫付的各种运杂费等。

应收账款管理是指在赊销业务中，从授信方（销售商）将货物或服务提供给受信方（购买商），债权成立开始，到款项实际收回或作为坏账处理结束，授信企业采用系统的方法和科学的手段，对应收账款回收全过程所进行的管理。应收账款管理的目的是保证足额、及时收回应收账款，降低和避免信用风险。

（一）应收账款的功能

1. 贷款融资

应收账款可以用于企业的流动资金贷款的基本条件，根据其大小及应收下游企业性质可以向银行申请流动资金贷款，用于企业的扩大经营与生产。

2. 扩大销售

在市场竞争日益激烈的情况下，赊销是促进销售的一种重要方式。企业赊销实际上是向顾客提供两项交易：向顾客销售产品，以及在一个有限的时期内向顾客提供资金。赊销对顾客来说十分有利，所以顾客在一般情况下会选择赊购。赊销具有明显的促销作用，对企业销售新产品、开拓新市场具有重要的意义。

3. 减少库存

企业持有产成品存货，要追加管理费、仓储费和保险费等支出；相反，企业持有应收账款，则无须上述支出。因此，当企业产成品存货较多时，一般可采用较为优惠的信用条件进行赊销，把存货转化为应收账款，减少产成品存货，节约相关的开支。

（二）应收账款管理的成本

应收账款管理的成本包括机会成本、管理成本和坏账成本。

1）机会成本，是指企业的资金因投放于应收账款而必须放弃其他投资机会所丧失的收益。机会成本的计算公式为

$$机会成本 = 应收账款占用资金 \times 资金成本率 \tag{7-1}$$

式中：

$$应收账款占用资金 = 应收账款平均余额 \times 变动成本率$$
$$应收账款平均余额 = 日销售额 \times 平均收现期$$
$$变动成本率 = 变动成本 / 销售收入$$

2）管理成本，是指对应收账款进行管理而耗费的开支，如对顾客信用度调查的费用、收集信息的费用、收账费用等。

3）坏账成本，是指由于某种原因导致应收账款不能收回而给企业造成的损失。坏账成本的计算公式为

$$坏账成本 = 应收账款平均余额 \times 坏账损失率 \tag{7-2}$$

（三）应收账款管理的困局

1）对购货企业应收账款放得太松，会直接影响企业资金运作，最坏的结果是应收账款不能收回，在企业中形成大量的呆账、死账。

2）对应收账款管得太死，会导致一些企业走向极端，出现不给钱不发货、紧缩供货现象，这将会影响企业的销售，造成部分客户流失。

（四）应收账款管理的目标

企业应收账款管理的目标包括建立应收账款核算办法、确定最佳应收账款的机会成本、制定科学合理的信用政策、严格赊销手续管理、采取灵活的营销策略和收账政策、加强应收账款的日常管理等几个方面。

制定科学合理的应收账款信用政策，并在这种信用政策所增加的销售盈利和采用这种政策预计要担负的成本之间做出权衡。只有当所增加的销售盈利超过运用此政策所增加的成本时，才能实施和推行这种信用政策。同时，应收账款管理还包括企业未来销售前景和市场情况的预测及判断，以及对应收账款安全性的调查。如果企业销售前景良好，应收账款安全性高，则可进一步放宽收款信用政策，扩大赊销量，获取更大利润，相反，则应相应严格信用政策，或对不同客户的信用程度进行适当调整，确保企业在获取最大收入的情况下，使可能的损失降到最低。

（五）应收账款的日常管理

1. 设置应收账款明细分类账

企业应设置"应收账款"科目，为了加强对应收账款的管理，在总分类账的基础上，又按信用客户的名称设置明细分类账，详细地、序时地记载与各信用客户的往来情况。

1）全部赊销业务都应正确、及时、详细地登入有关客户的明细分类账，随时反映每个客户的赊欠情况，根据需要还可设置销货特种日记账以反映赊销情况。

2）赊销业务的全过程应分工执掌，如登记明细账、填制赊欠客户的赊欠账单、向赊欠客户交送或邮寄账单和处理客户收入的现金等，都应分派专人负责。

3）应定期将明细账同总账核对。

2. 设置专门的赊销和征信部门，控制赊销额度

应收账款收回数额的多少及时间的长短取决于客户的信用。坏账将造成损失，收账期过长将削弱应收账款的流动性。所以，企业应设置赊销和征信部门，专门对客户的信用状况进行调查，并向对企业进行信用评级的征信机构取得信息，以便确定要求赊购客户的信用状况及付款能力。企业的赊销和征信部门在应收账款管理中的职能如下。

1）对客户的信用状况进行评级。客户信誉评估5C系统是评估顾客信用品质的五个方面，即客户信用品质（character）、能力（capacity）、资本（capital）、抵押品（collateral）、环境（conditions）。

2）批准赊销的对象及规模。控制赊销额是加强应收账款日常管理的重要手段，企业根据客户的信用等级确定赊销额度，对不同等级的客户给予不同的赊销限额。企业必须将累计额严格控制在所能接受的风险范围内。未经企业赊销领导小组批准，企业的其他部门及人员一般无权同意赊销。

3）负责赊销账款的及时催收，加速资金周转。应收账款的收账策略是确保应收账款返回的有效措施，当客户违反信用时，企业就应采取有力措施催收账款，一般对账款的催收期限不能间隔太长，因为在法律上太长的期限可能暗示对债权的放弃。因此，要形成定期的对账制度，每隔 3 个月或 6 个月就必须同客户核对一次账目，并对因产品品种、回款期限、退换货等原因导致单据、金额等方面出现的误差进行核实。对过期的应收账款，应按其拖欠的账龄及金额进行排队分析，确定优先收账的对象。同时，应分清债务人拖延还款是否属于故意拖欠，对故意拖欠的应考虑通过法律途径加以追讨。

3. 实行严格的坏账核销制度

应收账款因赊销而存在，所以，应收账款从产生的那一天起就冒着可能收不回的风险，即发生坏账的风险，可以说坏账是赊销的必然结果。对于整个赊销而言，可以将个别坏账理解为赊销费用。为了缩小企业的损失，根据配比原则，发生的坏账应同收益进行配比，从收益中扣除，从而列示企业的实有资产，同时不虚夸所有者权益及收益，这也是谨慎性原则的要求。

（六）跨国公司应收账款管理

跨国公司的应收账款有两种类型：一是公司外部应收账款，反映的是公司与客户之间的债权关系；二是公司内部应收账款。

1. 公司外部应收账款管理

跨国公司为了开拓海外市场，吸引客户，增加竞争力，常采用赊销手段促销，由此产生了延期支付的问题。因此，跨国公司在赊销增多的情况下，要加强对赊销的控制，一般要制定合理的信用政策，确定信用标准、信用条件和收款方法。

具体地，对由赊销产生的延期支付，应收账款管理应注意以下几点。

1）计价货币。在国际贸易中，计价货币可以在出口国货币、进口国货币或第三国货币中选择。一般地，出口方应尽量争取以硬货币计价，当然进口方也必然要求以软货币支付货款。因而最终实际成交货币是双方权衡的结果，如果是以软货币计价的，出口方要争取价格、付款条件等方面的有利条件。

2）付款条件。如果应收账款以软货币计价时，付款期要尽量缩短，以便尽早收回货款，以免应收账款贬值；应收账款以硬货币计价时，付款期限可以延长。

3）风险防范。风险防范包括选择资信可靠的客户，对信誉好、支付能力强的客户可给予赊销；控制赊销额度，如分批供货、分批付款；鼓励赊购者提前付款，如采取付款折扣、逾期付款加收利息等；加强对货款的回收，如派出专人定期收取货款；采取福费廷交易（forfaiting）、保付代理（factoring）等保险措施。

2. 公司内部应收账款管理

公司内部应收账款作为整个跨国公司财务体系的一个组成部分，其管理并不反映公司的商业信用政策，而是与现金管理的原则一致，是作为调控内部资金的手段，以实现公司全球财务资源的最优配置。公司内部应收账款管理采取的主要方式有提前支付与延后支付，即跨国公司根据内部资金优化配置的需要，做出公司内部的应收账款在信用到期之前支付或是在信用到期之后支付的安排。如果母公司在信用到期之前急需这笔资金，子公司须提前支付；如果子公司在信用到期之后仍需要这笔资金周转，则子公司可延后支付，目的是协调母、子公司之间的资金流动，减少公司整体的资金成本和外汇风险。

公司内部应收账款管理的另一种方式是在国际避税地设立再开单中心，该中心并不发生实质性交易行为，而是在各子公司之间进行商品贸易时，负责处理合同和资金，进行内部转账。具体做法是通过提前支付或延后支付，在公司内部进行资金融通，调剂余缺；或通过内部转移定价把有关子公司的部分利润转移至低税国或免税国；或在汇总的基础上为双边与多边冲销提供便利，以减少实际支付的发生。

三、存货管理

存货是指企业在日常活动中持有以备出售的产成品或商品、处在生产过程中的在产品、在生产过程或提供劳务过程中耗用的材料或物料等，包括各类材料、在产品、半成品、产成品或库存商品，以及包装物、低值易耗品、委托加工物资等。存货作为一项重要的流动资产，它的存在势必会占用大量的流动资金。一般情况下，存货占工业企业总资产的30%左右，商业流通企业的则更高，其管理利用情况如何，直接关系到企业的资金占用水平及资产运作效率。

存货管理就是对企业的存货进行管理，主要包括存货的信息管理和在此基础上的决策分析，最后进行有效控制，达到存货管理的最终目的，即提高经济效益。存货管理的目标是尽力在各种成本与存货效益之间做出权衡，达到两者的最佳结合。在不同的存货管理水平下，企业的平均资金占用水平差别是很大的。只有通过实施正确的存货管理方法，来降低企业的平均资金占用水平，提高存货的流转速度和总资产周转率，才能最终提高企业的经济效益。

（一）存货的功能

1）储存必要的原材料，可以保证生产正常进行。

2）储备必要的在产品，有利于组织均衡、成套性地生产。

3）储备必要的产成品，有利于产品销售。

（二）存货的成本

存货的成本主要有进货成本、储存成本和缺货成本。

1）进货成本，是指存货的取得成本，主要由存货进价和进货费用构成。存货进价又称为购置成本，是指存货本身的价值，等于存货进货数量与单价的乘积。进货费用又称订货成本，是指企业为组织进货而开支的费用。

2）储存成本，是指企业为持有存货而发生的费用，主要包括存货占用资金所应计的利息、仓库费用、存货破损变质损失、存货的保险费用等。

3）缺货成本，是指因存货不足而给企业造成的损失。

（三）存货的日常管理

1）严格执行财务制度规定，使账、物、卡相符。存货管理要严格执行财务制度规定，对货到发票未到的存货，月末应及时办理暂估入库手续，使账、物、卡相符。

2）控制存货储存期，确保市场供应前提下的最低库存量，控制采购成本。首先，计划员要有较高的业务素质，对生产工艺流程及设备运行情况要有充分的了解，掌握设备维修、备件消耗情况及生产耗用材料情况，进而做出科学、合理的存货采购计划。其次，要规范采购行为，增加采购的透明度。本着节约的原则，采购员要对供货单位的品质、价格、财务信誉动态进行监控；收集各种信息，对同类产品货比多家，以求价格最低、质量最优；同时，对大宗原燃材料、大型备品备件实行招标采购，杜绝暗箱操作，杜绝采购黑洞。这样，既确保了生产的正常进行，又有效地控制了采购成本，加速了资金周转，提高了资金的使用效率。

3）充分利用 ERP（enterprise resource planning，企业资源计划）等先进的管理模式，实现存货资金信息化管理。要想使存货管理达到现代化企业管理的要求，就要使企业尽快采用先进的管理模式，如 ERP 系统。利用 ERP 使人、财、物、产、供、销全方位科学、高效地集中管理，最大限度地堵塞漏洞，降低库存，使存货管理更上一个新台阶。

4）存货 ABC 分类法管理。ABC 分类法也称为 80/20 规则。它是根据事物在技术或经济方面的主要特征，进行分类排队，分清重点和一般，从而有区别地确定管理方式的一种分析方法。应用 ABC 分类法进行存货管理，首先应将企业的存货划分为 A、B、C 三类。A 类存货品种占全部存货的 10%～15%，资金占存货总额的 80%左右，实行重点管理，如大型备品备件等。B 类存货为一般存货，品种占全部存货的 20%～30%，资金占全部存货总额的 15%左右，适当控制，实行日常管理，如日常生产消耗用材料等。C 类存货品种占全部存货的 60%～65%，资金占存货总额的 5%左右，进行一般管理，如办公用品、劳保用品等随时都可以采购。采用 ABC 分类法后，能抓住重点存货，控制一般存货，制订出较为合理的存货采购计划，从而有效地控制存货库存，减少储备资金占用，加速资金周转。

因此，存货管理的目标就是在保证生产或销售经营需要的前提下，最大限度地降低存货成本。

（四）跨国公司的存货管理

跨国公司要确定最佳存货量十分困难，需要综合考虑预期的销售额、订货成本、储运成本，以及销量突然上升和一时订不到货等因素。此外，还要考虑货币及其汇率、利率波动的风险。

在正常情况下，如果存货物价稳定，汇率变化不大，东道国外汇管制宽松，运输有保障，企业只需保有最小存货量。但是，在东道国通货膨胀的情况下，企业不得不超额储备，甚至增加存货进口。货币贬值一旦发生，进口存货以当地货币表示的价格便会上升，但其代价是储运成本和资金占用成本大大增加，企业需要在两者之间仔细权衡。然而，如果预期的货币贬值没有发生，或者货币贬值发生但东道国实行物价冻结，就会造成大量的存货积压。为了防止东道国政府冻结物价，企业可先将进口存货定在较高的价位上折价销售，一旦货币贬值发生，东道国政府又冻结物价，就取消折扣，将货物在原来的高价位上出售。如果进口存货是有期货交易的大宗商品，也可以购买期货合约。一旦预期的东道国货币贬值发生，就可执行该期货合约；若货币贬值没有发生，或货币贬值发生但东道国实行物价冻结，则可将该期货合约在国外出售，换回硬通货。

知 识 测 试

项目七任务三参考答案

一、多选题

1. 营运资金管理的内容包括（　　）。

   A. 现金管理　　　　B. 应收账款管理　　C. 贷款管理　　　　D. 存货管理

2. 企业现金管理中的现金的表现形式有（　　）。

   A. 库存现金　　　　B. 银行存款　　　　C. 支票　　　　　　D. 汇票

   E. 3 个月内可变现的有价证券

3. 企业现金管理工作的主要内容包括（　　）。

   A. 现金回收管理　　　　　　　　　B. 现金支出管理

   C. 现金储存管理　　　　　　　　　D. 闲置现金投资管理

4. 应收账款的功能包括（　　）。

   A. 贷款融资　　　　B. 扩大销售　　　　C. 减少库存　　　　D. 增加存货

5. 应收账款管理的成本包括（　　）。

   A. 机会成本　　　　B. 管理成本　　　　C. 储存成本　　　　D. 坏账成本

6. 存货的成本主要有（　　）。

   A. 进货成本　　　　B. 坏账成本　　　　C. 储存成本　　　　D. 缺货成本

二、简答题

1. 什么是营运资金管理？它包括哪些内容？

2. 什么是现金管理？现金的集中管理有何好处？

3. 国内公司的营运资金管理与国际公司的营运资金管理有哪些联系和区别？

任 务 实 施

1. 从网络平台或身边的企业中搜集一家跨国公司的营运资金管理的案例，了解这家企业在现金管理、应收账款管理和存货管理上都采用了哪些措施，每组将搜集的资料制作成 PPT 进行汇报。

2. 描述你所实习的企业的营运资金管理策略的具体内容。

任务四　国际税收管理

税收制度作为规范国家和纳税人之间税收分配关系的法律制度，是要求纳税人（企业和个人）强制执行的。那么，企业作为经济利益的主体，如何既执行税法要求，又不增加企业负担呢？

本任务在分析具体企业的纳税案例基础上，通过学习税收的作用、国内主要税种的征税对象和税率、国际税收管理的主要措施，让学生明确在国际商务活动中如何科学地进行税收管理。

▌ 任务目标

掌握企业纳税的种类及方法。

▌ 导入案例

跨国公司的合理避税策略

A 国甲公司在 B 国、C 国分设乙、丙两家分公司。A、B、C 三国的企业所得税税率分别为 35%、30%、30%，A 国允许采取分国抵免法进行税收抵免，但抵免额不得超过同额所得按 A 国税率计算的税额。假设该年度甲公司在 A 国实现应纳税所得额为 2 400 万元；乙公司在 B 国获得的应纳税所得额为 500 万元；丙公司在 C 国亏损 100 万元。为减轻税负，甲公司采取了以下办法：降低对丙公司的材料售价，使丙公司在 C 国的应税所得额由 0 变为 100 万元。

以下分析甲公司总体税负的变化。

1. 在正常交易情况下的税负

1）乙分公司在 B 国应纳所得税额：500×30%=150（万元），在 A 国可抵免限额：500×35%=175（万元）。实际可抵免税额为 150 万元。

2）丙分公司已纳所得税额和在 A 国可抵免限额为 0。

3）甲公司总体可抵免额： 150+0=150（万元）。

4）甲公司实缴 A 国所得税额：（2 400+500）×35%-150=865（万元）。

2. 在非正常交易情况下的税负

1）乙分公司在 B 国已纳税额：500×30%=150（万元）。乙分公司在 A 国的抵免限额：500×35%=175（万元）。

150 万元<175 万元，可抵免限额为 150 万元。

2）丙分公司在 C 国已纳税额：100×30%=30（万元）。丙公司在 A 国抵免限额：100×35%=35（万元）。

30 万元<35 万元，可抵免限额为 30 万元。

3）甲公司在 A 国可抵免总额：150+30=180（万元）。

4）由于甲公司降低了对丙公司的材料售价，则甲公司的应纳税所得额减少2 200（2 400-200）万元。甲公司应缴 A 国所得税额=（2 200+500+100）×35%-180=800（万元），明显较 865 万元少。这是跨国纳税人利用税收抵免避税的例子，各国税率差异也是此种避税应考虑的因素。

（资料来源：根据网络资料整理。）

分析：

1）国际税收管理与国内税收管理有哪些不同？

2）国际税收管理中的合理避税应该如何做？

一、税收管理概述

税收是国家为了实现其职能的需要，凭借政治权力，按照法律规定的标准，强制、无偿取得财政收入的一种特定分配方式。

税收管理是企业以税收管理法及其有关规定为依据，按其自身生产经营及纳税义务情况，进行自我控制和监督等的管理活动，是企业纳税活动的一项重要内容。

通过税收管理，既可以较好地贯彻执行税收政策和征收管理法令，保证国家税款的及时足额入库，又可以促使企业自觉地履行纳税义务，维护其自身的经济权益。

（一）税收的作用

1. 组织财政收入

在社会主义市场经济条件下，税收成为我国财政收入的主要形式。税收组织财政收入的作用体现在以下两个方面。

（1）税收来源的广泛性

税收不仅可以对流转额征税，还可以对各种收益、资源、财产、行为征税；不仅可以对国有企业、集体企业征税，还可以对外资企业、私营企业、个体工商户征税；等等。税收保证财政收入来源的广泛性，是其他任何一种财政收入形式不能比拟的。

（2）税收收入的及时性、稳定性和可靠性

由于税收具有强制性、无偿性、固定性的特征，因此税收就把财政收入建立在及时、稳定、可靠的基础上，成为国家满足公共需要的主要财力保障。

2. 配置资源

在社会主义市场经济条件下，市场对资源配置起主导作用，但市场配置资源也有它的局限性，可能出现市场失灵（如无法提供公共产品、外部效应、自然垄断等）。这时，就有必要通过税收保证公共产品正常提供，以税收纠正外部效应，以税收配合价格调节具有自然垄断性质的企业和行业的生产，使资源配置更加有效。

3. 调节需求总量

税收对需求总量进行调节，以促进经济稳定，其作用主要表现在以下两个方面。

1）运用税收对经济的内在稳定功能，自动调节总需求。累进所得税制可以在需求过热时，随着国民收入的增加而自动增加课税，以抑制过度的总需求；反之，亦然，从而使税收起到自动调节社会总需求的作用。

2）根据经济情况变化，制定相机抉择的税收政策来实现经济稳定。在总需求过度，引起经济膨胀时，选择紧缩性的税收政策，包括提高税率、增加税种、取消某些税收减免等，扩大征税以减少企业和个人的可支配收入，压缩社会总需求，达到经济稳定的目的；反之，则采取扩张性的税收政策，如降低税率、减少税种、增加某些税收减免政策等，减少征税以增加企业和个人的可支配收入，刺激社会总需求，达到经济稳定的目的。

4. 调节经济结构

在社会主义市场经济条件下，税收对改善国民经济结构发挥着重要作用，具体表现在以下几个方面。

1）促进产业结构合理化。税收涉及面广，通过合理设置税种，确定税率，可以鼓励薄弱部门的发展，限制畸形部门的发展，实现国家的产业政策。

2）促进产品结构合理化。通过税收配合国家价格政策，运用高低不同的税率，调节产品之间的利润差别，促进产品结构合理化。

3）促进消费结构的合理化。通过对生活必需消费品和奢侈消费品采取区别对待的税收政策，促进消费结构的合理化。

此外，通过税收调节，还可以促进社会经济组织结构的合理化。

5. 调节收入分配

在社会主义市场经济条件下，由市场决定的分配机制，不可避免地会拉大收入分配上的差距，客观上要求通过税收调节，缩小这种收入差距。税收在调节收入分配方面的作用具体表现在以下两个方面。

1）公平收入分配。通过开征个人所得税、遗产税等，可以适当调节个人间的收入水平，缓解社会分配不公的矛盾，促进经济发展和社会稳定。

2）鼓励平等竞争。在市场机制失灵的情况下，由于价格、资源等外部因素引起的不平等竞争，需要通过税收进行合理调节，以创造平等、竞争的经济环境，促进经济的稳定和发展。

6. 维护国家权益

税收是对外开放进程中保护国家权益的重要手段。税收在这方面的作用主要有以下几个。

1）根据独立自主、平等互利的原则，与各国进行税收谈判，签订避免双重征税协定，以发展国家的对外贸易和国际经济交往。

2）根据国家经济建设发展的需要，对进口商品征收进口关税，保护国内市场和幼稚产业，维护国家的经济利益。

3）根据国内的实际情况，对某些出口产品征收出口关税，以限制国内紧缺资源的外流，保证国内生产、生活的需要。

4）为扩大出口，实行出口退税制度，鼓励国内产品走向国际市场，增强出口产品在国际市场上的竞争力。

5）根据发展生产和技术进步的需要，实行税收优惠政策，鼓励引进国外资金、技术和设备，加速国内经济的发展。

6）对外国人和外国企业来源于国内的收入和所得征收所得税，维护国家利益。

7. 监督经济活动

社会主义市场经济体制下，在根本利益一致的基础上仍然存在着整体利益与局部利益、长远利益与眼前利益的矛盾，因此，必须加强税收监督，督促纳税人依法履行纳税义务，保障社会主义市场经济的健康发展。

（二）税收的特征

税收与其他分配方式相比，具有强制性、无偿性和固定性的特征，习惯上称为税收的"三性"。

1. 强制性

税收的强制性是指税收是国家以社会管理者的身份，凭借政权力量，依据政治权力，通过颁布法律或政令来进行强制征收。

2. 无偿性

税收的无偿性是指通过征税，社会集团和社会成员的一部分收入转归国家所有，国家不向纳税人支付任何报酬或代价。

3. 固定性

税收的固定性是指税收是按照国家法令规定的标准征收的，即纳税人、征税对象、税目、税率、计价办法和期限等，都是税收法令预先规定的，有一个比较稳定的试用期间，是一种固定的连续收入。

税收的三个基本特征是统一的整体。其中，强制性是实现税收无偿征收的强有力保证，无偿性是税收本质的体现，固定性是强制性和无偿性的必然要求。

（三）税种的分类

税收制度的主体是税种，当今世界各国普遍实行由多个税种组成的税收体系。在这一体系中，各种税既有各自的特点，又存在着多方面的共同点。因此，有可能从各个不同的角度对各种税进行分类研究。按某种标志，把性质相同的或近似的税种归为一类，而与其他税种相区别，这就是税种的分类。按照不同的分类标志，税种的分类方法一般有以下几种。

1. 按征税对象分类

征税对象是税法的一个基本要素，是一种税区别于另一种税的主要标志。因此，按征税对象分类，是税种最基本和最主要的分类方法。按照征税对象分类，我国税种大体可分为以下五类。

（1）对流转额的征税

对流转额的征税是对销售商品或提供劳务的流转额征收的一类税收。我国当前开征的流转税主要有增值税、消费税和关税。

（2）对所得额的征税

对所得额的征税简称所得税。我国当前开征的所得税主要有企业所得税、个人所得税。

（3）对资源的征税

对资源的征税是对开发、利用和占有国有自然资源的单位及个人征收的一类税。我国对资源的征税主要有城镇土地使用税、资源税、土地增值税。

（4）对财产的征税

对财产的征税是对纳税人所拥有或属于其支配的财产数量或价值额征收的税，包括对财产的直接征收和对财产转移的征收。我国对财产的征税主要有房产税、契税、车船使用税。

（5）对行为的征税

对行为的征税也称行为税，它一般是指以某些特定行为为征税对象征收的一类税收。我国对行为的征税主要有印花税、车辆购置税、城市维护建设税、耕地占用税。

2. 按税收管理和使用权限分类

按税收管理和使用权限分类，税收可分为中央税、地方税、中央地方共享税。这是在分级财政体制下的一种重要的分类方法。2018 年，国家税务局和地方税务局合并，将进一步协调中央和地方的财政关系。

3. 按税收与价格的关系分类

按税收与价格的关系分类，税收可分为价内税和价外税。

4. 按税负是否易于转嫁分类

按税负是否易于转嫁分类，税收可分为直接税和间接税。

5. 按计税标准分类

按计税标准分类，税收可分为从价税和从量税。从价税是以征税对象的价值量为标准计算征收的税收，税额的多少将随着价格的变动而相应增减。从量税是以征税对象的重量、件数、容积、面积等为标准，采用固定税额征收的税收。从量税具有计算简便的优点，但税收收入不能随价格高低而增减。

二、增值税

增值税是对销售货物或者提供加工、修理修配劳务，销售服务、无形资产、不动产及进口货物的单位和个人就其实现的增值额征税的一个税种，它包括企业销售货物的增值额、提供劳务的增值额、进口货物的进口额等。从计税原理上说，增值税是对商品生产、流通、劳务服务中多个环节的新增价值或商品的附加值征收的一种流转税，实行价外税，也就是由消费者负担，有增值才征税，没增值不征税。

（一）纳税人

1. 纳税人的分类

增值税的纳税人包括一般纳税人和小规模纳税人两个类型。

（1）一般纳税人

1）一般纳税人的认定条件。

①生产经营场所固定。

②会计核算体系健全。

③规模符合规定：从事生产货物或提供应税劳务，或以其为主（大于 50%）兼营货物批发或零售的纳税人，年应税销售额大于 50 万元为一般纳税人；从事货物批发或零售的纳税人，年应税销售额大于 80 万元为一般纳税人。

2）一般纳税人的会计核算要求：一是依法设账；二是核算真实；三是要提供准确的税务资料。

3）一般纳税人的税务机关认定流程：首先，由纳税人申请；其次，等税务机关通知；确认后在税务登记证副本"资格认定"栏内加盖"增值税一般纳税人"戳记。

（2）小规模纳税人

1）小规模纳税人的认定条件：低于税法规定的一般纳税人的标准的企业或会计核算体系不健全的企业。

2）小规模纳税人的会计核算要求：不能正确地核算增值税的销项税额、进项税额、应纳税额，不能提供准确的税务资料的企业。

3）小规模纳税人的税务机关认定：颁发小规模纳税人的税务登记证。

2. 纳税人的主要特征

一般纳税人使用增值税专用发票，应纳税额为销项税额减去进项税额，会计核算体系健全，出口货物可以享受退税制度；小规模纳税人使用普通发票，应纳税额为销售额乘以征收率，出口货物不享受免税和退税政策。

（二）税率

1. 一般纳税人适用的税率

1）纳税人销售或进口货物、提供应税劳务、提供有形动产租赁服务，除法律另有规定外，税率为13%。

2）纳税人提供交通运输、邮政、基础电信、建筑、不动产租赁服务，销售不动产，转让土地使用权，销售或者进口下列货物，税率为9%。包括：粮食等农产品、食用植物油、食用盐；自来水、暖气、冷气、热水、煤气、石油液化气、天然气、二甲醚、沼气、居民用煤炭制品；图书、报纸、杂志、音像制品、电子出版物；饲料、化肥、农药、农机、农膜；国务院规定的其他货物。

3）纳税人提供现代服务（租赁除外）、增值电信服务、金融服务、生活服务，销售无形资产（转让土地使用权除外），除法律另有规定外，税率为6%。

4）纳税人出口货物，税率为零；但是，国务院另有规定的除外。

5）境内单位和个人跨境销售国务院规定范围内的服务、无形资产，税率为零。

税率的调整由国务院决定。

2. 小规模纳税人适用的税率

小规模纳税人适用的税率为3%。

（三）增值税的应纳税额计算

1）一般纳税人的应纳税额计算公式为

$$一般纳税人的应纳税额=当期销项税额-当期进项税额 \qquad (7\text{-}3)$$

$$销项税额=销售额×适用税率 \qquad (7\text{-}4)$$

$$销售额=含税销售额/（1+税率） \qquad (7\text{-}5)$$

其中，销项税额是指纳税人提供应税服务按照销售额和增值税税率计算的增值税税额；进项税额是指纳税人购进货物或者接受加工修理修配劳务和应税服务，支付或者负担的增值税税额。

【示例】

A公司4月购买甲产品支付货款10 000元，增值税进项税额1 700元，取得增值税专用发票。销售甲产品含税销售额为23 400元。计算公式为

$$进项税额=1\ 700（元）$$

$$销项税额=23\ 400/（1+13\%）×13\%≈2\ 692（元）$$

$$应纳税额=2\ 692-1\ 700=992（元）$$

2）小规模纳税人的应纳税额计算公式为

$$小规模纳税人的应纳税额=销售额×征收率 \qquad (7\text{-}6)$$

$$销售额=含税销售额/（1+征收率） \qquad (7\text{-}7)$$

（四）增值税的征收管理

1）增值税的纳税义务时间为收讫货款或取得收款凭据当天、开发票当天。

2）纳税期限为 1 日、3 日、5 日、10 日、15 日或 1 月、1 季度、按次。

3）纳税地点为固定业户在机构所在地税务机关，非固定业户在销售地主管税务机关，进口货物在报关地海关。

三、消费税

消费税是对我国境内从事生产、委托加工和进口应税消费品，以及销售特定消费品的单位和个人，就其销售额或销售数量，在特定环节征收的一种税，即对特定的消费品和消费行为征收的一种税。消费税是价内税，采用普通发票。

消费税是以特定消费品为征税对象所征收的一种税。在对货物普遍征收增值税的基础上，选择部分消费品再征收一道消费税，目的是调节产品结构，引导消费，保护环境。

（一）纳税人

在中华人民共和国境内生产、委托加工及进口应税消费品的单位和个人，以及国务院确定的销售应税消费品的其他单位和个人，为消费税的纳税义务人。境内是指起运地和所在地均在境内；单位包括企业、行政事业单位和社会团体组织；个人包括个体经营者和自然人。

（二）消费税的征收范围

消费税的征收范围包括以下五种类型的产品。

1）一些过度消费会对人类健康、社会秩序、生态环境等方面造成危害的特殊消费品，如烟、酒、鞭炮、焰火等。

2）奢侈品、非生活必需品，如贵重首饰、化妆品等。

3）高能耗及高档消费品，如小轿车、摩托车等。

4）不可再生和替代的石油类消费品，如汽油、柴油等。

5）具有一定财政意义的征税产品，如护肤护发品等。

（三）消费税的税目税率

1）税目：消费税共设置了 15 个税目，在其中的 5 个税目下又设置了 25 个子目。

2）税率：消费税的税率分为比例税率和定额税率：①比例税率为 1%～56%；②定额税率只适用于啤酒、黄酒、成品油。

消费税税率形式的选择主要是根据征税对象情况来确定，对一些供求基本平衡，价格差异不大，计量单位规范的消费品，如黄酒、啤酒、成品油等选择计税简单的定额税率；对一些供求矛盾突出、价格差异较大，计量单位不规范的消费品，如烟、白酒、化妆品、护肤护发品、鞭炮、汽车轮胎、贵重首饰及珠宝玉石、摩托车、小汽车等，选择税价联动的比例税率。

（四）消费税的应纳税额计算

消费税的计税依据分别采用从价、从量和复合三种计税方法。实行从价定率办法征税的应税消费品，计税依据为应税消费品的销售额。实行从量定额办法计税时，通常以每单位应税消费品的重量、容积或数量为计税依据。实行复合计税办法征税时，通常以应税消费品的销售额和每单位应税消费品的重量、容积或数量为计税依据。

销售额的计算公式为

$$销售额=价款+价外费用（酒类产品包装物押金等）$$

1）从价定率计税：

$$应纳税额=销售额×比例税率 \tag{7-8}$$

其中，销售额含消费税，不含增值税。

2）从量定额计税：

$$应纳税额=销售数量×定额税率 \tag{7-9}$$

3）复合计征：

$$应纳税额=销售额×比例税率+销售数量×定额税率 \tag{7-10}$$

（五）消费税的征收管理

1）纳税义务发生时间：依据货款结算方式，在行为发生时间产生。

2）消费税的纳税期限分别为 1 日、3 日、5 日、10 日、15 日、1 个月或者 1 个季度。纳税人的具体纳税期限，由主管税务机关根据纳税人应纳税额的大小分别核定；不能按照固定期限纳税的，可以按次纳税。

3）纳税地点一般为纳税人机构所在地，委托加工业务的纳税地点为受托方机构所在地（受托方为个人除外）。

4）纳税环节。消费税的纳税环节包括生产环节、委托加工环节、进口环节、批发环节（卷烟加征）、零售环节（金银首饰、超豪华小轿车加征）、移送使用环节。

四、企业所得税

企业所得税是指对在中华人民共和国境内的企业（居民企业及非居民企业）和其他取得收入的组织以其生产经营所得为征税对象所征收的一种所得税。

（一）征税对象

企业所得税的征税对象是纳税人取得的所得。居民企业应当就其来源于中国境内、境外的所得缴纳企业所得税。非居民企业在中国境内设立机构、场所的，应当就其所设机构、场所取得的来源于中国境内的所得，以及发生在中国境外但与其所设机构、场所有实际联系的所得，缴纳企业所得税。

企业所得税的征税对象的所得包括纳税人的销售货物所得，提供劳务所得，转让财产所得，股息、红利所得，利息所得，租金所得，特许权使用费所得，接受捐赠所得和其他所得。

（二）企业所得税的税率

《中华人民共和国企业所得税法》（以下简称《企业所得税法》）规定，一般居民企业（包含在中国境内设有机构、场所且所得与机构、场所有关联的非居民企业）的所得税率为25%，国家需要重点扶持的高新技术企业适用税率为15%，小型微利企业适用税率为20%，非居民企业适用税率为10%。

（三）应纳所得税额的计算

应纳所得税额的计算公式为

$$应纳所得税额=当期应纳税所得额×适用税率 \qquad (7\text{-}11)$$

《企业所得税法》规定，企业应纳税所得额是企业每一纳税年度的收入总额减除不征税收入、免税收入、各项扣除及允许弥补的以前年度亏损后的余额。计算公式为

$$应纳税所得额=收入总额-不征税收入-免税收入-各项扣除-以前年度亏损 \qquad (7\text{-}12)$$

其中，不征税收入包括：财政拨款、依法收取并纳入财政管理的行政事业性收费、政府性基金，社保基金取得的直接股权投资收益、股权投资基金收益，国务院规定的其他不征税收入。免税收入包括：国债利息收入、符合条件的居民企业之间的股息、红利等权益性收益、非居民企业直接投资居民企业的股息红利等权益性收益、符合条件非营利组织收入。准予扣除的项目包括：成本（直接成本、间接成本）、费用（销售费用、管理费用、财务费用）、税金（非增值税、非所得税）、损失（减除责任人赔偿和保险赔款余额）、其他合理支出。

不得扣除的项目包括股息红利支出、所得税税额、税收滞纳金、罚金罚款罚没损失、超标捐赠支出、赞助支出、未核定准备金。

对于在应纳税所得额的亏损弥补的规定是：企业的亏损可以用下一年度的所得进行弥补；如果下一年度所得不足以弥补，可连续5年（但不能超过5年）逐年延续弥补；但境外机构亏损不得抵减境内机构盈利。

（四）征收管理

1）纳税地点：登记注册地、实际管理机构所在地、扣缴义务人所在地。

2）纳税期限：企业所得税按年计征、分月或分季预缴、年终汇算清缴，多退少补。

3）纳税申报：月份季度终了之日起15日内向纳税机关申报。

五、个人所得税

个人所得税是以个人（含个体工商户、个人独资企业、合伙企业中的个人投资者、承租承包者个人）取得的各项应税所得为征税对象所征收的一种税。个人的概念既包括属于自然人的个人，也包括属于自然人性质的企业。

（一）纳税义务人

个人所得税的纳税义务人类型包括合伙企业、外籍人员、个体工商户、中国公民、个人独资企业、中国港澳同胞、中国台湾同胞。

纳税义务人分为居民纳税义务人和非居民纳税义务人。在中国境内有住所，或者无住所而一个纳税年度内在中国境内居住累计满 183 天的个人，为居民个人；在中国境内无住所又不居住，或者无住所而一个纳税年度内在中国境内居住累计不满 183 天的个人，为非居民个人。

居民纳税义务人负有无限纳税的义务，必须就其来源于中国境内、境外的全部所得缴纳个人所得税；而非居民纳税义务人负有限纳税义务，仅就其来源于中国境内的规定所得缴纳个人所得税。

（二）个人所得税的税目

个人所得税的税目包括：工资、薪金所得；劳务报酬所得；稿酬所得；特许权使用费所得；经营所得；利息、股息、红利所得；财产租赁所得；财产转让所得；偶然所得。

（三）个人所得税的税率

个人所得税根据不同的征税项目，分别规定了以下三种税率。

1）综合所得，适用 3%~45% 的超额累进税率。

2）经营所得，适用 5%~35% 的超额累进税率。

3）利息、股息、红利所得，财产租赁所得，财产转让所得和偶然所得，适用比例税率，税率为 20%。

个人所得税税率见表 7-2。

表 7-2　个人所得税税率（综合所得适用）

级数	全年应纳税所得额	税率/%	速算扣除数
1	不超过 36 000 元的	3	0
2	超过 36 000 元至 144 000 元的部分	10	2 520
3	超过 144 000 元至 300 000 元的部分	20	16 920
4	超过 300 000 元至 420 000 元的部分	25	31 920
5	超过 420 000 元至 660 000 元的部分	30	52 920
6	超过 660 000 元至 960 000 元的部分	35	85 920
7	超过 960 000 元的部分	45	181 920

（四）计算方法

应纳税所得额的计算公式为

$$应纳税所得额=各项收入-税法规定的扣除项目或扣除金额 \quad (7\text{-}13)$$

1）居民个人综合所得清缴：

$$综合所得应纳税所得额=纳税年度的综合收入额-基本费用 6 万/年$$
$$-专项扣除-专项附加扣除-其他扣除 \quad (7\text{-}14)$$

$$应纳税额=全年应纳所得额×适用税率-速算扣除数 \qquad （7-15）$$
$$应补/退税额=全部应纳税额-减免税额-已缴税额$$
$$-境外所得已纳所得税抵免额 \qquad （7-16）$$

其中，专项扣除包括居民个人按照国家规定的范围和标准缴纳的基本养老保险、基本医疗保险、失业保险等社会保险费和住房公积金（三险一金）等。

专项附加扣除包括子女教育、继续教育、大病医疗、住房贷款利息或者住房租金、赡养老人等支出。

2）个体工商户个人所得税计税方法：

$$应纳税所得额=收入总额-成本-费用-损失-税金$$
$$-其他支出-允许弥补的以前年度亏损 \qquad （7-17）$$

（五）征收管理

1. 征收方法

中国个人所得税的征收方式实行源泉扣缴与自行申报并用法，注重源泉扣缴。

个人所得税以所得人为纳税人，以支付所得的单位或者个人为扣缴义务人。扣缴义务人向个人支付应税款项时，应当依照《中华人民共和国个人所得税法》规定预扣或者代扣税款，按时缴库，并专项记载备查。上述所称支付，包括现金支付、汇拨支付、转账支付和以有价证券、实物及其他形式的支付。个人所得税的征收方式可分为按月计征和按年计征。

个体工商户业主、个人独资企业投资者、合伙企业个人合伙人、承包承租经营者个人，以及其他从事生产、经营活动的个人取得经营所得，按年计算个人所得税，由纳税人在月度或季度终了后15日内，向经营管理所在地主管税务机关办理预缴纳税申报。在取得所得的次年3月31日前，向经营管理所在地主管税务机关办理汇算清缴。

2. 征收方式

个人所得税的征收实行代扣代缴与自行申报两种方法。

1）主要采用代扣代缴的有：①工资薪金；②承包承租所得；③劳务报酬稿酬；④特许权使用费所得；⑤利息股息红利所得；⑥财产租赁转让；⑦偶然所得。

2）采用自行申报方式的有：①年所得≥12万元；②年所得≥两处取得工资薪金；③有境外所得；④没有扣缴义务人的所得。

六、国际税收管理的措施

国际税收管理是指国际企业利用国际税收协定、各国税法制度差异、税法制度本身存在的漏洞和真空，采取变更经营地点或转移收益等种种不违反税法规定的办法，做出适当的财务安排和税收筹划，以减轻或尽量规避国际纳税义务的行为。国际税收管理主要包括以下几项措施。

（一）避免国际重复征税

国际重复征税是指两个国家各自依据自己的税收管辖权按同一税种对同一纳税人的同一征税对象在同一征税期限内同时征税。

1. 国际重复征税产生的前提条件

1）纳税人，包括自然人和法人，拥有跨国所得，即在其居住国以外的国家取得收入或占有财产。

2）两国对同一纳税人都行使税收管辖权。两国对同一纳税人重复管辖，主要是一国按居民税收管辖权，另一国按收入来源地税收管辖权，对同一纳税人的同一所得重复征税。

2. 避免国际重复征税的方法

（1）单边方式

单边方式是指在本国税法中单方面做出规定，对本国居民或公民纳税人已被外国政府征税的境外所得自动采取避免或消除重复征税的措施。

1）免税制。免税制是对本国居民来源自国外的所得与位于国外的财产放弃居民税收管辖权，只按收入来源地税收管辖权从源征税。免税制一般由国内税法规定，但也常被列入国际税收协定。需要注意的是，作为避免国际重复征税的措施，它不同于为了对外来投资提供税收优惠而实行的免税。

实行免税制的国家主要是欧洲大陆和拉丁美洲的一些国家。按免税的彻底与否，可分为两个类型：一类是国家对国外所得完全免税，实行彻底的免税制，从而完全避免了国际重复征税。另一类是国家的免税制不彻底，只对本国居民的境外营业所得和劳务所得免税，对投资所得则不免税，因而只依靠免税制，不能完全解决国际重复征税的问题。

2）抵免制，又称外国税收抵免，是配合冲突规范解决国际重复征税的方法之一，为世界上大多数国家所采用。按照抵免制，纳税人可将已在收入来源国实际缴纳的所得税税款在应向居住国缴纳的所得税税额内抵免。实行抵免制的国家都承认收入来源地税收管辖权优先的原则，同时，不放弃本国的税收管辖权。

3）扣除制。扣除制是指居住国在对纳税人征税时允许从总应税所得中扣除在国外已纳税款，从而在一定程度上减轻了纳税人的纳税负担。

4）减税制。减税制是居住国对本国居民来源于国外的收入给予一定的减征照顾，如对国外收入适用低税率或按国外收入的一定百分比计征税收等。同其他避免国际重复征税的方法相比较，减税制最为灵活。正因为如此，采用减税制的国家在减征的比例上参差不齐，甚至悬殊较大。

（2）双边或多边方式

双边或多边方式是指由国家之间协商，签订双边或多边的国际税收协定，对各自的税收管辖权范围加以规范。各种国际税收协定的内容不尽相同，但有两点是共同的：一是都对各国之间如何分享企业跨国经营的征税所得做出规定；二是在对企业征税时奉行的一个基本原则是，企业为国外所得所缴纳的所得税总额，不能超过签约双方中较高一方的所得税税率。

（二）国际避税与反避税

1. 国际避税的主要方式

（1）利用转移定价避税

转移定价是企业跨国经营时所采取的一种策略，它是指在跨国公司内部，母公司与子公司之间、子公司与子公司之间相互约定出口和采购商品、劳务和技术时的内部交易价格、高进低出等形式，应税所得从高税负国向低税负国转移，达到转移收入，实现利润从较高税负国转移到较低税负国的目的。转移定价是跨国公司集团内部（联属企业之间）常见隐蔽的一种避税方式。

（2）利用税收协定避税

为了解决国际双重征税问题和调整国家间的税收利益分配，国家间缔结税收协定特别是双边税收协定，已成为各国普遍采用的有效途径。在尊重对方税收管辖权的前提下，要达到避免国际双重征税的目的，缔约国双方均要做出相应的自我约束和妥协，从而形成对缔约国双方居民都适用的优惠条款。但由于世界上多数国家特别是发达国家，都采取允许资本自由进出国境的政策，这就为跨国投资提供了方便。因此，出于全球经营战略的考虑，跨国纳税人可以相对自由地到认为合适的国家建立具有法人资格的经济实体，就为跨国纳税人打开了一条新的避税之门。利用税收协定避税的方式一般是通过设置直接或间接的导管公司，直接利用双边关系设置低股权控股公司，将从一国向另一国的投资通过第三国迂回进行，以便从适用不同国家间的税收协定或从不同国家的国内税法中受益。

2. 我国加强反避税应采取的措施

（1）强化税收立法，完善各类反避税条款

根据国际上许多国家防范避税的成功经验，为有效地防范外商的避税活动，我国首先要完善税收立法，尽可能地减少税收立法上的不足，为税务机关的防范避税工作提供完备的法律依据。

（2）在税法中明确纳税人的举证责任

如果纳税人对税务机关的核定或调整不能提出相反的充分合理的证据，则须依照税务机关的决定缴纳税款，而税务机关无须进一步提出证据。

（3）加强税收征管

1）加强对税源的监控力度，密切关注跨国纳税人的财务状况和经营动态，详细了解与所管企业有关的生产要素及产品价格信息，加大对关联企业之间交易的调查力度，准确掌握其关联类型。

2）严格涉外审计制度，除了要求会计师事务所对跨国企业与纳税申报制度密切相关的会计核算过程及结果进行必要的审核，还应该明确会计师事务所的反避税审查义务及法律责任，促使会计师事务所更好地履行反避税责任。

知识拓展

综合所得汇算清缴管理办法

以 2020 年度的汇算清缴为例，居民个人综合所得清缴主要采用以下办法。

1. 应退或应补税额的计算

应退或应补税额的计算公式为

$$
\begin{aligned}
应退或应补税额=[&（综合所得收入额-60\ 000 元\\
&-"三险一金"等专项扣除-子女教育等专项附加扣除\\
&-依法确定的其他扣除-捐赠）\times 适用税率-速算扣除数]\\
&-2020 年已预缴税额 \qquad\qquad\qquad\qquad\qquad (7\text{-}18)
\end{aligned}
$$

2. 无须办理年度汇算的情形

1）年度汇算需补税但综合所得收入全年不超过 12 万元的（豁免）。

2）年度汇算需补税金额不超过 400 元的（豁免）。

3）已预缴税额与年度应纳税额一致或者不申请退税的。

3. 需要办理年度汇算的情形

依据税法规定，符合下列情形之一的，纳税人需要办理年度汇算。

1）已预缴税额大于年度应纳税额且申请退税的，主要如下：①2020 年度综合所得年收入额不足 6 万元，但平时预缴过个人所得税的；②2020 年度有符合享受条件的专项附加扣除，但预缴税款时没有申报扣除的；③因年中就业、退职或者部分月份没有收入等原因，减除费用 6 万元、"三险一金"等专项扣除、子女教育等专项附加扣除、企业（职业）年金，以及商业健康保险、税收递延型养老保险等扣除不充分的；④没有任职受雇单位，仅取得劳务报酬、稿酬、特许权使用费所得，需要通过年度汇算办理各种税前扣除的；⑤纳税人取得劳务报酬、稿酬、特许权使用费所得，年度中间适用的预扣预缴率高于全年综合所得年适用税率的；⑥预缴税款时，未申报享受或者未足额享受综合所得税收优惠的，如残疾人减征个人所得税优惠等；⑦有符合条件的公益慈善事业捐赠支出，但预缴税款时未办理扣除的，等等。

2）综合所得收入全年超过 12 万元且需要补税金额超过 400 元的（双超）：①在两个以上单位任职受雇并领取工资薪金，预缴税款时重复扣除了减除费用（5 000 元/月）；②除工资薪金外，纳税人还有劳务报酬、稿酬、特许权使用费所得，各项综合所得的收入加总后，导致适用综合所得年税率高于预扣预缴率等。

4. 可享受的税前扣除

下列在 2020 年度发生的，且未申报扣除或未足额扣除的税前扣除项目，纳税人可在年度汇算期间办理扣除或补充扣除：

1）纳税人及其配偶、未成年子女符合条件的大病医疗支出；

2）纳税人符合条件的子女教育、继续教育、住房贷款利息或住房租金、赡养老人专项附加扣除，以及减除费用、专项扣除、依法确定的其他扣除；

3）纳税人符合条件的捐赠支出。

5. 办理时间

1）年度汇算的时间为 2021 年 3 月 1 日至 6 月 30 日。

2）在中国境内无住所的纳税人在 2021 年 3 月 1 日前离境的，可以在离境前办理年度汇算。

6. 办理方式

纳税人可自主选择下列办理方式。

1）自行办理年度汇算。

2）通过任职受雇单位（含按累计预扣法预扣预缴其劳务报酬所得个人所得税的单位）代为办理。

3）委托涉税专业服务机构或其他单位及个人办理，受托人需与纳税人签订授权书。

（资料来源：全国税务师职业资格考试教材编写组，2021. 税法（II）[M]. 北京：中国税务出版社. ）

知 识 测 试

一、单选题

项目七任务四参考答案

1. 工业性企业，认定为一般纳税人的年销售额指的是（　　）万元以上。

A. 50　　　　　　B. 80　　　　　　C. 100　　　　　　D. 180

2. 下列属于增值税基本税率的是（　　）。

A. 16%　　　　　B. 13%　　　　　C. 3%　　　　　　D. 7%

3. 甲企业是一般纳税人企业，在 2 月的进项税额是 11 700 元。当月不含税的销售额是 30 万元，则当月应纳增值税税额是（　　）万元。

A. 3.93　　　　　B. 0　　　　　　C. 2.73　　　　　D. 0.93

二、多选题

1. 税收的分类按征税对象分类包括（　　）等类型。

A. 流转税　　　B. 所得税　　　C. 资源税　　　D. 财产税

E. 行为税

2. 税收分类中的流转税包括（　　　）。

    A．增值税　　　　　B．消费税　　　　　C．房产税　　　　　D．关税

3. 按税收管理和使用权限进行的税收分类包括（　　　）。

    A．中央税　　　　　　　　　　　　B．地方税

    C．中央地方共享税　　　　　　　　D．价内税

4. 增值税的一般纳税人的适用税率为（　　　）。

    A．销售货物或者提供加工、修理修配劳务以及进口货物；提供有形动产租赁服务，适用 13%税率

    B．交通运输、建筑、基础电信服务等行业及农产品等货物，适用 9%税率

    C．提供现代服务业服务（有形动产租赁服务除外），适用 6%税率

    D．出口货物等特殊业务，适用零税率

5. 避免国际重复征税的单边方式包括（　　　）。

    A．免税制　　　　　B．抵免制　　　　　C．扣除制　　　　　D．减税制

6. 国际避税的主要方式是（　　　）。

    A．减税制　　　　　　　　　　　　B．利用转移定价避税

    C．利用国际避税地避税　　　　　　D．利用税收协定避税

7. 根据企业所得税法律制度的规定，下列各项中，属于免税收入的是（　　　）。

    A．国债利息收入　　　　　　　　　B．财政拨款

    C．符合规定条件的居民企业之间的股息、红利等权益性投资收益

    D．接受捐赠的收入

8. 根据《中华人民共和国个人所得税法》法律制度的规定，可以将个人所得税的纳税义务人区分为居民纳税义务人和非居民纳税义务人，依据的标准有（　　　）。

    A．境内有无住所　　　　　　　　　B．境内工作时间

    C．取得收入的工作地　　　　　　　D．境内居住时间

9. 根据《中华人民共和国个人所得税法》的规定，以下各项所得适用累进税率形式的有（　　　）。

    A．工资、薪金所得　　　　　　　　B．个体工商户的生产、经营所得

    C．财产转让所得　　　　　　　　　D．承包经营、承租经营所得

三、判断题

1. 企业所得税是指国家对企业在一定时间的生产经营所得和其他所得依法征收的一种税。　　　　　　　　　　　　　　　　　　　　　　　　　　　　（　　　）

2. 个人所得税是对居住在我国境内的个人取得的各项应税所得和境外的外国人取得来源于我国的应税所得征收的一种税。　　　　　　　　　　　　　　　（　　　）

3. 某演员取得一次性演出收入 2.1 万元，对此应实行加成征收办法计算个人所得税。

                                                         （　　　）

四、简答题

1. 已婚人士小李在北京上班，月收入 1 万元，"三险一金"专项扣除为 2 000 元，每月租金 4 000 元，有一子女上幼儿园，同时父母已经 60 多岁。分析他在 2020 年 10 月 1 日起实施最新起征点和税率之后的纳税情况与之前的纳税情况有哪些区别？

2. 企业国际经营中为什么会涉及国际重复征税？国际上避免重复征税有哪些方法？

3. 什么是国际避税？它有哪些具体方法？应如何进行国际反避税？

4. 增值税的纳税人有几个类型？它们的标准是如何界定的？

5. 描述你所实习的企业所缴纳的税种、税率及企业所运用的税收管理策略。

任 务 实 施

1. 列出你所实习的企业的所得税税率，并说明企业所得税与企业的经营范围和经营业绩之间的关系。

2. 列出你所实习的部门的经理和不同岗位同事是如何缴纳个人所得税的，他们适用了哪些个人所得税税率？这些个人所得税税率与你的同事和领导的哪些收入特征有关？

任务五　外汇风险管理

国际商务作为一种跨国经济行为，必然要涉及不同货币的兑换问题，不可避免地要面临由于外汇汇率变化而引起的外汇风险。

本任务在分析具体企业的外汇风险防范措施的基础上，通过学习外汇风险的种类及其对应的防范措施，让学生掌握外汇风险管理的技能。

▌任务目标

如何防范国际经济活动中的外汇风险。

导入案例

A 公司的外汇风险防范措施

美国 A 公司 6 个月后将从德国收回一笔 100 000 欧元的出口外汇收入。该公司为防止 6 个月后欧元汇率下跌的风险，则利用借款法向其银行举借相同数额（100 000）、相同期限（6 个月）的欧元借款，并将这笔欧元作为现汇卖出，以补充其美元的流动资金。6 个月后再利用其从德国获得的欧元收入，偿还其从银行取得的贷款。6 个月后，即使欧元严重贬值，对 A 公司也无任何经济影响，从而避免了汇率风险。该公司的净利息支出，即为防止外汇风险的花费的成本。

（资料来源：编者依据具体情况设定。）

分析：国际交易存在哪些类型的外汇风险？采取了哪些防范措施？

外汇风险是指一个经济实体或者个人以外币计价的资产（债券、权益）与负债（债务、义务），在涉外经济活动中因外汇汇率的变动使其价值变化，而蒙受损失或丧失预期收益的可能性。

构成外汇风险的因素有本币、外币和时间。这三者之间的不同结合会形成不同的外汇风险。

一、外汇风险的种类

外汇风险是由汇率波动造成的，汇率波动对企业国际财务经营所产生的影响，按其性质，可分为以下三种类型。

1. 折算风险

折算风险（accounting exposure）又称为会计风险或者转换风险，是指定期把公司资产负债表上的外币计价的项目折算成本币时所产生的损益变化。

例题　我国某跨国公司在 M 国有一家分公司，该分公司 2004 年 12 月 31 日的资产负债表见表 7-3。

表 7-3　某分公司 2004 年 12 月 31 日的资产负债表

资产	金额/千美元	负债和所有者权益	金额/千美元
现金	40 000	负债	100 000
应收账款	60 000	所有者权益	160 000
厂房及设备	120 000		
存货	40 000		
合计	260 000		260 000

该跨国公司在准备编制合并财务报表时，要按照某个特定的汇率将资产负债表的金额折算成以人民币计价的资产负债表，假定采用 12 月 31 日美元对人民币的现汇价 USD 100＝RMB 827.65 计算，那么折算以后以人民币计价的资产负债表见表 7-4。

表 7-4　以人民币计价的资产负债表

资产	金额/千元	负债和所有者权益	金额/千元
现金	331 060	负债	827 650
应收账款	496 590	所有者权益	1 324 240
厂房及设备	993 180		
存货	331 060		
合计	2 151 890		2 151 890

假设 2005 年 1 月 1 日，汇率变为 USD 100＝RMB 827.56，那么折算后的资产负债表见表 7-5。

表 7-5 折算后的资产负债表

资产	金额/千元	负债和所有者权益	金额/千元
现金	331 024	负债	827 560
应收账款	496 536	所有者权益	1 324 096
厂房及设备	993 072		
存货	331 024		
合计	2 151 656		2 151 656

从表 7-4 和表 7-5 中可以看出，由于汇率变动，折算成人民币计价的资产由 2 151 890 000 元变为 2 151 656 000 元，一天中减少 234 000 元。权益也发生了相同的变化，这就是会计风险这项损失纯粹是由外汇折算所致，是汇率变动造成资产和权益的实际价值下降。

2. 交易风险

交易风险（transaction exposure）是指企业因进行交易取得外币债权或承担外币债务以后，由于汇率发生波动，交易发生日的汇率与结算日的汇率不一致，而引起债权、债务变化所造成的损益。

1）以商业信用方式购买或销售商品或劳务，价格是用外币计算的，在货物装运或劳务提供后，而货款或劳务费用尚未收支的这一期间，外汇汇率变化而发生的风险。例如，中国出口商输出价值为 10 万美元的商品，在签订合同时汇率为 USD 1＝CNY 8.30，出口商可收 83 万人民币货款，而进口商应付 10 万美元。若 3 个月后才付款，此时汇率为 USD 1＝CNY 8.20，则中国出口商结汇时的 10 万美元只能换回 82 万元人民币，中国出口商因美元下跌损失了 1 万元人民币。相反，结汇时若以人民币计价，则进口商支付 83 万元人民币，需支付 10.12 万美元。

2）以外币计价的国际信贷活动，在贷款到期时汇率可能发生变化而带来的风险。例如，我国某金融机构在日本筹集一笔总额为 100 亿日元的资金，以此向国内某企业发放 10 年期美元固定利率贷款，按当日汇率 USD 1＝JPY 125 计算，100 亿日元折合 8 000 万美元。10 年后若汇率变成 USD 1＝JPY 100，此时，仅 100 亿日元的本金就升值至 1 亿美元。该金融机构到期收回本金 8 000 万美元与利息 1 120 万美元（按年利率 1.4% 计算），总计 9 120 万美元，折合 91.2 亿日元，无法偿还借款的本金。

3）在远期外汇交易中，由于合同的远期汇率与合同到期日的即期汇率不一致，而使交易一方按远期汇率换得的货币数额多于或少于按即期汇率换得的货币数额而发生的风险。例如，假设某外汇银行与客户进行外汇买卖时，从客户手中买入 100 万美元，同时又有客户需要购买 80 万美元，剩下 20 万美元没有卖出，出现了 20 万美元的多头（长头寸）。这一多头额在将来卖出时会因汇率变化形成盈利或亏损的，外汇银行则面临外汇交易的风险。假设在外汇银行形成 20 万美元多头的当天，USD 1＝JPY 200，则 20 万美元价值 4 000 万日元。如果外汇银行在卖出 20 万美元的汇率为 USD 1＝JPY 180，则 20 万美元的多头额只值 3 600 万日元，损失了 400 万日元。

3. 经济风险

经济风险（economic exposure）是指由外汇汇率的变动而发生未能预料的变化，给企业预期现金流量的净现值所造成的损益。

与折算风险和交易风险相比，经济风险考虑的是汇率发生变化以后相当长时期内对企业的经营效果和投资收益的总体影响，所以它比折算风险和交易风险的影响更为重要。

例如，当一国货币贬值时，出口商可能因出口商品的外币价格下降而刺激出口，从而使出口额增加而取得收益。但如果出口商在生产中所使用的主要原材料是进口品，因本国货币贬值会提高以本币表示的进口商品的价格，出口商品的生产成本又会增加，其结果有可能使出口商在将来的纯收益下降，这种未来纯收益受损的潜在风险即属于经济风险。

二、外汇风险管理的概念、原则和方法

（一）外汇风险管理的概念

外汇风险管理（foreign exchange risk management）是指外汇资产持有者通过风险识别、风险衡量、风险控制等方法，预防、规避、转移或消除外汇业务经营中的风险，从而减少或避免可能产生的经济损失，实现在风险一定条件下的收益最大化或收益一定条件下的风险最小化。

（二）外汇风险管理的原则

外汇风险管理的原则包括收益最大化原则、全面重视分类防范原则、管理多样化原则。

1. 收益最大化原则

收益最大化原则要求涉外企业或跨国公司精确核算外汇风险管理的成本和收益。在确保实现风险管理预期目标的前提下，支出最小的成本，追求最大化的收益。这是企业进行外汇风险管理的基石和出发点，也是企业确定具体的风险管理战术、选择外汇风险管理方法的准绳。外汇风险管理本质上是一种风险的转移或分摊。例如，采用远期外汇交易、期权、互换、期货等金融工具进行套期保值，都要支付一定的成本，以此为代价来固定未来的收益或支出，使企业的现金流量免受汇率波动的侵扰。一般地，外汇风险管理支付的成本越小，进行风险管理后得到的收益越大，企业对其外汇风险进行管理的积极性就越高，反之亦然。

2. 全面重视分类防范原则

全面重视分类防范原则要求发生涉外经济业务的政府部门、企业或个人对自身经济

活动中的外汇风险高度重视。外汇风险有不同的种类，有的企业只有交易风险，有的还有经济风险和折算风险。不同的风险对企业的影响有差异，有的是有利的影响，有的是不利的影响。因此，涉外企业和跨国公司需要对外汇买卖、国际结算、会计折算、企业未来资金运营、国际筹资成本及跨国投资收益等项目下的外汇风险保持清醒的头脑，做到胸有成竹，避免顾此失彼，造成重大损失。

3. 管理多样化原则

管理多样化原则要求涉外企业或跨国公司灵活多样地进行外汇风险管理。企业的经营范围、经营特点、管理风格各不相同，涉及的外币的波动性、外币净头寸、外币之间的相关性、外汇风险的大小都不一样，因此每个企业都应该针对具体情况进行具体分析，寻找最适合自身风险状况和管理需要的外汇风险战术及具体的管理方法。另外，随着时间的推移，企业外部约束因素会不断变化，因此企业的外汇风险管理战略也需要相应地更改，企业不能抱残守缺，长期只采用一种外汇风险管理方法。

（三）外汇风险管理的方法

外汇风险管理的方法包括以下几种。

1. 折算风险管理

防范折算风险，实行资产负债表保值，一般要做到以下几点。

1）弄清资产负债表中各账户、各科目上各种外币的规模，并明确综合折算风险头寸的大小。

2）根据风险头寸的性质确定受险资产或受险负债的调整方向。如果以某种外币表示的受险资产大于受险负债，就需要减少受险资产，或增加受险负债，或者双管齐下。反之，如果以某种外币表示的受险资产小于受险负债，就需要增加受险资产，减少受险负债。

3）在明确调整方向和规模后，要进一步确定对哪些账户和科目进行调整。

2. 交易风险管理

（1）贸易策略法

1）币种选择法。币种选择法是企业通过选择进出口贸易中的计价结算货币来防范外汇风险的方法。

①本币计价法，是指在任何对外经济交往中，只接受本企业所在国货币计价。它包括以出口商本国货币计价、以进口国货币计价、以该商品的贸易传统货币计价，如石油贸易均用美元计价。

②可自由兑换的货币，是指一种货币的持有人能把该种货币兑换为任何其他国家的货币而不受任何限制。

③出口时选用硬币计价结算，进口时选用软币计价结算。硬币是指币值较为稳定，对其他国家货币的汇率较坚挺或看涨的货币；软币是指币值相对不稳定，对其他国家货

币的汇率较疲软或看跌的货币。

④选用一篮子货币计价结算，是指某个国家根据贸易与投资密切程度，选择数种主要货币，不同货币设定不同权重后组成一篮子货币，设定浮动范围，该国货币就根据这一篮子货币并在范围内浮动。例如，如果某国的进出口有40%以美元计价，美元在该国的一篮子货币中所占的权重可能就是40%。

由于一篮子货币中既有硬币也有软币，硬币升值所带来的收益或损失，与软币贬值所带来的收益或损失大致相抵，因此一篮子货币的币值比较稳定。

⑤软硬币搭配，是指企业在进行国际经营活动中，有些是金额大、期限长的项目，采取软硬货币适当搭配的方法，使汇率风险由交易双方合理分担。

在国际经营活动中，如果要求确定某种货币计价付款，使交易双方中的一方单独承担汇率风险，一般是难以接受的。但是，如果采取软硬币搭配法，使汇率风险由交易双方合理分担，则是比较恰当的。实践证明，这种方法是可行的。

2）货币保值法。货币保值法是企业在进出口贸易合同中通过订立适当的保值条款，以防范外汇风险的方法。它包括黄金保值条款、一篮子货币保值条款、硬币保值条款。

3）价格调整法。价格调整法是当出口用软币计价结算，进口用硬币计价结算时，企业通过调整商品的价格来防范外汇风险的方法。

①加价保值，是指为出口商所用，实际上是出口商将用软币计价结算所带来的汇价损失摊入出口商品价格中，以转嫁外汇风险。计算公式为

$$加价后的单价=原单价×（1+货币的预期贬值率） \tag{7-19}$$

②压价保值，是指为进口商所用，实际上是进口商将用硬币计价结算所带来的汇价损失从进口商品价格中剔除，以转嫁外汇风险。计算公式为

$$压价后的单价=原单价×（1-货币的预期升值率） \tag{7-20}$$

4）期限调整法。期限调整法是指进出口商根据对计价结算货币汇率走势的预测，将贸易合同中所规定的货款收付日期提前或延期，防范外汇风险或获取汇率变动的收益。

5）对销贸易法。对销贸易法是指进出口商利用易货贸易、配对、签订清算协定和转手贸易等进出口相结合的方式来防范外汇风险。

（2）金融市场交易法

金融市场交易法是进出口商利用金融市场，尤其是外汇市场和货币市场的交易，来防范外汇风险的方法。它包括即期外汇交易、远期外汇交易、掉期交易、外汇期货期权交易等方法。

1）即期外汇交易，亦称现汇交易，是指外汇市场上买卖双方成交后，在当天或第二个营业日办理交割的外汇交易形式。即期外汇交易是国际外汇市场上最普遍的一种交易形式，其基本功能是完成货币的调换。即期外汇交易的作用：满足临时性的付款需要，实现货币购买力国际转移；通过即期外汇交易法调整多种外汇的头寸比例，保持外汇头

寸平衡，以避免发生经济波动的风险。

2）远期外汇交易，是外汇市场上进行远期外汇买卖的一种交易行为，通常是由经营即期外汇交易的外汇银行与外汇经纪人来经营。远期外汇交易一般是买卖双方先订立买卖合同，规定外汇买卖的数量、期限和汇率等，到约定日期才按合约规定的汇率进行交割。远期外汇交易的交割期限一般为 1 个月、3 个月、6 个月，个别可到 1 年。这种交易的目的在于尽量减少或避免汇率变动可能带来的损失。

3）掉期交易，是指进出口商通过与外汇银行之间签订掉期交易合同的方式来防范外汇风险。它要求进出口商同时进行两笔金额相同、方向相反的不同交割期限的外汇交易，是国际信贷业务中典型的套期保值手段。

4）外汇期货期权交易，是指期权买方有权在到期日或之前，以协定的汇价购入或售出一定数量的某种外汇期货，即买入延买期权可使期权买方按协定价取得外汇期货的多头地位；买入延卖期权可使期权卖方按协定价建立外汇期货的空头地位。

（3）国际信贷法

1）出口信贷（export credit），是指一国政府为鼓励本国商品的出口，加强国际竞争能力，以对本国出口给予利息贴补并提供信贷担保的方法，鼓励本国的银行对本国出口商或外国进口商（或其银行）提供利率较低的贷款，以解决本国出口商资金周转的困难，或满足国外进口商对本国出口商支付货款需要的一种融资方式。

2）福费廷，又称包买票据或买单信贷，是指出口商将经过进口商承兑的，并由进口商的往来银行担保的，期限在 6 个月以上的远期票据，无追索权的向进口商所在地的包买商（通常为银行或银行的附属机构）进行贴现，提前取得现款的融资方式。

3）保付代理（factoring），简称保理，是指出口商以延期付款的形式出售商品，在货物装运后立即将发票、汇票、提单等有关单据，卖断给保理机构，收进一部分或全部货款，从而取得资金融通。由于出口商提前拿到大部分货款，可以减轻外汇风险。

3. 经济风险管理

加强经济风险管理包括以下几种方式。

（1）经营多样化

经营多样化是指在国际范围内分散其销售、生产地址及原材料来源地。这种经营方式针对减轻经济风险的作用体现在两个方面。第一，企业所面临的风险损失基本上能被风险收益弥补，使经济风险得以自动防范。第二，企业还可主动采取措施，迅速调整其经营策略。例如，根据汇率的实际变动情况，增加或减少某地或某行业等的原材料采购量、产品生产量或销售量，使经济风险带来的损失降到最低。

（2）财务多样化

财务多样化是指在多个金融市场、以多种货币寻求资金来源和资金去向，即实行筹资多样化和投资多样化。这样，在有的外币贬值、有的外币升值的情况下，公司就可以使大部分外汇风险相互抵消。另外，由于资金来源和去向的多渠道，公司具备有利的条件在各种外币的资产与负债之间进行对抵配合。

知识拓展

银行的外汇风险管理

1. 外汇买卖风险的管理

外汇银行管理买卖风险的关键是制定适度的外汇头寸，加强自营买卖的风险管理，主要做法包括以下几个方面。

1）制定和完善交易制度。

① 确定外汇交易部门整体交易额度。

② 制定和分配交易额度。

③ 确定交易员的止蚀点。

2）交易人员做好思想准备。交易人员从事外汇买卖的主要目的是盈利，但汇率波动频繁情况下难以确保百分之百盈利，所以一定要做好亏损的思想准备，身处逆境时不能孤注一掷，要保持头脑清醒，否则损失惨重。

3）要根据本身的业务需要，灵活地运用掉期交易，对外汇头寸进行经常性的有效的抛出或补充，以轧平头寸。

2. 信用风险的管理

1）建立银行同行交易额度。根据交易对象的资本实力、经营作风、财务状况，制定能够给予的每日最高限额。交易对象不同，适用的最高限额亦不同。

2）制定交易对方每日最高收付限额，主要是付款限额。凡涉及当日清算的业务，都被计算在内。

3）建立银行同业拆放额度。同业拆放额度是银行内部制定的给予其他银行可拆出的最大金额。因为同业拆放是一种无抵押的信用贷款，风险较高。因此，一般根据银行的资信制定拆放额度，并进行周期性调整。

4）对交易对方进行有必要的资信调查，随时了解和掌握对方的有关情况，并对有关的放款和投资项目进行认真的可行性研究与评估。

3. 对外借贷风险的管理

1）分散筹资或投资。

2）做好币种配对。

3）做好存贷到期日搭配。

4）做好监督。

5）运用好相关金融工具。

（资料来源：根据网络资料整理。）

知识测试

项目七任务五参考答案

一、多选题

1. 外汇风险的种类包括（　　　）。
   A. 折算风险　　　　B. 交易风险　　　　C. 经济风险　　　　D. 政策风险
2. 外汇风险管理中的交易风险管理方法包括（　　　）。
   A. 贸易策略法　　　　　　　　　　B. 国际信贷法
   C. 金融市场交易法　　　　　　　　D. 期限调整法
3. 外汇风险管理中的交易风险管理的贸易策略法包括（　　　）。
   A. 币种选择法　　　B. 货币保值法　　　C. 价格调整法
   D. 期限调整法　　　E. 对销贸易法
4. 外汇风险管理中的交易风险管理的金融市场交易法包括（　　　）。
   A. 即期外汇交易　　　　　　　　　B. 远期外汇交易
   C. 掉期交易　　　　　　　　　　　D. 外汇期货期权交易

二、简答题

1. 什么是外汇风险？它有哪几种类型？
2. 外汇风险管理有哪些具体的措施？
3. 搜集一个你所在区域的国际型企业所面临过的外汇风险的内容。

任务实施

俄罗斯某大学的金融研究机构委托我国新疆某大学国际交流学院的教师将该校一系列学术专著翻译成中文。双方协商 6 个月后完成译著，由委托方验收付款 20 万美元。依据外汇风险管理的相关知识，帮助新疆某大学国际交流学院的教师想办法，防止发生美元贬值的外汇风险。

项目小结

本项目在全面介绍基本的财务管理活动、财务关系和财务管理工作内容的基础上，介绍了国际财务管理的特性和组织形式，让学生对财务管理和国际财务管理的管理目标及管理职能有清晰的认识。同时还介绍了筹资管理工作中的筹资渠道、筹资方式及筹资策略的内容，并分析了国际企业筹资管理的特性及其应用，从而让学生全面了解（国际）企业筹资的工作内容；营运资金管理的内容，强调加强营运资金管理就是加强对流动资产和流动负债的管理，加快现金、存货和应收账款的周转速度，尽量减少资金的过分占用，从而降低资金占用成本，从而提高资金的使用效率。另外，在介绍税收管理职能的基础上,重点介绍了增值税、消费税、企业所得税、个人所得税的征税对象、税目和计算方法,让学生通过学习,能够正确地运用税收政策,确保企业依法纳税、合理避税,有效地平衡国家、社会和企业的效益。最后讲解了外汇风险的类型及对应的防范措施,提醒跨国公司正确认识外汇风险并做好预防。

项目八

创新管理

MEMO

▌知识目标

1. 掌握创新管理的含义。
2. 掌握创新管理的发展阶段。
3. 掌握创新管理的基本条件。
4. 掌握创新管理的内容。

▌能力目标

1. 能够适应创新管理的发展需要进行创新。
2. 能够依据企业实际选择创新管理的形式。
3. 将创新运用到管理的全过程。
4. 解决创新管理中的实际问题。

创新是一个国家、民族、企业、个人在当前变革时代持续发展的动力之源。市场经济的发展一日千里，企业在市场经济的大潮中如逆水行舟，不进则退。经济全球化是当今世界经济发展的特征，各国经济通过商贸往来相互联系、相互依存、相互融合。我国已加入 WTO，融入世界经济的大潮中，现代资源、技术、信息、人才和商品在全球范围内流动，企业竞争日趋激烈。市场经济的法则是优胜劣汰。企业要想在竞争中占据优势地位，出路只有一条，即贯彻落实科学发展观，提升管理水平，实现管理创新。

企业只有尽快创新自身的管理体制，适应现代企业管理制度的要求，才能在竞争中站稳脚跟，在竞争中求得发展。创新是一种理念，更是企业生存发展的内在要求。只有通过管理创新，才能使企业的管理体制和运行机制更加规范、合理，实现人、财、物等资源的有效配置。

本项目从分析创新管理的动因着手，进一步介绍创新管理的发展阶段和内容，让管理者树立创新管理的理念，以使企业能够领先社会经济发展或适应行业的发展趋势。

■ 任务目标

通过创新管理推动企业持续发展。

▌导入案例

上海通用的柔性化管理创新

在上海通用汽车有限公司（以下简称上海通用）的发展历程中，柔性化管理成为上海通用的一道亮丽风景。目前，中国几乎所有的汽车工厂都采用一个车型、一个平台、一条流水线、一个厂房的制造方式。唯有上海通用最多可以在一条线上共线生产四种不同平台的车型。这种生产方式就是柔性化生产方式，为厂家和消费者带来最直接的收益的就是时间和金钱。

上海通用以柔性化生产线为基础，严格而规范的采购系统，科学而严密的物流配送系统，以市场为导向高度柔性化的精益生产系统，以及以客户为中心的客户关系管理共同构成其柔性化生产管理的支撑体系，使上海通用成为 GM 全球范围内柔性最强的生产厂家，形成企业柔性化管理的经典范例。

上海通用的柔性生产管理绝不仅仅是生产线上柔性的制造技术，而是一个以客户为中心的，从采购、物流、工程、制造、质量到销售、服务的一个大概念的柔性与精益的理念。多年来，它已经成为上海通用的核心价值观，并深入企业经营管理的每个环节。

1. 以市场变化为导向

市场竞争激烈，需求日趋多样，每个消费者都有自己对产品的偏好，上海通用在激烈的市场竞争中，面对千差万别的客户订单，"大规模、单一化"的生产模式受到越来越大的挑战，"多品种、小批量"的定制生产方式开始走俏。面对加入WTO 之后更为激烈的制造业竞争，上海通用利用先进的信息技术，进行管理系统和生产流程的变革，推行柔性化生产管理，满足了不同用户的多样化需求。

2. 精确无误的信息系统

定制时代离不开充分的客户信息网络所传送的大量的市场信息。上海通用以客户关系管理系统为核心，全面打造全国信息采集和反馈系统，将单一的产品销售模式改造成以"物流、生产、销售、维修、配件、信息反馈"为一体的模式，完善产品客户和潜在用户信息收集渠道，并推行网上订购，为企业的柔性化生产管理打下了坚实的市场基础，并为将来的"定制生产"铺设"菜单传送渠道"。

3. 一体化的流程再造

生产模式的变革是对企业管理体系和理念的全面提升。从过去的"生产什么就销售什么"逐步走向"按顾客的订单生产"，客户不仅是经营链的终端，更成为起点。上海通用按照柔性化生产管理的流程，将信息、物料、生产、销售、财务及技术等模块重新组合，以控制产品质量和缩短交货时间为目标，构筑新的经营管理体系，并加大对管理、生产、销售等部门的重整力度，让"以用户为中心"的理念深入人心，为步入"定制时代"打造坚实的基石。

（资料来源：根据网络资料整理。）

分析：
1）企业为什么要进行管理创新？
2）创新管理的形式有哪些？

一、创新及创新管理

"创新"最初是由著名美籍奥地利经济学家约瑟夫·熊彼特（Joseph Schumpeter）于1912年在其成名作《经济发展理论》中首次提出的。他把创新定义为企业家的职能，并认为企业家之所以能成为企业家，并不是由于其拥有资本，而是因为他具有创新精神并组织了创新。正是那些拥有创新精神的企业家的率先创新行动，以及众多企业家的跟从模仿，推动了经济的发展。

在熊彼特看来，创新就是生产函数的变动，或者是对生产要素的重新组合。按照这种观点，创新包括以下五个方面：①生产一种新的产品；②采用一种新的生产方法；③开辟一个新的市场；④开辟和利用新的原材料；⑤采用新的组织形式。也就是说，创新包括技术创新与制度创新，因为两者均可导致生产函数发生变化。后来人们在研究企业创新时，明确将创新分为技术创新和制度创新两类，前者要与生产有关，后者则主要是针对管理和管理体制而言的。

创新管理是指组织形成一种创造性思想，并将其转换为有用的产品、服务或作业方法的过程，即富有创造力的组织能够不断地将创造性思想转变为某种有用的结果。当管理者说到要将组织变革成更富有创造性的时候，他们通常指的就是要激发创新。

创新管理以组织结构和体制上的创新，确保整个组织采用新技术、新设备、新物质、新方法成为可能，通过决策、计划、指挥、组织、激励、控制等管理职能活动和组合，为社会提供新产品和服务。创新管理是社会组织为达到科技进步的目的，适应外部环境和内部环境的发展变化而实施的管理活动。

企业管理创新最重要的是在组织高管层面有完善的计划与实施步骤，以及对可能出现的障碍与阻力有清醒的认识，帮助企业主及管理者塑造此方面的领导能力，使创新与变革成为可能。

二、创新管理的动因及发展历程

（一）创新管理的动因

1. 知识经济和现代科学技术的要求

随着知识经济时代的来临，越来越多的企业发现，仅有良好的生产效率、足够高的质量甚至灵活性已不足以保持市场竞争优势。创新管理正日益成为企业生存与发展的不竭源泉和动力。

2. 市场经济和激烈的市场竞争的要求

环境的动荡、竞争的激烈和顾客需求的变化都需要企业进行全方位的竞争，比竞争对手以更快速度响应顾客全方位的需求，这不但要求企业进行技术创新，而且必须以此为中心进行全面、系统、持续的创新。

3. 企业现状和深化企业改革的要求

国外的许多创新型企业，如微软公司、惠普公司、3M 公司、三星集团等，以及我国部分领先企业，如海尔集团、宝山钢铁股份有限公司等都开始转向创新管理新范式的实践探索。例如，三星集团近年来实施 TPI/TPM（total productivity innovation/total productive maintenance，全员劳动生产率创新/管理），使自身有了脱胎换骨的变化；宝山钢铁股份有限公司近年来开展了"全员创新"的实践，取得了良好效果。

（二）创新管理的发展历程

1. 对现状的不满

在几乎所有的案例中，创新管理的动机都源于对公司现状的不满：或是公司遇到危机，或是商业环境变化及新竞争者出现而形成战略型威胁，或是某些人对操作性问题产生抱怨。

例如，利顿互联产品公司是一家为计算机组装主板系统的工厂，位于苏格兰的格兰罗塞斯。1991 年，乔治·布莱克受命负责这家工厂的战略转型。他说："这家工厂曾前途黯淡，与竞争对手相比，我们的组装工作毫无特色。唯一的解决办法就是采取新的工作方式，为客户提供新的服务。这是一种刻意的颠覆，也许有些冒险，但我们别无选择。"很快，布莱克推行了新的业务单元架构方案。每个业务单元中的员工都致力于满足某个客户的所有需要。他们学习制造、销售、服务等一系列技能。这次创新使客户反响获得极大改善，员工流动率也大大降低。

当然，不论出于哪种原因，管理创新都在挑战组织的某种形式，它更容易产生于紧要关头。

2. 从其他来源寻找灵感

管理创新者的灵感可能来自其他社会体系的成功经验，也可能来自那些未经证实却非常有吸引力的新观念。

有些灵感源自管理思想家和管理宗师。例如，1987 年，穆瑞·华莱士出任了惠灵顿保险公司的 CEO。在惠灵顿保险公司危机四伏的关键时候，华莱士读到了汤姆·彼得斯的新作《混沌中的繁荣》。他将书中的高度分权原则转化为一个可操作的模式，这就是"惠灵顿革命"。华莱士的新模式令公司的利润率大幅增长。

还有些灵感来自无关的组织和社会体系。例如，20世纪90年代初，总部位于丹麦哥本哈根的专卖助听器的公司奥迪康推行了一种激进的组织模型：没有正式的层级和汇报关系；资源分配是围绕项目小组展开的；组织是完全开放的。几年后，奥迪康取得了巨大的利润增长。

此外，有些灵感来自背景非凡的管理创新者，他们通常拥有丰富的工作经验。例如，著名企业ADI（Analog Devices Inc.，亚德诺半导体技术有限公司）的经理阿特·施奈德曼设计了平衡计分卡的原型。在斯隆管理学院攻读MBA课程时，施奈德曼深受杰伊·福里斯特系统动态观念的影响。加入ADI前，他在贝恩咨询公司做了六年的战略咨询顾问，负责贝恩咨询公司在日本的质量管理项目。施奈德曼深刻地了解日本企业，并用系统的视角看待组织的各项职能。因此当ADI的CEO瑞依·史塔达请他为公司开发一种生产质量改进流程的时候，他很快就设计出一整套的矩阵，涵盖各种财务和非财务指标。

这些例子说明了一个简单的道理：管理创新的灵感很难从一个公司的内部产生。很多公司盲目对标或观察竞争者的行为，导致整个产业的竞争高度趋同。只有通过从其他来源获得灵感，公司的管理创新者才能够开创出真正全新的产品。

3. 创新

创新管理人员将各种不满的要素、灵感及解决方案组合在一起，组合方式通常并非一蹴而就，而是重复的、渐进的，但多数管理创新者能找到一个清楚的推动事件。

4. 争取内部接受和获得外部认可

与其他创新一样，创新管理也有风险巨大、回报不确定的问题。很多人无法理解创新的潜在收益，或者担心创新失败会对公司产生负面影响，因而会竭力抵制创新。而且，在实施之前，我们很难准确判断创新的收益是否高于成本。因此，对于管理创新人员来说，一个关键阶段就是争取他人对新创意的认可。

在创新管理的最初阶段，争取内部接受比获得外部认可更为关键。这个过程中需要有明确的拥护者。如果有一个威望高的高级管理人员参与创新的发起，就会大有裨益。另外，只有尽快取得成果才能证明创新的有效性，然而，许多管理创新往往在数年后才有结果。因此，创建一个支持同盟并将创新推广到组织中非常重要。管理创新还需要获得外部认可，以说明这项创新获得了独立观察者的印证。在尚且无法通过数据证明管理创新的有效性时，高级管理人员通常会寻求外部认可来促使内部变革。外部认可包括以下四种来源。

1）商学院的学者。他们密切关注各类管理创新，并整理和总结企业遇到的实践问题，以应用于研究或教学。

2）咨询公司。他们通常对这些创新进行总结和存档，以便用于其他的情况和组织。

3）媒体机构。他们热衷于向更多的人宣传创新的成功故事。

4）行业协会。

外部认可具有双重性：一方面，它增加了其他公司复制创新成果的可能性；另一方面，它也增加了公司坚持创新的可能性。

三、创新管理的理念

1. 创新管理的重点是搭建创新链

研发是指由基础研究、技术研究、应用推广等一系列科技活动组成的链状结构，称为研发链。创新则是指从创意到形成市场价值的全过程，既包括研发链，也包括产业链（产品—小试—中试—产业）和市场链（商品供应—流通—销售—服务）。这三条链形成一个有机的系统，称为创新链。在创新链中，环节间联结互动，链条间整合贯通，呈现出研发牵动产业、产业构建市场、市场引导研发的螺旋式推进态势。创新管理将创新链纳入管理范畴，在拓展科技发挥作用空间的同时，也契合了当今时代发展的要求。

2. 创新的竞争形势催生科技管理模式变革

当今世界，决定国家综合实力的关键指标是国家的创新能力。在这种形势下，我国的科技工作必须肩负起三个重担：保持长期发展和持续提高质量效率的双重任务、开拓国际市场和满足国内消费需求的双重使命、提升传统产业和培育新兴产业的双重要求。这就需要研发、产业、市场等方面的全面支撑，科技管理工作也必须在供应与需求、传统与新兴产业等多个层面进行部署。

3. 科技管理应覆盖创新链的所有环节

进入 21 世纪，科技创新不断涌现且呈现出群体突破的态势，研发链被大大压缩，研发与创新其他环节的联结更加紧密，在很大程度上出现了市场决定研发的局面。这一状况使对研发实施独立管理的意义相对弱化，而对创新链强化管理的需求则急剧上升。随着科技基础条件、资金、知识产权、信息等创新资源的社会化程度明显增强，科技项目的工程化、集成化趋势愈加显著，科技人才的流动化、国际化、团队化日渐突出，迫切要求科技管理覆盖整个创新链的所有环节。

四、创新管理的基本条件

为使管理创新能有效地进行，还必须创造以下七个基本条件。

1. 创新主体应具有良好的心智模式

创新主体（企业家、管理者和企业员工）具有良好的心智模式是实现管理创新的关键。心智模式是指由于过去的经历、习惯、知识素养、价值观等形成的基本固定的思维方式和行为习惯。创新主体具有的心智模式：一是远见卓识；二是具有较好的文化素质和价值观。

2. 创新主体应具有较强的能力结构

管理创新主体只有具备一定的能力才能完成管理创新，创新管理主体应具有核心能力、必要能力和增效能力。核心能力突出地表现为创新能力；必要能力包括将创新转化为实际操作方案的能力，从事日常管理工作的各项能力；增效能力则是控制协调加快进展的各项能力。

3. 企业应具备较好的基础管理条件

现代企业中的基础管理主要指一般的基本的管理工作，如基础数据、技术档案、统计记录、信息收集归档、工作规则、岗位职责标准等。管理创新可能在基础管理较好的基础上产生，因为基础管理好可提供许多必要的准确的信息、资料、规则，这本身有助于管理创新的顺利进行。

4. 企业应营造一个良好的管理创新氛围

创新主体能有创新意识，能有效地发挥其创新能力，与拥有一个良好的创新氛围有关。在良好的工作氛围下，人们思想活跃，新点子产生得多而快，而不好的工作氛围则可能导致人们思想僵化、思路堵塞、头脑空白。

5. 管理创新应结合本企业的特点

现代企业之所以要进行管理上的创新，是为了更有效地整合本企业的资源，以完成本企业的目标和任务。因此，这样的创新就不可能脱离本企业和本国的特点。在当前的国际市场中，短期内中国大部分企业的实力比西方企业的弱，如果以刚对刚则会失败，若以太极拳的方式以柔克刚，则可能是中国企业走向世界的最佳方略。中国企业应充分发挥以"情、理、法"为一体的中国式管理制度的优势和特长。

6. 管理创新应有创新目标

管理创新目标比一般目标更难确定，因为创新活动及创新目标具有更大的不确定性。尽管确定创新目标是一件困难的事情，但是如果没有一个恰当的目标则会浪费企业的资源，这本身又与管理的宗旨不符。

7. 创造管理氛围推进创新管理

要成为一个管理创新者，第一，须向整个组织推销其观念。创造一个怀疑的、解决问题的文化。当面临挑战时，管理者应当鼓励员工寻找解决问题的方法而非选择逃避。第二，寻求不同环境中的类比和例证。如果公司希望提高员工的动力，就应该去观察、学习其他组织的创新成效。第三，利用外部的变革来源来探究员工的新想法。当公司有能力推进管理创新时，可以有选择地利用外部的学者、咨询顾问、媒体机构及管理大师。他们有三个基本作用：新观念的来源，作为一种宣传媒介让这项管理创新更有意义，使公司已经完成的工作得到更多人的认可。第四，持续地进行管理创新。真正的成功者绝非仅进行一两次的管理创新。相反，他们是持续的管理创新者。美国通用电气公司就是一个例子。它不仅成名于其"群策群力"原则和无边界组织，还拥有很多更为古老的创新，如战略计划、管理人员发展计划、研发的商业化等。

五、创新管理的内容

管理创新包括管理思想、管理理论、管理知识、管理方法、管理工具等的创新。何道谊按功能将管理创新分解为目标、计划、实行、检馈、控制、调整、领导、组织、人力九项管理职能的创新。按业务组织的系统，创新分为战略创新、模式创新、流程创新、标准创新、观念创新、风气创新、结构创新、制度创新。以企业职能部门的管理而言，企业管理创新包括研发管理创新、生产管理创新、市场营销和销售管理创新、采购和供应链管理创新、人力资源管理创新、财务管理创新、信息管理创新等类创新。

管理创新的内容也可以分为三个方面：①管理思想理论上的创新；②管理制度上的创新；③管理具体技术方法上的创新。三者从低到高，相互联系、相互作用。

按当代企业运营的角度，企业的创新管理分为经营管理创新、信息化应用创新、竞争战略及合作模式创新。

（一）经营管理创新

1. 以供应链管理为核心整合管理活动

中国企业正从各部门体系的小利益范围中摆脱出来，管理活动前向、后向延伸与整合，提升组织和业务的整体性。这种以供应链管理为核心的延伸与整合发展所呈现的趋势是朝着集中计划与分散执行相结合的模式发展，即基于事件反应时间、集成高新信息技术的管理模式；减少供应商的数量，精简供应链组织，使供应链更为紧凑和简约；重视客户服务与客户满意度，注重客户对服务水平的感受；终端消费品市场以零售商为主导的供应链管理模式等。

2. 以业务流程管理为核心，让管理简单化、柔性化

以业务流程为核心的管理强调企业组织为流程而定，突破部门职能分工界限，按照企业特定的目标和任务，把全部业务流程当作整体，将有关部门管理职能进行集成和组合，强调全流程绩效表现取代个别部门或个别活动的绩效，实现全过程、连续性的管理和服务。

以业务流程管理为核心的管理方式弱化了中间主管层次的领导作用，缩短了过长的管理路线，建立了管理中心下移的体制；实行业务流程的"顺序服从"关系，讲求的是流程上下环节的服从，流程内的成员互相合作和配合，流程各环节从对上级负责转换为追求下一流程环节的满意，组织单元之间的绝大多数工作衔接将按照确定的顺序及规则进行。

3. 以业务营运为核心的战略化管理

以业务营运为核心的战略化管理方式要求企业具备更前瞻的眼光，勇于和善于预测，并积极构造战略架构；要求企业更关注核心能力发展和资源沉淀，必须从全国甚至全球、产业的角度来考虑资源配置，以核心能力为龙头，在资金、人力资源、产品研发、生产制造、市场营销等方面进行有机整合；要求企业成为产业新标准或规则的制定者，在产业的核心竞争力方面领先，由市场份额、产品或服务的竞争转向对商业机会的竞合；要求企业不必过多考虑战略目标是否与企业资源相匹配，而是根据业务的战略规划创造性地通过各种途径来整合资源，从而为顾客创造价值。

4. 企业文化管理走向量化

企业竞争的硬性成本基本趋同，关键的影响因素变成软成本，即企业文化成本——员工的情绪、投入、敬业精神、忠诚度等。企业文化对企业究竟能影响到什么程度？企业文化怎样才能帮助企业把资源激活？

企业文化管理开始从定性走向定量，但不是片面数据化，而是具体化和精细化。一方面，对企业的文化管理所表现出来的现状进行分析、评价量化，包括定序、定比、定量、定距等。另一方面，对照差距找到文化管理的短板，采取具体化和精细化管理策略。

（二）信息化应用创新

1）由单一功能应用转向集成应用。要通过信息化集成更好地将市场、经营、生产的各种信息打通，积极协调企业现有和将来的应用程序、数据及员工与合作伙伴之间的互动，以便实现对关键业务流程实时的有效管理。

2）由单一的管理功能转向管控与服务一体化。集成应用也带来信息管理模式的转变。过程数据的管理、调度指令的实时传送、计算机在线管理、资源优化管理等可以在业务节点（业务组织单元）和管控节点（职能管理组织单元）进行信息交换与共享，实现在线实时管控与服务。当然，这种管控与服务一体化更多地体现为业务性管理，如"三流一活动"（信息流、资金流、物流和具体的作业活动）的管控与服务，而对战略性决策管理和策略性举措管理还缺乏有效的应用。

（三）竞争战略及合作模式创新

1）由人才竞争转向知识管理、创新人才两极竞争。人才竞争更多的是理念性的诉求，但开始转向务实的知识管理和创新人才竞争。知识管理是对现有和潜在知识的获取、存储、学习、共享使用和创新的管理过程。通过知识管理，管理者可以降低成本、提高效率，提高组织成员的素质和能力，从而提高组织的持续发展能力和企业核心竞争力，让企业拥有更高层次的竞争力。

创新人才的竞争实质上是知识管理的延续，是超越现有和潜在的知识竞争。通过创新人才的开拓精神、永不满足的求知欲和强烈的竞争意识，能够提供解决问题的新知识和新技术，创造和设计新的知识管理，形成新的竞争力。

2）由部门战术层次竞争转向企业整体策略层次竞争。随着市场不断成熟，由市场、销售部门主导的价格、品质等战术层次的竞争因素已经不是主导的决定性因素。这些因素很容易被模仿，因此吸引力正渐渐变小。为了与众多对手相区别，企业在整体策略层面开始设计竞争手段，竞争的内容出现许多新的变化，如品牌、客户满意度服务、公益广告、企业文化等因素组合并左右顾客的选择。同时，在每个竞争领域，由于企业的模仿能力强、竞争压力大，在同一内容的竞争中也出现了多种变化，在任何一个竞争领域，企业都必须跟上环境变化，不断地弥补、修改、提升、创新整体策略层面的竞争力。

3）由持续经营合作转向项目型经营合作。多数企业基于战略的长远框架已经搭建，即基于长远的企业利润模式已经明晰，所以持续经营型合作（法人之间合作成立新设法人组织）形式越来越少。虽然有些跨行业或跨产业领域的持续经营合作形式仍然存在，但数量急剧下降。独特性和一次性业务活动在企业实践中所占价值比例越来越大。这种环境因素和趋利性的本性使企业趋向于选择短期合作形式即项目型经营合作，无论是同业间还是跨行业或产业，为某一营运事项成立法人组织，等事项一完成，法人组织也就依法解散。

4）由资源互补合作转向资源交易合作。基于持续经营合作模式的营运基础是资源和能力的优势互补，转向项目型经营合作后，资源就成为一种交易性合作，而且往往成为项目型经营合作的制约要素，一方往往为寻求有效资源交易而与拥有资源的另一方主动合作，以交易的方式形成合作模式。

知识拓展

企业管理创新的主要内容

企业管理创新是一项复杂的系统工程。企业管理创新是指企业的管理者不断根据市场和社会变化，利用新思维、新技术、新方法、新机制，创造一种新的更有效的资源组合范式，以适应和创造市场，促进企业管理系统综合效益的不断提高，达到以尽可能少的投入获得尽可能多的综合效益的目的。企业管理创新作为一项系统工程至少应包括以下八个方面的内容。

1. 管理理念创新

为实现理念的创新，企业必须要做以下转变：管理绩效的评价标准要从是否遵循上级领导意志转变为综合效益的完成量；管理的内容要从管理方式是否需要强化，管理形式是否需要更加严格，转向工作流程、岗位职责、规章制度的科学性和有效性，以及对于人才、资金、时间、物质的使用效率的实质性控制；管理方式要从家长专断型的随意管理转向基于广泛咨询的、遵循决策程序的科学管理，从事无巨细的越级干预到注重决策和预算的权责明确的层级管理；管理的机制要从对企业员工的形式化约束转向建立互动式自我教育与激励型行为规范；管理的目的要从单纯完成企业利润目标转向对内维持和谐稳定的一致性，对外增强持续不断的适应性；管理的心态要从追求一劳永逸转向动态和持续创新。凡此种种，都是从小生产意识向社会化大生产管理理念的革命性转变。管理理念的创新重在用新的策划、新的技巧、新的形式打破陈旧平衡，敢于标新立异，贵在围绕社会效益、眼前利益和长远利益，形成管理特色。

2. 战略创新

企业的经营战略大体分为三个层次：总体战略、经营单位战略和职能部门战略。企业的管理者应树立"战略随着环境走，能力跟着战略行"的观念，采取战略分析、战略制定、战略选择、战略实施等步骤，通过采用 SWOT 法，对企业经营收益、风险、市场前景、利润相关者的反应等做出评价，并领导、组织、管理好经营战略创新的过程。

3. 管理组织创新

企业组织形式不是一成不变的，必须根据企业发展和市场竞争的需要进行调整和创新。在企业管理创新过程中必须重视增加组织的柔性，探讨更高效、更灵活的组织结构方式，如建立跨职能机动团队。此外，还要认识直线职能制、事业部制、矩阵结构、集团组织等组织结构形式的特点，根据企业发展战略、发展阶段、公司形态和规模变化加以选择。

4. 制度创新

有了良好的组织结构，还需要有科学的规章、严密的程序作为保障。在建立现代企业制度过程中，既需要对基础管理进行补课，又需要根据经营战略对管理规范和业务流程进行调整和动态更新，使企业在采购、研发、生产、销售、财务及后勤保障等各个环节都建立起合理的规范和工作流程，把创新渗透于各个环节，作为经常性的主要管理职责，以适应市场竞争的要求。

5. 管理技术与方法创新

企业是一个复杂的非线性的大系统，在企业内流动着资金流、劳务流、物流、能量流、信息流等资源。要提高竞争能力，必须使所有资源处于一种科学、合理并且先进的管理模式下运行，这种模式的实质就是以市场需求为导向、以系统观念工程为指导、以现代管理技术和方法为支撑的综合的、系统集成的、整体优化的管理系统。现代科学技术的发展，为加强企业管理提供了全新的条件。要重视和广泛采用现代管理技术、方法和手段来加强管理，既可以把企业的长期实践中创造的行之有效的企业管理方法与国外企业的先进管理方法结合起来，又能从市场预测、成本分析、产品设计、生产准备、加工制造、库存物流、产品销售到售后服务全过程探索新的管理方式方法。信息产业的兴起和市场的国际化发展，从根本上动摇了 20世纪的管理技术，有关生产的新概念、新方法层出不穷。工业发达国家已经进入了以广泛应用计算机辅助管理和精益生产为代表的现代管理阶段，所以，企业当务之急是实现企业管理的信息化。

6. 企业文化创新

经济竞争的最高层次是文化竞争。文化具有传承性，由旧文化转型为新文化，一方面必须重新整合赋予旧的企业文化以新的内涵；另一方面，必须紧紧盯住世界企业文化创新的趋势。对我国企业来说，企业文化创新的关键是把东方儒家文化的精华与西方现代管理科学有机地融合起来，创立符合企业实际的具有中国特色的新型企业文化。我们需要注意以下三点：①企业文化应该是有个性的，不同的企业文化应该各具特色。②企业文化是企业管理的全部内容，所以不能把企业文化作为狭义理解。时代要求企业职工自觉地进行企业文化意识培养，成为企业文明的代表。③过去的企业文化模式都产生于过去的社会环境和经济基础，并不能代表现在和未来的企业文化模式。对于日趋人道化社会和人性化的产品发展方向，企业必须寻找更高形态的企业理念和企业文化模式。企业必须拥有最高尚的人格理想、最高级的社会理想和最道德的行为理想，企业应该成为新文化的开拓者。

7. 管理模式创新

管理模式是管理内容、管理方法、管理手段和形式的有机统一。在市场经济下，企业管理创新的模式有两种，一种是以改进产品和服务为主的市场适应模式，另一种是以创造产品和服务为主的市场创造模式。我国企业的管理模式创新，应围绕如何适应市场来调整管理内容、管理方法、管理手段和形式，并使它们有机地结合起来。

8. 人力资源管理创新

人力资源是企业中不断增值的资源，必须加强开发和管理。目前的人力资源管理往往侧重于人员招聘、员工合同管理、考勤与绩效评估、薪酬与培训等与公司内部有关的事项，忽略了人自身价值的实现和对市场与顾客的关注。人力资源管理创新应做好以下工作：使其成为企业最核心的部门；组建一个学习型组织；使员工得到公平、合理的报酬；使员工得到自我发展的机会和自愿献身的职业。

（资料来源：根据网络资料整理。）

知 识 测 试

项目八参考答案

一、多选题

1. 创新管理的动因包括（　　　）。
   A. 知识经济和现代科学技术的要求　　B. 降低成本的需要
   C. 企业现状和深化企业改革的要求　　D. 市场经济和激烈的市场竞争的要求
2. 企业创新管理的内容包括（　　　）。
   A. 经营管理创新　　　　　　　　　　B. 信息化运用创新
   C. 竞争战略及合作模式创新　　　　　D. 市场变更

二、简答题

1. 创新管理通常经历了哪几个发展阶段？
2. 企业开展创新管理要具备哪些基本条件？

任 务 实 施

1. 在互联网上搜集案例，了解企业如何实施经营管理创新、信息化应用创新、竞争战略及合作模式创新？
2. 描述你所实习的企业的经营活动中的创新管理的表现形式有哪些？

项 目 小 结

本项目以案例分析为引导，辅助学生了解开展创新管理的重要性、创新管理的主要内容和方法，引导学生持续保持创新理念。

参 考 文 献

窦卫霖，2014. 跨文化商务交流案例分析[M]. 2版. 北京：对外经济贸易大学出版社.

菲利普·科特勒，加里·阿姆斯特朗，2013. 市场营销原理[M]. 郭国庆，译. 14版. 北京：清华大学出版社.

黄泰山，2013. 出口营销实战[M]. 3版. 北京：中国海关出版社.

寇小萱，王永萍，2017. 国际市场营销学[M]. 5版. 北京：首都经济贸易大学出版社.

李海琼，2015. 国际市场营销实务[M]. 2版. 北京：高等教育出版社.

刘苍劲，罗国民，2016. 国际市场营销[M]. 4版. 大连：东北财经大学出版社.

刘红燕，2014. 国际市场营销[M]. 2版. 重庆：重庆大学出版社.

刘娜欣，2008. 谈企业差异化战略[J]. 北方经济（24）：56-57.

王朝辉，2017. 国际市场营销学：原理与案例[M]. 2版. 大连：东北财经大学出版社.

闫国庆，2013. 国际市场营销学[M]. 3版. 北京：清华大学出版社.

张海东，2015. 国际商务管理[M]. 5版. 上海：上海财经大学出版社.

张燕，2014. 国际市场营销[M]. 3版. 大连：大连理工大学出版社.

赵有生，2016. 现代企业管理[M]. 5版. 北京：清华大学出版社.